陈捷先 主编

同治事典

刘耿生 编著

紫禁城出版社
The Forbidden City Publishing House

出版说明

清朝史事纷繁，史料浩如烟海。读者阅读相关书籍，往往对里面的地名、人名、制度、事件感到十分陌生，不知从何查索。这套《清史事典》丛书，便以清朝历代皇帝为单位，用年表式开列其在位期间的重要大事，再以辞典式文字来详解人、事、时、地等内容，使人一目了然，轻松掌握清朝史实。

本书由台湾著名清史、档案学家陈捷先主编，延揽两岸清史权威分别执笔。它有别于目前市面上传记、编年、辞典等类别的清史书籍，可说是第一部结合传记、年表、辞典的工具书性读本。每册集中介绍一代皇帝及其制下的王朝，主要内容包含“皇帝小传”、“皇帝年表”和“皇帝辞典”三大部分。其中，“小传”简要评说这位皇帝的特色与经历，“年表”清晰地展现当朝的重大事件，“辞典”则条理清晰地介绍、解释走入重大事件中的人与事。书末还附有“后妃表”、“子女表”、“年代对照表”、“辞条索引”、“译名对照表”等，以便读者查阅检索。

这套书在台湾出版后，受到社会各界的广泛好评。为满足大陆读者的需要，经台北远流出版公司授权，本社特以简体字形式重新出版，不足之处敬请读者不吝指教。

紫禁城出版社

2010年7月

主编的话

陈捷先

清朝是帝制中国的最后一个朝代，也是中国专制与民主政体的分水岭，因此清朝在整个中国史中具有承先启后的地位，这是毋庸置疑的。在历史长河中，清朝确实也是中国由强变弱、由先进变为落后、由主权独立变为半殖民地的转折时刻，而日后中国的政治、经济、军事、外交、文化、民族等等的问题，又大都与清朝有着分割不了的关系：不是清朝演化的，就是清朝延伸的。这就使得清史研究至今仍有其学术与实用价值的主要原因。

然而清朝的史事纷繁，有宫廷的，有国内的，有边疆的，有国际的，有政经文教的，有军事外务的……真是不一而足，包罗万象。同时这些历史事象又能反映巨大世局的变化，更有深刻的历史内容，因此一个人若要研究清史，往往真有翻读《二十五史》的感觉——“不知从何开始”。清朝的史料也是浩如烟海，有汉文的，有满文的，有其它少数民族的，也有东洋与西洋的，要搜集、整理、编印、利用这些资料，实在不易。同时清朝史料还有内容失实的、伪造的、互相抵牾的、简略疏漏的，不经专家学者精心考证分析与去芜存菁，势必不能取得有益的、可信的素材，根本写不出让人共信的历史。

所幸近几十年来，清朝深宫大内的珍藏，中央与地方的档册，非汉文的多种国内外语文史料，逐渐编辑或翻译成书了，而专家学者们的研究成果也日新月异的陆续问世了，这给治清史的人提供了不少参考之资。不过这些学术论文、专书与史料汇编，有的过于专精艰深，有的分散不易获得，对研究、教学及一般人士的利用，仍有不便之处。台北远流出版公司为服务各界，特发起编纂《清史事典》丛书，邀约清史学者多人，分别执笔，以清朝历代皇帝为单位，用年表式开列其在位期间的重要大事，再以辞典式文字来详解人、事、时、地的内容，使读者一目了然，容易掌握当年的史实。本丛书出自多人之手，写作时间又不多，疏忽与错误之处在所难免，尚望方家君子不吝指教，以便再版时修正。

前言

清朝是我国最后一个封建王朝，它集中国历朝之大成，在历史上占有非常重要的地位。明末清初，它曾用落后的政治措施及野蛮的军事手段，给全国造成大规模的破坏，同时也遭到了各族人民的顽强反抗。但是，满族又是一个朝气蓬勃、虚心好学的少数民族，经过清初康熙、雍正、乾隆三朝一百多年的统治，国家统一，经济繁荣，文化发展，使我国成为当时世界上数一数二的泱泱大国，比之汉唐，毫无逊色。由于封建专制制度自身无法摆脱的规律性，自乾隆后期，清王朝开始衰落。尤其从第一次鸦片战争开始，外国列强相继入侵中国，大清王朝每况愈下，日薄西山，除丧权辱国、割地赔款，别无选择。

同治皇帝六岁登基，在位十三年，不过是个傀儡小皇帝，实权掌握在其生母慈禧太后手中，她通过“垂帘听政”牢牢地控制了全国政权。慈禧素质修养低下，因而她治国无方，整人有术，使中国江河日下，成为列强瓜分掠夺的对象，同治朝是列强加紧入侵中国的重要时期，每读这一段历史，无不令每个中国人扼腕叹惜。

以史为镜，鉴往知来。远流出版公司编著的《清史事典》，集清史年表与清史辞典于一身，是很好的作法。年表以时间为经，事实为纬。收录数据较少限制，既便知人，又可论世，内容易于充实，条理便于清晰，还可以对某些史料订正错误、补充脱略、删汰芜杂、增补材料；而辞典言简意赅、梳理史料、条分缕析、头绪清楚、持论平实。将有关辞条纳入年表中相应的历史位置中去作纵横研究，可对历史进程一目了然，因而《清史事典》既是一部工具书，又是一部大清通史，它对于普及清史、研究清史，是不可多得的学术珍品，远流出版公司做了一件功德无量的大好事。

陈捷先教授是海峡两岸首屈一指的清史专家，他对清史研究做出了杰出贡献，应陈教授及远流出版公司王荣文先生、李传理先生、游奇惠小姐之邀，本人编著了此书，敬请同仁指正。

编著者　刘耿生

中国人民大学档案学院教授

凡例

1. 本书正文分为“小传”、“年表”和“辞条解释”三大部分，依年代先后编排，特别以黑体字标示出辞条条目。
2. 为了便于对照参阅，每一开页上半部的年表和下半部的辞条解释力求相互呼应，或可于前后页索得为准则。
3. 关于日期的表达方式，统一以阿拉伯数字代表阳历日期，以汉字代表阴历日期。日期不明确者，集中于该年之末，这部分的公元纪年以灰色字表示。
4. 每个辞条中，每个年号首次出现时均附加公元纪年，其余除日期明确或特殊情况外，不另行标注。
5. 人名、地名等因音译而有不同译名时，本书力求统一用法，以避免因混用而造成困扰。但于个别辞条解释中，再将不同的译名列出，供读者参考。
6. 本书共选取513个辞条。
7. 书末附录包含“同治皇帝后妃表”、“年代对照表”、“辞条索引”及“译名对照表”等，方便读者查阅检索。

目录

【清穆宗】

同治皇帝小传

姓名：爱新觉罗·载淳

父亲：文宗咸丰皇帝奕詝

生母：孝钦显皇后叶赫那拉氏

出生日期：咸丰六年三月二十三日未时

登极日期：咸丰十一年十月初九日

称帝年龄：6 岁

亲政日期：同治十二年正月二十六日

亲政年龄：18 岁

在位时间：13 年

薨逝日期：同治十三年十二月初五日酉刻

享年：19 岁

年号：同治

谥号：毅皇帝

庙号：穆宗

陵名：惠陵

【清穆宗】

同治皇帝

同治皇帝名爱新觉罗·载淳，生于咸丰六年三月二十三日（1856年4月27日），是咸丰皇帝奕詝与叶赫那拉氏（慈禧）的独生子。载淳于咸丰十一年十月初九日（1861年11月11日）即帝位，时年六岁，由咸丰皇帝的皇后钮祜禄氏和叶赫那拉氏"垂帘听政"，政权实则操纵在叶赫那拉氏一人之手，故年号"同治"。同治十二年（1873）载淳十八岁亲政，仍然是个傀儡皇帝，次年十二月初五日（1875年1月12日）病卒，年十九岁。

一、生母慈禧

同治皇帝出生前后，其生母叶赫那拉氏（即后来的慈禧太后）的情况，是令很多读者感兴趣的问题，传闻亦不少，尤其旧时稗官野史的渲染，加之现代文艺作品的胡编乱造，以假乱真，有必要对叶赫那拉氏的身世作一介绍。

慈禧本名那拉氏，因其祖居在中国东北的叶赫部，故在当皇太后之前，称其为"叶赫那拉氏"。她原是满洲镶蓝旗人，属于"下五旗"，在八旗中和皇族关系较远；而"上三旗"在关外征战时，由皇帝亲自统领，位高势尊。那拉氏生了同治皇帝，母以子贵，于咸丰十一年十二月十八日（1862年1月17日）根据满族的"抬旗"制度，被"抬"入"上三旗"中的镶黄旗，因此在尔后的史传中均写她为"满洲镶黄旗"人。

叶赫那拉氏生于道光十五年十月初十日（1835年11月29日）。其父惠徵，于咸丰二年（1852）二月，任安徽宁池太广道，他到任甫年余，值太平军攻入安徽，次年三月，惠徵“携带饷银印信避至镇江”，属临阵脱逃，被朝廷开缺。同年六月初三日（1853年7月8日），因抑郁悲惧，一病不起，客死于江苏省镇江府，时年四十九岁。

那拉氏之外公惠显，在道光朝历任安徽臬司、驻藏大臣、工部左侍郎、京营右翼总兵及归化城副都统等职，那拉氏幼年即生长在一个官宦之家，三代均为清朝中等官僚，力图升迁，未能显达，给幼年的那拉氏以深刻的影响。

咸丰元年（1851），清廷颁诏“选秀女”，即令满洲贵族家中，十三岁以上未婚女子入宫，由皇帝亲定妃子，那拉氏由镶蓝旗佐领恩祥选送入宫。咸丰皇帝前后共有后妃十九人，他十七岁为皇子时娶太常寺少卿富泰女萨克达氏为妻，未久，她病故。他还娶广西右江道穆扬阿女钮祜禄氏为妻。他继位后，于咸丰二年（1852）二月首先晋封钮祜禄氏为“贞嫔”（清宫后妃排列名份为：后、贵妃、妃、嫔、贵人、答应、常在）；同年五月，又破格封她为“贞贵妃”；六月，又封她为皇后，时钮祜禄氏年仅十六岁，可见咸丰对她之满意，但她始终无子女。

位居皇后之下的是丽妃。她于咸丰二年（1852）二月入宫时是“贵人”；咸丰四年（1854）二月，晋封“丽嫔”；咸丰五年（1855）五月，为庆贺清军剿灭太平天国北伐军，只晋升她一人为“丽妃”。咸丰渴望丽妃给他生个儿子，他住在圆明园咸福宫后楹的同道堂，特令丽妃移住咸福宫，至今宫中还有咸丰黄笺朱笔写的“咸丰九年月日，丽妃移住咸福宫大吉”字条。但受宠的丽妃只生一女，后嫁与符珍。另外玫嫔徐佳氏曾生一子，未命名而殇。客观情况造成那拉氏后来的机遇。

那拉氏于咸丰二年（1852）二月被咸丰选中，封为“兰贵人”，同年五月初九日（1852年6月6日）奉旨入宫。咸丰四年（1854）二月和丽贵人等同时被晋封为“懿嫔”，在后妃中居第三位。咸丰六年（1856）三月，二十二岁的懿嫔在储秀宫生下咸丰唯一的儿子载淳，咸丰当即封她为懿妃；咸丰七年（1857）正月，又被晋封为“懿贵妃”，地位仅次于皇后。

二、辛酉政变

咸丰十年（1860），英、法两国发动了第二次鸦片战争，由广州经海路攻陷天津，进逼北京，咸丰进退失据，时而扬言“御驾亲征”，时而策划东逃热河。那拉氏曾建议道：

> 皇上在京可以镇慑一切，圣驾若行，则宗庙无主，恐为夷人践毁。昔周室东迁，天子蒙尘，永为后世之羞；今若遽弃京城而去，辱莫甚焉。

她主张皇帝守在京城的建议，表现出她的政治见解，可惜未被才智平庸的咸丰采纳，他携后妃、五岁的载淳仓惶逃往承德避暑山庄，留下其六弟恭亲王奕䜣在京城准备与侵略者和谈。

咸丰十一年（1861）七月，咸丰皇帝在承德病危，召怡亲王载垣、郑亲王端华、御前大臣景寿、协办大学士肃顺、军机大臣穆荫、吏部侍郎匡源、署礼部右侍郎杜翰、太仆寺卿焦佑瀛等八人至榻前，宣布立载淳为皇太子，根据清制，命上述八人“赞襄政务”，仿照康熙幼年继位的作法。可是他又担心当年“鳌拜专权”的历史教训重演，遂将随身的“御赏”章交给皇后钮祜禄氏掌管，把“同道堂”章交皇太子载淳（实则在那拉氏手中）掌管，尔后八大臣凡以皇上名义发布谕旨，首尾均要加盖“御赏”和“同道堂”二印，才能生效，这就限制了八大臣的权力。

是年七月十七日（1861年8月22日），咸丰病逝避暑山庄，肃顺等八大臣建议用“祺祥”为新的年号，并开始与那拉氏争夺政权。八月初一日（1861年9月5日），在北京的恭亲王奕䜣赶到承德“叩谒梓宫”后，希望单独见见那拉氏，以密谋对策，肃顺有所觉察，讲“叔嫂当避嫌疑，且先帝宾天，皇太后居丧，尤不宜召见亲王”。奕䜣为表清白，请端华陪同晋见，肃顺被迫说：“汝为两宫叔嫂耳，何必我辈陪哉？”于是，那拉氏终于获得了与奕䜣单独密谋的机会，那拉氏讲了肃顺专横跋扈，目无太后的举动，奕䜣表示，已与外国人商议妥，只要回京，就可以解决肃顺。

八月初二日（1861年9月6日），兵部侍郎胜保在那拉氏的支持下，不顾清廷有不准各地统兵大臣赴热河吊丧的谕旨，径自率兵经直隶北上，到热河“哭奠”，实则对肃顺集团施以军事压力。肃顺不甘示弱，急调正在剿捻的蒙古亲王僧格林沁来热河，但僧格林沁无意卷入满族上层的权力之争，以军务倥偬为由而拒绝。没有军界的支持，决定了肃顺集团的失败。

此间，山东道监察御使董元醇感到有机可乘，企图投机，八月初六日（1861年9月10日），呈递奏折“奏请皇太后权理朝政并另简亲王辅政”，以讨好那拉氏。八月十一日（1861年9月15日），两宫太后抱着小皇帝载淳召见八大臣，会议董元醇要太后“垂帘听政”的请求，那拉氏与八大臣发生激烈舌战，吓得载淳尿湿裤子，那拉氏亦手战不已，这在中国古代都是作臣子的死罪，但当时的那拉氏还斗不过八大臣，被迫同意发出切责董元醇的上谕，表示大清朝“向无皇太后垂帘听政之礼”。那拉氏回宫借口太监安德海犯错，将其押解北京处理，实则安回京城向奕䜣及侍卫荣禄传递消息，准备政变。

九月二十三日（1861年10月26日），载淳在避暑山庄丽正门外跪送皇考咸丰的灵柩启程回京，然后随两宫太后间道先行，灵柩笨重，移动困难，加之那拉氏政变心切，因而快速兼程，比灵柩提前四天到京，为政变赢得时间。九月二十九日（1861年11月1日），载淳一行到京。次日，在奕䜣策动下，大学士管理兵部事务贾桢、大学士管理户部事务周祖培、户部尚书沈兆霖、刑部尚书赵光等，联名奏请两宫太后垂帘听政，那拉氏立即颁发谕旨，令王、大臣妥议此事，并降旨解除八大臣的各项职务，同时将载垣、端华、肃顺拿问治罪，并任命恭亲王奕䜣为议政王，在军机处行走；大学士桂良、户部尚书沈兆霖、户部右侍郎宝鋆着在军机大臣上行走，鸿胪寺少卿曹毓瑛着在军机大臣上学习行走，户部右侍郎文祥着仍在军机大臣上行走。那拉氏将自已人安插在要害部门，牢牢控制了政权。十月初六日（1861年11月8日），载垣、端华、肃顺分别被处死，将年号“祺祥”改为“同治”，意即“两宫同治”，开始了那拉氏长达四十八年的独裁统治。是年为辛酉年，因而史书将此次政变或曰“辛酉政变”，或曰“祺祥政变”。以肃顺之才，亦必早知那拉氏之权力野心，肃顺被捕后曾“瞋目叱端华、载垣曰：若早从吾言，何至有今日？”说明肃顺早有先下手之意，无奈载垣、端华乃无能之辈，不能纳其议。肃顺平日跋扈，却能礼贤下士，放手任用汉人，对清王朝颇多贡献，他的失败，对清王朝未必是好事。

三、傀儡皇帝

咸丰十一年十月初九日（1861年11月11日），载淳即位于太和殿，定明年为同治元年（1862）。六岁的同治皇帝，从努尔哈赤算起，是第十个皇帝；从清朝入关算起，是第八个皇帝。他即位后，尊钮祜禄氏为“母后皇太后”，亦称“慈安皇太后”；尊称那拉氏为“圣母皇太后”，亦称“慈禧皇太后”。“慈禧”之名，由此而来。

咸丰十一年十月十六日（1861年11月18日），礼亲王世铎等会议奏准《垂帘章程》。十一月初一日（1861年12月2日），载淳与两宫太后同在养心殿开始“垂帘听政”，王爵以下大学士、六部九卿等官员在养心殿外行跪拜礼，从此，两宫太后日召议政王、军机大臣同入对，“内外章奏，两太后览讫，王大臣拟旨，翌日进呈。阅定，两太后以文宗赐同道堂小玺钤识，仍以上旨颁示”。两江总督曾国藩在同治七年十二月十四日（1869年 1月26日）的日记中较详细地记录了他被召见时，所见垂帘听政的情景，他写道：

入养心殿之东间，皇上向西坐，皇太后在后黄缦之内；慈安太后在南，慈禧太后在北。余入门跪奏：“臣曾某恭请圣安。”旋免冠叩头奏称“臣曾某叩谢天恩”毕，起行数步，跪于垫上。

（西）太后问：“汝在江南事都办完了？”

对：“办完了。”

问：“勇都撤完了？”

对：“都撤完了。”

问：“遣撤几多勇？”

对：“撤的二万人，留的尚有三万。”

问：“何处人多？”

对：“安徽人多，湖南人也有些，不过数千；安徽人极多。”

问：“撤得安静？“

对：“安静。“

问：“你一路来可安静？”

对：“路上很安静，先恐有游勇滋事，却倒平安无事。”

问：“你出京多少年？”

对："臣出京十七年了。"

……

问："你从前在京，直隶的事自然知道！"

对："直隶的事臣也晓得些。"

问："直隶甚是空虚，你须好好练兵！"

对："臣的才力怕办不好。"

旋叩头退出。

此次曾国藩对慈禧的印象为："两宫才地平常，见面无一要语。皇上冲默，亦无从测之。"慈安是个养尊处优，对政治不感兴趣的贵族夫人，其作风"和易，少思虑"，"见大臣呐呐如无语者……或竟月不决一事"，多为慈禧问话、决断。载淳年幼无知，仍然必须日日临朝，召见文武百官，一本正经地坐在宝座上，听他根本不懂、也不感兴趣的官话，既索然无味，又力加克制，以免有失"人君"仪度。此外，每年正月初一日，他还必须率王公大臣至慈宁宫向两宫太后行礼；十二月，还要到抚辰殿向蒙古王公赐宴，都必须拘谨从事，因而幼年的皇帝认为当皇上是"苦差"。

四、不堪造就

小皇帝每日除了在养心殿当半天傀儡外，还要上半天课，皆是他极厌恶之事。鉴于明朝多昏君，最终导致明亡，清帝十分重视皇子的教育，认为人口稀少的满族，只有培养出明君，才可使大清长治久安。因而，咸丰亦十分重视对载淳的教育，载淳五岁时，咸丰颁谕调河南学政李鸿藻来京，任载淳师傅。咸丰十一年三月初八日（1861年4月17日），咸丰在承德决定载淳于四月初七日（1861年5月16日）正式入学读书，除时任翰林院编修的李鸿藻为大阿哥师傅，还命礼部侍郎伊精阿为专授满文的“谙达”。

载淳的学习态度，有一事可资窥其全豹：一天，载淳想请假逃学，李鸿藻督课甚严，坚决不允，载淳竟将书本怒掷于地，表示抗议，李仍不准，坚持让载淳拾起书本，二人怒目相视，僵持许久，载淳才无可奈何拾起书本。李对载淳的评论是“资性平常，亦不乐攻苦”。

自承德回京后，同治继位，慈禧亦十分重视儿子的教育，于同治元年二月初二日（1862年3月2日）发出上谕，除李鸿藻外，又加派礼部尚书、前大学士祁寯藻、管理工部事务前大学士翁心存、工部尚书倭仁为载淳师傅；另外，礼部尚书倭什珲布为总谙达，与礼部左侍郎伊精阿、兵部尚书爱仁共同在弘德殿教授小皇帝经史及满文。此外，还令惠亲王绵愉在弘德殿常川照料，专司督责，绵愉子奕详在弘德殿伴读。恭亲王奕䜣总司稽查。集中了当时清廷中最好的师资服侍于同治。

奕䜣拟制了载淳日常作息时间及学习内容，奏请慈禧批准后，开始实行：每日至书房，先拉弓，次习蒙古语，再读满文书籍，然后读汉文书籍。他八岁以前每日仅学习约二小时，主要读书识字，八岁以后每日学习约四小时，称“整功课”，既要诵读，又要与师傅讨论经史。七岁开始学习步射，十岁后练习打枪。自入学后，每隔五日，于书房下课后在宫中长街学习骑马，骑马时，令是日教读满文书籍之谙达压马，三四个御前大臣教习。

同治元年二月初二日（1862年3月2日），载淳正式在皇宫入学，先到圣人堂向至圣先师孔子行礼，各位师傅均在上书房廊下北向站班，然后载淳到弘德殿坐上宝座，接受绵愉、奕䜣及各位师傅、谙达、御前大臣、内务府大臣叩拜的“君臣大礼”，载淳再起立向各位师傅作揖还“师生之礼”，随后入室面向东坐，祁寯藻面向西坐，展书授读。其他师傅皆坐室内门旁，伴读奕详则坐西壁下。

载淳的师傅皆饱学之士，各有所长，更是尽心尽力。倭仁呈进所辑《古帝王事迹》及《古今臣工奏议》二帙，名《启心金鉴》，陈列弘德殿中，供载淳随时翻阅，倭仁是个食古不化的理学大师，言必称“程朱”。载淳课后要谒见慈禧，尽管慈禧文化程度很低，但仍细细询问儿子读了什么书，某句作何解等等。一天，载淳答称倭仁所教之“太极图说、西铭之类艰深莫从获解”，慈禧立即转告绵愉、奕䜣等，“于是，罢习性理书，日诵唯五经四书、《通鉴辑览》。经皆宋、元人注，鉴则高宗御批也。”

此外，景其浚则呈递《历代君鉴》，李棠阶奏请讲解《御批通鉴辑览》及《大学衍义》，祁寯藻教书总喜欢引述许慎《说文解字》。对于同治的学习情况，师傅们很不满意；同治二年（1863）十月，祁寯藻、倭仁、李鸿藻奏请“黜浮靡以固圣德”，说明同治小小年纪，作风“浮靡”，有违“圣德”；慈禧、慈安也为此降旨，称“屏斥玩好、游观、兴作诸务，祁寯藻等各朝夕纳诲，养成令德，以端治本而懋躬行”。同治三年（1864）之后，李鸿藻对快十岁的小皇帝学习成绩仍不满意，在日记中经常记载说：“功课甚顺”、“功课尤顺”、“功课尚顺”，以如此口气写皇帝读书，看来很是勉强。同治四年二月初四日（1865年3月1日），慈禧又命翰林院检讨徐桐在弘德殿行走，教载淳读书；八月初五日（1865年9月24日），慈禧命太常寺卿奕庆在弘德殿行走，教授满文；十一月十一日（1865年12月28日），慈禧命詹事府右中允翁同龢在弘德殿行走，教皇帝读书。从频繁调换师傅这一现象分析，很可能载淳学习不好，只能拿老师开刀，曾国藩的幕僚赵烈文在同治六年五月二十日（1867年6月21日）的日记中写道：

> 是日闻竹庄言：今上聪慧而不喜读。一日，与师傅执拗，师

傅无可如何，涕下以谏，时御书适读至“君子不器”，上以手掩“器”下二口，招之曰：“师傅看此句何解？”盖以为“君子不哭”也。其敏如此。又读“曰若稽古帝尧，曰若稽古帝尧”，帝字皆读“屁”字。

同治八年（1869），载淳十四岁，李鸿藻给载淳出作文题“任贤图治”，他用了差不多一小时，才吃力地写出了这么几句话：“治天下之道莫大于用人，然人不同，有君子焉，有小人焉，心辨其贤否，而后能择贤而用之，则天下治矣。”他拼凑了这几句话，说明其思路尚属正常。

是年李鸿藻向慈禧汇报载淳学业，谓“圣学宜勤，今年须学作论”，可见他平日学习不够“勤”，慈禧说：“讲书不必太多，以能记为主。”说明许多文章载淳背不下来。同治十年（1871），他十六岁，行将亲政，有可能独立处理国家大事，但学习成绩日益下降，慈禧、李鸿藻、翁同龢为此事伤透了脑筋，翁同龢在日记中写道，他在同治十年（1871）正月、二月见到载淳的学习情况：

（正月二十四日，载淳）读甚倦，仍如去年也。

（正月二十五日）看折时精神极散，虽竭力鼓舞，终倦于思索。

（正月二十九日）读生书犹可，余则倦不可支，且有嬉笑，满书极吃力，讲折（即讲解奏折，以学习读懂奏折）尤不着力，真无可奈何也。

（二月初六日）晨读尚好，讲折又极难。读《大学衍义》时亦神情不属，不免动声色。数日来，无精神则倦，有精神则嬉笑，难于着力，奈何？

（二月初八日）课题（作文）“重农贵粟”，文思极涩，初稿无一字可留，且虚字亦不顺，乃逐字折开讲过，仍凑泊而成，数数未毕。遂作诗，诗亦不佳。如此光景，奈何？奈何？

（二月十三日）军机见时，两宫询书房功课，并以上不能辨字体为言，有谯责之意。

（二月二十七日）两宫谕问书房功课极细，有“不过磨功夫”、“见书即怕”及“认字不清”、“以后须字字斟酌，看折奏要紧”等语。

清朝文网森严，望文生意，捕风捉影，无人敢写当朝皇帝一个“不”字，翁同龢不会不懂这些，尤其慈禧重用他，如他在同治五年正月十二日（1866年2月26日）的日记中写道：“皇太后谕李鸿藻云：翁同龢讲《帝鉴》，甚明畅，上颇乐听。”他心存感激，但在日记中仍写皇帝劣迹，恐怕这位小皇帝学习情况比这还要糟糕得多。当然，亦不能全怪载淳，让一个七八岁的儿童读艰涩难懂的程朱理学，师傅又多愚不可及，呆板迂腐，小皇帝对学习毫无兴趣，亦在情理之中。

五、宫廷矛盾

就在载淳厌倦学习的同时，宫中爆发了慈禧和恭亲王奕䜣之间的权力之争，表现形式是“蔡寿祺案”。

慈禧发动政变成功后，曾对奕䜣十分信任，封他为议政王、在军机处行走、赏食亲王双俸，并令其弟醇亲王奕谖掌管神机营，训练精兵。在奕䜣的主事下，平息了太平天国和捻军，兴办了一些洋务事业，使清王朝得以苟延残喘，因而被渲染为所谓的“同光中兴”。但是，慈禧是个权力欲极强的独裁者，她不能容忍能力高于她的奕䜣权力过大，二人逐渐产生矛盾。

有个翰林院编修蔡寿祺，窥测到这一内幕，感到有机可乘，慈禧正欲找个打手，发现蔡寿祺跃跃欲试，遂授意蔡向奕䜣发难，蔡于同治四年三月初四日（1865年3月30日）上奏，名为痛陈时弊，实则点名奕䜣“贪墨、骄盈、揽权、徇私”四大罪状：

近来竟有贪庸误事，因挟重赀而内膺重任者；有聚敛殃民，因善夤缘而外任封疆者。至各省监司出缺，往往用军营骤进之人，而夙昔谙练军务通达吏治之员，反皆弃置不用，臣民疑虑，则以为议政王（奕䜣）之贪墨。自金陵克复后，票拟谕旨多有大功告成字样，现在各省逆氛尚炽，军务何尝告竣？……群相粉饰，臣民猜疑，则以议政王骄盈故也……臣愚以为议政王若于此时引为己过，归政朝廷，退居藩邸，请别择懿亲议政，多任老成，参赞密勿，方可保全名位，永荷天庥。

蔡寿祺的弹劾，核心是让奕䜣“归政朝廷，退居藩邸”。蔡寿祺的指控虽然严厉，但并非空穴来风。关于奕䜣的“贪墨”，在王闿运的《祺祥故事》中有所披露：

奕䜣及入枢廷，需索尤繁，王恒忧之。福晋父（桂良）故总督也，颇习外事，则以提门包为充用常例，王试行之，而财足用，于是府中贿赂公行，珍货猥积，流言颇闻，福晋亦患之。

清制，王贝勒不得收纳，奕䜣允许岳父桂良“以提门包为充用常例”，于晚清卖官鬻爵、贿赂公行，起到了很坏的作用。对于奕䜣之骄盈，《祺祥故事》亦有述及：

王既被亲用，每日朝辄立谈移晷，宫监进茗饮，两宫必曰：

“给六爷茶。”一日召对颇久，（恭亲）王立御案前，举瓯将饮，忽悟此御茶也，乃还置原处，两宫哂焉。

奕䜣竟忘乎所以地在两宫太后前欲饮御茶，这在当时是严重的僭越行为，可见其平日所为。慈禧见到蔡寿祺的奏折后，一日对奕䜣说“有人劾汝”，并示以奏折，奕䜣追问何人所奏？慈禧答以“蔡寿祺”，奕䜣说“蔡寿祺非好人”，欲逮问之，两宫甚怒，次日召见诸臣，宣读了以同治帝名义，慈禧亲笔起草的上谕，错字连篇，文理不通，系现在所存极稀有的慈禧手迹，经订正抄录全文如下：

谕在廷王大臣等同看：朕奉两宫太后懿旨：本月初五日，据蔡寿祺奏，恭亲王办事循情、贪墨、骄盈、揽权，多招物议，种种情形等弊。似此重情，何以能办公事？查办虽无实据，事出有因，究属暧昧之事，难以悬揣！恭亲王从议政以来，妄自尊大，诸多狂傲，倚仗爵高权重，目无君上，看朕冲龄，诸多挟制，往往暗使离间，不可细问。每日召见，趾高气扬，言语之间，许多取巧，满口中胡谈乱道，似此情形，以后何以能办国事？若不及早宣示，朕亲政之时何以能用人行政？似此种种重大情形，姑免深究，方知朕宽大之恩。恭亲王着毋庸在军机处议政，革去一切差使，不准干预公事，方是朕保全之至意。特谕。

平心而论，以慈禧之才学，能写出此谕，实属不易，亦可见其精明能干。慈禧对群臣说：“奕䜣植党擅政，渐不能堪，欲重治其罪。”诸臣皆官场老手，心中明白：慈禧毕竟女流，最终还得依仗奕䜣主持政务，且又是“叔嫂之争”，很有可能和解，因而多为自己留条后路，而不愿介入此事，众人遂以“事发突然”为由，莫敢对答。慈禧见状，又说："诸臣当念先帝，勿畏王，王罪不可逭，宜速议。"大学士周祖培谓："此两宫乾断，非臣等所敢知。"慈禧曰："若然，何用汝曹为？他日皇帝长成，汝等独无咎乎？"周祖培见慈禧以同治长大相威胁，只能缓冲一下，说："此事须有实据，容臣等退后详察以闻，并请大学士倭仁共治之。"

越日，诸臣在内阁召蔡寿祺，追问其所奏之根据，蔡氏供称："四大罪状率皆见闻，惟挟重赀而内膺重任，善夤缘而外任封疆者，乃是指总理衙门大臣薛焕、山西巡抚刘蓉。"三月初七日（1865年4月2日）倭仁等上奏，谓蔡折"所言无实据"，又谓恭王"如严以律己，何致屡遭物议？故贪墨、骄盈、揽权、徇私各款，虽不能指出实据，恐未必尽出无因"，这是个模棱两可，两边讨好的奏折，递上后，惇亲王奕誴于三月初七日上奏，直接为恭亲王奕䜣申辩：

> 恭亲王自议政以来，办理事务，未闻有昭著劣迹，惟召对时言语词气之间，诸多不检，究非臣民所共见共闻；而被参各款，查办又无实据，若遽行罢斥，窃恐传闻中外，议论纷然，于用人行政，似有关系，殊非浅鲜。臣愚昧之见，请皇太后、皇上恩施格外，饬下王公大臣集议，请旨施行。

奕誴是道光皇帝第五子，咸丰皇帝之胞弟，过继给惇亲王绵恺，乃皇室中最年长者，他出面为奕䜣讲话，慈禧不能不给点面子。三月初九日（1865年4月4日）早，慈禧在召见倭仁、周祖培等人时又说：

> 恭王狂肆已甚，必不可复用……王今为疏争，前年在热河言恭王欲反者非惇王耶？汝曹为我平治之。

群臣弄不清慈禧的葫芦里究竟装的什么药？从尔后她的作为看，由于她生性狡猾，在国家紧急关头，经常是出尔反尔、朝令夕改、推卸责任，在对待奕䜣的态度上，亦如是。三月十三日（1865年4月8日），奕䜣胞弟醇郡王奕𫍽自东陵返回京师，闻讯后即上奏慈禧：

恭亲王事繁任重，其勉图报效之心，为臣民所共见，至其往往有失检点之处，乃小节之亏，似非敢有心骄傲，且被参各款，本无实据，若因此遽尔罢斥，不免骇人听闻，于用人行政，殊有关系。

奕𫍽为乃兄求情上奏同时，一些外国驻京使节亦对此事表示关注，内阁大臣以表示支持奕𫍽意见者居多，面对这种形势，慈禧一改初衷，于三月十六日（1865年4月11日）颁谕曰：

兹览王公大学士所奏，佥以恭亲王咎虽自取，尚可录用，与朝廷之意正相吻合，现既明白宣示，恭亲王着即加恩仍在内廷行走，并仍管理总理各国事务衙门。

在这道上谕中，虽然恢复了奕䜣部分职务，但仍然未让他回到政权核心军机处，因而不少大臣继续上奏为他求情。四月十四日（1865年5月8日）两宫太后召见奕䜣，面加训诫，奕䜣“伏地痛哭，无以自容……深自引咎，颇知愧悔”，慈禧又恢复了奕䜣军机大臣之职，并令肃亲王华丰会讯蔡寿祺为何参纠奕䜣？替罪羊蔡寿祺只得承认“误信风闻，遽行入奏”，“愿受应得之咎”。

通过同治四年（1865）发生的这场风波，尽管奕䜣仍然保住了以前的职位，但权力已大大削弱，他也认识到了慈禧之心狠手毒，而慈禧也没有料到竟会有如此众多大臣代为奕䜣恳请，只有守旧派头领倭仁，对慈禧亦步亦趋，其中很大成分是他极端仇视奕䜣、文祥等人的洋务政策。慈禧尤其考虑到了洋人支持奕䜣，何况满朝尚无一人能够取而代之，慈禧遂又留用奕䜣，经过三十九天的折冲起伏，最终只解除了奕䜣“议政王”这一虚职。

在这期间又有“安德海案”。安德海本一小太监，因在“辛酉政变”中冒死为慈禧传递消息，行数百里从热河避暑山庄到京城，通知奕䜣发动政变，因而慈禧掌权后，封安为总管太监，视为心腹；又因慈禧身为太后，碍于礼制，不能随便与大臣见面，需太监转达谕旨，这就使得安德海的地位更显重要。安德海不知检束，收受贿赂，得意忘形。平日在宫中充当慈禧耳目，甚至为表忠心，向慈禧密报同治皇帝行踪并告状，同治因此对安恨之入骨，据说曾于宫中“以小刀断泥人首”，称之为“杀小安子”。

同治八年（1869），慈禧授意安德海前往苏州为同治皇帝采办大婚用龙袍。清乾隆时曾有谕旨，太监不准擅自出京，以避免明朝之阉患。慈禧将命安德海出京之事告诉同治，同治“阳为赞成”，暗中却与慈安太后达成默契，谓安德海“出都门一步，即可斩”。七月初六日（1869年8月13日），安率随从三十多人乘船沿运河南下，船上挂有日形三足乌旗一面，船旁有龙凤旗帜，并带有男女多人，且有女乐，调丝品竹，设宴作乐，一路招摇，两岸观者如堵。七月二十一日（1869年8月28日）为安生日，竟中设龙衣，男女罗拜。七月二十九日（1869年9月5日），山东巡抚丁宝桢以安姓太监“自称奉旨差遣，招摇煽惑，真伪不辨”，上奏朝廷，恰值慈禧正在病中，同治立即命奕䜣召内务府大臣面对，并亲自召见军机大臣，公开表示“此曹如此，该杀之至”。军机大臣根据同治上谕，迅速拟旨飞寄丁宝桢，命他“迅速派委干员，于所属地方将六品蓝翎安姓太监严密查拿，令随从人等指证确实，毋庸审讯，即行正法”。八月初二日（1869年9月7日），安德海在山东泰安为知县何毓福诱捕，安德海等二十人旋被解往济南正法。及至军机处严处安德海的廷寄发出以后，慈禧才知安德海的事情已经闹大，她对儿子载淳擅自主张极为不满，却也无可奈何。

安德海被正法，得到朝野交口称赞，主要大家担心出现宦官干政，因而丁宝桢声誉颇佳，成为风云人物。综观有清一代，因吸取了明亡教训，始终未出现宦官擅权。这件事也反映出清廷内部的矛盾。

六、天津教案

同治九年（1870），天津市民中传闻望海楼法国教堂设的育婴堂虐死婴儿数十名，遂聚众到教堂说理，法国领事丰大业（Henri Victor Fontanier, 1830—1870）持枪往见北洋通商大臣崇厚，并开枪恫吓，又在路上向天津知县刘杰开枪，击伤随从一名，群众怒不可遏，打死丰大业，焚毁法、英、美教堂及法领事署。事发后，英、美、法等七国军舰集结天津烟台一带示威。

清廷在如何处理天津教案问题上，形成两派，奕䜣、曾国藩、李鸿章、文祥、宝鋆、沈桂芬、董恂为一派，力言洋人无迷拐事，挖眼剖心，并无确据，教堂蒙受不白之冤，请降明旨昭雪，并请将天津知府张光藻、知县刘杰交刑部治罪；而慈禧、同治和奕譞、翁同龢、倭仁等为一派，他们坚持对法国态度要强硬。

奉命处理此事的曾国藩于六月二十三日（1870年7月21日）上奏，称教堂“挖眼剖心，则全系谣传，毫无实据”，建议朝廷明降谕旨，“布告天下咸使闻知，一以雪洋人之冤，一以解士民之惑”。六月二十四日（1870年7月22日），两宫太后在乾清宫西暖阁召集诸王、军机大臣、御前大臣、总理衙门诸臣会商天津教案处置方略，会议围绕曾国藩奏折展开讨论。慈禧表示想听听大家的意见。惇亲王奕誴只是不着边际地说："惟民为邦本，民心失而天下解体。"奕譞也强调"民心宜顺"，并说"天津府、县无罪"，还指责"总理衙门照会内有媚敌之语"、"有失国体"。而另一派的宝鋆、董恂见对方借机攻击奕䜣，则极力反驳，双方发生争辩，慈禧反而给调解道："夷人是我世仇，尔等若能出一策灭夷，我二人虽死甘心。且皇帝幼冲，诸事当从长计较。"翁同龢从中调和："此两皆天下人心所系，国法是非所系，望再申问曾（国藩）某，此后如无要求，尚可曲从，倘无把握，则宜从缓，似不必于立谈间定议。"但是，奕䜣仍然坚持按曾国藩的意见办，得到慈禧的同意。最后以处死中国百姓、处置天津地方官、赔礼道歉，了结此案。

奕譞对如此处理天津教案深为不满，愤而请辞一切差使，不愿与"汲汲以曲徇夷心为务"的人共事，经慈禧温谕挽留，始于同治十年正月二十六日（1871年3月16日）销假上朝，亲递手书密折，虽然只字未提奕䜣之名，但借天津教案一事，句句指责奕䜣，挑拨奕䜣与慈禧太后关系，如说："欲尽君臣大义，每伤兄弟私情"，"办夷之臣即秉政之臣"，皆在攻击奕䜣，并暗示慈禧应再次罢黜奕䜣。慈禧也看到了奕䜣的权力及影响仍然很大，可是通过天津教案之事，她感到和洋人打交道还要靠奕䜣，而且没有罢免他的借口，不过在天津教案后还是将奕䜣的重要助手文祥开去了国子监、理藩院、阅兵大臣及向导处的差使，以削弱奕䜣一派的势力。

七、同治大婚

同治皇帝载淳年龄渐长，满清贵族又盛行早婚习俗，因而慈禧忙于为儿子选后，她喜欢员外郎凤秀之女富察氏，慈安喜欢侍讲崇绮之女阿鲁特氏，二人无法议定，乃由载淳亲定，载淳选中了阿鲁特氏。

同治十一年二月初三日（1872年3月11日）发出上谕：

> 钦奉慈安皇太后、慈禧皇太后懿旨：……兹选得翰林院侍讲崇绮之女阿鲁特氏，淑慎端庄，着立为皇后……又奉谕旨：皇帝大婚典礼……于本年九月举行……又奉谕旨：员外郎凤秀之女富察氏，着封为慧妃；知府崇龄之女赫舍里氏，着封为瑜嫔；前任副都统赛尚阿之女阿鲁特氏（皇后之姑），着封为珣嫔。

此外，还册封西林觉罗氏为贵人，载淳的正式妻妾五人。同治十一年九月十二日（1872年10月13日）举行大婚典礼，婚后，皇后谈吐得当，“帝命诵唐诗，无一字误，益宠幸”。由于同治看中的这位皇后不是慈禧所内定的，因而她横加干涉同治的私生活，据说，因阿鲁特氏“体微丰，趋蹡弗便，乃故令奔走以劳苦之；复以其不娴仪节责让之。尤异者，谓帝行将亲政，国事繁颐，宜节欲，勿时宿内寝”；此外，慈禧还对同治说：“凤秀之女，屈为慧妃，宜加春遇。皇后年少，不娴宫中礼节，勿常住其宫。”还“阴使内监，时复监视之”，同治“遂不入皇后后宫，亦不幸慧妃”，经常独宿乾清宫，当然，这里还另有原因。

在同治身边，终日有一群品质恶劣的小太监陪伴，对年幼的皇帝产生了非常坏的影响，一些大臣发现了这一问题，早在同治元年（1862）五月，前太常寺卿李棠阶已经奏请“于师傅匡弼之余，预杜左右近习之渐”；同治四年（1865）六月，御史穆缉香阿奏“请慎选侍御仆人”，慈禧立即命“内务府稽查，有便僻侧媚者，举实严惩”。同治八年（1869）六月，武英殿发生火灾，倭仁、徐桐、翁同龢等再奏请同治“勤修圣德，以弥灾变”，说明同治的“圣德”已经很成问题；随着同治年龄的增大，有违“圣德”之事越发展越严重。

同治十年（1871），载淳十六岁时，他与入弘德殿侍读的奕䜣之子载澂关系甚为融洽，载澂“敏捷有口给，独得其欢”。一日，奕䜣入弘德殿见载淳、载澂“方共演秦剧关王庙，状至狎秽”，奕䜣怒斥其子，“词连帝”，载淳的贴身太监乘机以此激怒载淳，载淳愤而“将手刃之”。更有甚者，载澂还常引导载淳偷偷溜出皇宫，出游酒肆戏楼，倭仁就曾经在什刹海撞见过他们，还有人在崇效寺、大宛试馆见到过他们。另有宗室子弟及亲信小太监投其所好，给同治讲“市井间情状”，“进诸小说淫词、秘戏图册，帝益沉迷”，同治经常在外幽会伶人小六如、春眉，妓女小凤等。有个太监名杜之锡，长得像个少女，同治亦和他有不正当关系；杜之锡有一妹妹，在京城金鱼池为娼，同治成了座上客，渐致忘返。

自暴自弃的本性，加之大权旁落的现实，使得同治终日沉湎于酒色之中，他“引内务府郎中贵室为酒友”，召载澂入侍，“偕微服且作冶游”，因而回宫以后经常独居。

八、开始亲政

根据清宫祖制，皇帝完婚，标志着他已成熟，应该亲政了，慈禧在名义上不能违背祖制，同治十二年（1873），载淳大婚后，十八岁时，两宫太后以亲政届期，懿旨勉载淳“祗承家法，讲求用人行政，毋荒典学”，归政于载淳。正月二十六日（1873年2月23日），百官诣慈宁门行庆贺礼，同治帝至太和殿接受王以下文武大臣官员朝贺，载淳亲政，同时下诏表示自己要“恪遵慈训，敬天法祖，勤政爱民”。两宫太后再颁懿旨：“皇帝每日办事召见后，仍诣弘德殿与诸臣虚衷讨论。李鸿藻、徐桐、林天龄、桂清、广寿均照常入值，尽心讲贯。”继续指导同治学习。这一天，在各口岸的中国船只有史以来第一次在桅杆上挂起大清国旗龙旗，以示庆贺。

同治亲政之始，曾经“谕内务府核实樽节，于岁费六十万外，不得借支”。但是几乎同时，为了在三月间奉两宫太后谒清东陵，同治下谕称“沿途驻跸地方，搭桥修道，并修理行宫等处工程，自应早为办理”，命李鸿章饬令藩司速筹白银一万二千两，用以“敬谨兴修”清东陵。

正月二十七日（1873年2月24日），俄、德、美、英、法等国公使联衔照会清总理衙门，称：皇帝亲政，外国使节若不面达庆忱，则有失职之愆，遂请觐见。清政府未予答复。二月初七日（1873年3月5日），五国公使复照会总理衙门，请确定日期觐见同治皇帝，是日，文祥赴俄使馆与五国公使晤谈，各公使又面提以觐见皇帝为紧要，文祥坚持各公使要向同治行三跪九叩君臣大礼，遭各公使拒绝。这一问题，在乾隆五十八年（1793）英皇特使马戛尔尼觐见乾隆皇帝时，也曾出现过。中国皇帝历来认为自己是天下最高君主，所有人皆是臣民，外国皇帝也不例外，他们的使节见中国皇帝，自然要行君臣大礼，必须三跪九叩；而各国公使身为本国元首代表，认为行跪拜礼是对自己的侮辱，只答应行免冠五鞠躬礼，彼此各不相让。

四月初五日（1873年5月1日），大学士李鸿章上奏曰：“各国使臣觐见，应宽其小节，示以大度……我朝向有待属国一定之礼，而无待与国一定之礼……应斟酌时势，权宜变通。”李鸿章在此正确指出，西方列强不是中国属国，不能再坚持跪拜礼。四月十九日（1873年5月15日），总理衙门根据李鸿章的建议，制订了皇帝接见各国公使时的仪礼，主要一点是免去跪拜礼，这样，各公使觐见同治成为可能。

五月二十二日（1873年6月16日），总理衙门照会日本大使副岛种臣，通知他，俄、美、英、法、荷五国公使头班觐见，副岛为次班，分别觐见。次日，副岛晤文祥，坚持应于头班觐见，遭到文祥拒绝。

二十五日（1873年6月19日），副岛声称拒绝觐见，准备回国。二十九日（1873年6月23日），总理衙门派人劝解无效，不得已，三十日（1873年6月24日），复通知副岛准其参加头班觐见。

六月初五日（1873年6月29日）是星期日，但当时的中国人没有这个概念，通知各国公使于此日觐见。是日，早晨五点半，各国公使在总理衙门会合；六点，由崇厚引导前往皇城福华门，在此受到文祥的接待，款以茶点。八点半钟，又被引见恭亲王奕䜣。九点整，同治皇帝在中南海紫光阁升上宝座，使节们开始觐见同治，这是大清历史上皇帝首次接见外国使节。

当时作为唯一的特派大使的日本副岛种臣首先被单独接见；然后全权公使和代办按照他们到达北京的先后日期为序，排队进入宫内，依次为：俄国公使倭良嘎哩（Genreal A. Vlangaly）、美国公使镂斐迪（Fredrick Ferdinand Low, 1828－1894）、英国公使威妥玛（Sir Thomas Francis Wade, 1818－1895）、法国公使热福理（François Louis Henri de Geofroy, 1822－？）、荷兰公使费果荪（Jan Helenus Ferguson, 1826－1908），他们由作为翻译的俾士麦（Karl Bismarck）陪同，俾士麦既是使馆中资格最老的翻译官，也是暂时缺席的德国公使的代表。俄使倭良嘎哩以外交使团团长的身份代表各国使节致贺词，接着，各公使向同治呈递国书，行鞠躬礼，国书放在同治皇帝面前的桌案上，同治通过恭亲王奕䜣的口，对使臣所代表的国家元首表达谢意，此次觐见共享了半个小时。礼毕，在总理衙门设宴，西方公使以未于皇宫内设宴为由，辞谢而去，惟日本大使副岛种臣以其居头班被单独接见为荣，参见宴会。

同治还处理了列强进犯越南及我国台湾的外交事件。同治十二年九月十六日（1873年11月5日），法军上尉安邺（Marie Joseph François Garnier, 1839－1873）奉西贡总督杜白蕾（Marie Jules Dupré, 1813－

1881）少将之命，率兵船两艘、士兵一百八十名进犯河内。二十六日（1873年11月15日），安邺向越南政府提出商约五款，要求开放红河，并定关税，被拒绝后，法军于三十日（1873年11月19日）提出最后通牒，限令晚六时前接受条件，仍被拒绝；法军遂于十月初一日（1873年11月20日）晨攻城，上午十时攻占河内；十月初五日（1873年11月24日）占领海阳，十六日（1873年12月5日）占宁平，二十一日（1873年12月10日）占南定。

越南求援，同治皇帝即命两广总督瑞麟派兵由钦州出关，助越抗法。十一月初二日（1873年12月21日），清驻越之刘永福黑旗军，与越南驸马黄佐炎部会合，列阵于河内郊外，安邺出兵挑战，刘永福挥军猛进，阵斩安邺，黑旗军大胜。

同治十三年四月初三日（1874年5月18日），日本以琉球渔民漂到台湾，被高山族所杀为借口，派兵入侵台湾琅峤（今恒春半岛），高山族抵抗，牡丹社酋长阿禄父子等十六人阵亡，日军死六人（一说十四人），伤二十人。

四月十四日（1874年5月29日），同治命沈葆桢为钦差办理台湾等处海防兼理各国事务大臣，所有福建镇、道等官均归节制，并批准沈葆桢之奏请，在台湾各海口添设炮台，派总兵孙开华接办厦门防务。同时，批准李鸿章之奏请，派唐定奎率所部淮军劲旅由徐州开往台湾备战。同治还下令前湘军水师主帅杨岳斌，湘军统师曾国藩、鲍超、蒋益澧，前山东巡抚阎敬铭，前江苏巡抚赵德辙，前江苏巡抚丁日昌，前广东巡抚郭嵩焘等来京商讨抵抗日本侵台事宜。

当时日本国力还不足以和中国开战，它看到清朝在台湾问题上并不示弱，即命其驻华公使柳原前光与总理衙门谈判，后又续派大久保利通来华谈判，订立《北京专条》，清政府赔偿日本军费五十万两，日军撤出台湾。这次日军侵台给同治很大刺激，他谕令李鹤年、文煜布置海防，筹拨台防饷银、军火，并准其将闽省存款“移缓就急，酌量动用”，还允福建军饷借用洋款二百万元，以应急需，总理衙门专门呈上筹办海防的章程，分练兵、简器、造船、筹饷、用人、持久等项，同治即令转发李鸿章等督抚大臣，令其详议奏闻。

同时，新疆也告急，中亚浩罕国军事首领阿古柏入侵新疆，沙俄侵占伊犁，反映出同治亲政后，国家处于四面受敌、多事之秋的状态。

九、修园风波

早在同治七年（1868），满族御史德泰就曾奏请修复在咸丰十年（1860）第二次鸦片战争期间被英法联军焚毁的圆明园，但是“未准，且获严谴”。同治十二年（1873），广东李光昭再次请修圆明园，并具呈内务府，愿“报效木植”。九月，同治秉承慈禧的意旨，下令重修圆明园，以备两宫太后“燕憩”，“用资颐养而遂孝思”，赏李光昭道员衔，任为圆明园工程监督，命往各省“采办木植”。兴修圆明园需银一千万两以上，如此巨款在当时根本无法筹措，因此，同治谕旨一下，“中外错愕”。

十月初一日（1873年11月20日），御史沈淮奏请缓修，以为“今时事艰难，仇人在国，即库藏充溢，亦不当遽议兴修”，同治大怒，立即召见，责以“大孝养忘之义”，并强调“两宫皇太后保佑朕躬，亲裁大政十有余年，劬劳倍诸，而尚无休憩游息之所，以承慈欢，朕心实为慷灰，是以谕令内务府大臣设法捐修，以备圣慈燕憩用资颐养”。另外，御史游百川亦“袖疏廷诤，谔谔数百言，声震殿瓦”，但同治“皆不纳”，下谕革其职务，并告诫群臣不准再行谏阻。

慈禧对重修圆明园兴致极高，亲自绘制御园图样。在这样形势下，奕䜣也不得不报效工银二万两。而李光昭藉同治谕旨，游遍川、楚、江、浙诸产木之地，“勒索肥己”。

十月初八日（1873年11月27日），内务府员司督促民工拆除被英法联军毁坏后的残垣断壁，十三年正月十九日（1874年3月7日）各处正式开工，三月十二日（1874年4月27日）同治视察园工，盘桓整日；三月下旬，又传旨准备再到圆明园驻跸，并诣黑龙潭拈香。三月二十四日（1874年5月9日），奕譞等御前大臣合疏谏阻，同治不为所动；四月初，又到安佑宫视察工程；五月十一日（1874年6月24日），再次视察园工，皇帝如此热衷于游山玩水，令臣工反感。

五月二十日（1874年7月3日），总师傅李鸿藻上奏曰：皇帝“每月书房不过数次，且时刻匆促……不几有读书之名，无读书之实乎？”并称同治召见大臣每次只一二人，每人泛问三数语，人才之贤否，政事之得失，皆不得深悉。六月初四日（1874年7月17日），侍讲徐桐、广寿再以星象示警为言，吁请同治“慎起居、严禁卫”，同治仍置若罔闻。

奕䜣见这个小皇帝实在不可救药，忍无可忍，于七月十六日（1874年8月27日）呈上《敬陈先烈请皇上及时定志用济艰危折》，历举清朝开国以来诸帝创业之艰难，说明守成之不易，希望同治能够“畏天命”、“遵祖制”、“慎言动”、“纳谏章”、“勤学问”、“重库款”，规劝同治做个好皇帝。在这个奏折上署名的有御前大臣、军机大臣等十余人。奕䜣担心这个不成才的小皇帝看不完该奏折便置之一旁，甚至有可能连看都不看，故请求皇帝召见。

七月十八日（1874年8月29日），同治被迫召见军机大臣及御前王大臣，奕䜣请求停修圆明园，逐步指陈同治亲政后的疏失，奕譞、文祥也偕同力谏。同治阅此奏折未及数行，便不耐烦地说：“我停工何如？尔等尚有何哓舌？”奕䜣回答：“臣等所奏尚多，不止停工一条，容臣宣诵！”遂从靴中取出奏折底稿，逐条讲读，同治大怒曰：

“此位让你何如？”吓得文祥伏地大恸，几昏厥，奕譞复泣谏，同治仍坚持“园工一事，未能遽止”。及至奕䜣劝同治不要“微服”，意指他私出皇宫冶游，夜不归宿，同治一再追问“何从传闻”，奕䜣指实时间、地点，同治方哑口无言。

七月二十七日（1874年9月7日），同治主动召见奕䜣，不问国事，只追问“微服”一事从何处听说？奕䜣无奈，只能说“臣子载澂”，同治怒及载澂。七月二十九日（1874年9月9日），同治再次召见军机大臣、御前大臣及弘德殿师傅，首先责备翁同龢为什么保持缄默，他“微服”之事已满朝皆知？又责备御史、给事中等言官，再攻击奕䜣、奕譞“离间母子，把持政事”，奕䜣、奕譞极力申辩。翁同龢出来打圆场，说：“今日事（圆明园）须有归宿，请圣意先定，诸臣始得承旨。”同治说：“待十年或二十年，四海平定，库项充裕时，园工可许再举乎？”群臣齐称“如天之福，彼时必当兴修”，遂决定停止园工，改修“三海”（皇城西侧之皇家园林南海、中海及北海），诸大臣怕同治生变，请军机处立即拟旨。

促使同治下令停止修建圆明园，还有一个因素，即李光昭“浮报”银两一事败露。经李鸿章查明，李光昭为圆明园所办“木植”，系买自英法商人，原议定价为洋银五万四千余元，而李光昭在向内务府呈报购运洋木费用时，却谎称值银三十万两之多。事发后，李光昭又面求美领事代瞒价值。同治十三年七月初六日（1874年8月17日），谕令将李光昭“先行革职，严行审究，照例惩办”。李光昭所为，使同治帝自扪耳光。

召见奕䜣之后，同治心中恶气未出，七月三十日（1874年9月10日）颁上谕，尽革奕䜣所有职务：

朕自去岁正月二十六日亲政以来，每逢召对恭亲王时，言语之间，诸多失议，着加恩改为革去亲王世袭罔替，降为郡王，仍在军机大臣上行走，并载澂革去贝勒郡王衔，以示惩儆。

意犹未尽的同治又于八月初一日（1874年9月11日）再降谕旨：尽革惇王奕誴、恭王奕䜣、醇王奕譞、御前大臣伯彦讷谟祜、景寿、奕劻，军机大臣文祥、宝鋆、沈桂芬、李鸿藻等十人官职，指责他们"朋比谋为不轨"，遍召六部尚书、侍郎、左都御史、内阁学士，准备当众宣布此谕。

八月初一日（1874年9月11日），两宫太后得知此事，急至弘德殿面见群臣，"两宫垂涕于上，皇上长跪于下"，慈禧说："十年以来，无恭王何以有今日？皇上少未更事，昨谕着即撤销。"同治不得不恢复所罢各官职务，并停修圆明园，一场闹剧就此收场。

自此至十月三十日（1874年12月8日）同治生病，在这三个月中，同治仍厌恶学习，翁同龢在这一段日记中，连日写着"传无书房，遂出"；"传自今至初八俱无书房"；"传今日至十六皆无书房"；只在八月十九日（1874年9月29日）记载说："上至书斋，作《南苑阅武》七律一首，有细柳长杨一联，甚工。"此外，对于修建三海、游览歌舞仍甚热中，翁同龢在日记中屡有记载。

十、同治之死

同治十三年十月三十日（1874年12月8日）生病，十二月初五日（1875年1月12日）病逝，传闻载淳因冶游患梅毒而死，不仅在文艺作品，就是在一些严肃的论著中，亦如此记载，遂成晚清宫廷一大奇案。从清宫所藏档案同治朝《万岁爷天花喜进药底簿》中御医对同治临死前诊断记录档案（即脉案）及处方进行研究，可以肯定他不是患梅毒而死，而是患天花没有治好而去世的。

载淳十月二十一日（1874年11月29日）在西苑着凉，十月三十日（1874年12月8日）发烧第一天，他“脉息浮数而细……发热头眩，胸满烦闷，身酸腿软，皮肤发出疹形未透”；第二天他“脉息浮数……咽喉干痛，胸满作呕，头眩身热”；第三天因发烧而大便“四日未行”；第四天至第七天，天天皆“脉息滑数”、“脉息数大”。上述均为发烧导致脉搏加快症状，说明起病很急。天花是由天花病毒引起的一种烈性传染病，发病之初都要发高烧，这是急性传染病的规律，体温升一度，脉搏加跳十次。而梅毒为慢性病，无发烧症状，病情发展缓慢。另外，患天花开始都要头疼、背痛、发冷、寒颤等，脉案记载同治“十月三十日（1874年12月8日）……发热头眩……身酸腿软”；“十一月初二日（1874年12月10日）……腰疼胸堵”；“十一月初三日（1874年12月11日）……呛咳腰疼”；“十一月初七日（1874年12月15日）……腰疼腿酸，未能骤减”，皆为患天花初期典型症状。而梅毒发病缓慢，无明显全身症状，表面像个健康人。

天花皮疹的形态、分布及转化时间有一定的规律。在天花发病后的头二天，皮肤上可见皮疹，即斑疹，但几小时后迅速变为丘疹，丘疹呈圆形，边缘清晰。同治发病第一日，脉案记载“皮肤发出疹形未透”，第二日，脉案记载“疹形透出，挟瘟痘”，“头面周身疹中挟杂之痘颗粒透出，系属天花二朝之喜”，“头面颈项颗粒稠密，颜色紫滞”，这里说的“瘟痘”，是指斑疹已转为丘疹。自这天起御医确诊同治患了天花，在以后的脉案中均记为天花。

天花皮疹发于额部、发际、面颊、腕，逐渐延及臂、躯干而至下肢，疹多见于身体暴露部位，即呈离心形分布，这与同治发病第二天脉案记载相同，直到十一月初七日（1874年12月15日）仍“蒙头盖面，锁项咽关”，与天花的分布特点吻合。

天花在出疹后全身中毒症状显著减轻。脉案记：“十一月初三日

（1874年12月11日）……颗粒渐长，紫艳稍化，胸堵烦呕俱退，大便已行，胃口渐开”；初四日（1874年12月12日）“颗起长紫滞渐润，内症俱见稍减”；初五日（1874年12月13日）“已有放白之势，饮食亦佳”；初六日（1874年12月14日）“浆汁已行，饮食俱佳”，这些记载与天花症状极相似。

天花出疹后二至三日，丘疹开始灌浆，成为疱疹，疱疹中央凹下成脐形，周围有红晕。脉案中对此亦有记载：十一月初三日（1874年12月11日）疱疹颗粒“极实顶陷，攒簇紫滞”；初四日（1874年12月12日）疱疹“色艳板实，顶平不凸”；初五日（1874年12月13日）“顶陷渐起”，“惟形欠饱满”；初六日（1874年12月14日）“浆汁已行”、“惟浆未充足，根晕未收”。上述症状说明天花疱疹顶陷为脐形。

天花发病的第八天至第九天，疱疹转为脓疱，脓疱形成二至三日逐渐干缩成痂，于发病的二至四周开始脱痂，脉案亦如此记载：十一月初八日（1874年12月16日）“浆渐苍老，盘晕赤色见退”；初九日（1874年12月17日）“渐有收靥之势，惟收靥较迟”。直到十一月初八日（1874年12月16日）“痂渐脱落，滑浊渐止”，说明天花病已基本结束。

梅毒则没有如此明显的急性病发病过程，梅毒发的斑疹如蚕豆大小，呈圆形或略带不规则形，初起淡红，二至三周后呈青色或绿色，并不是脐形，与天花疱疹有明显的区别，从同治的脉案看，没有梅毒的迹象。另外，天花发病带季节性，有严格的发病时间，一般在冬春发生，非其时不可能发生。同治发病在阴历十月末，死于十二月初，与天花冬季发病相符，而患梅毒则不受季节限制。

同治的天花结束后，十一月十九日（1874年12月27日）起又皮肤感染，这一天的脉案记载“发热头眩俱退，惟温毒乘虚流聚，腰间红肿溃破，浸流脓水……头项胳膊膝上发出痘疽肿毒”，这种“痘疽”

即并发的皮肤感染。二十日（1874年12月28日）“痘痂渐落，发热咳嗽俱减”，天花渐愈，乃正常现象，但“腰疼重软，漫肿流汁……头项、胳膊、膝上发出痘疽肿疼”，说明已形成广泛皮肤感染；二十二日（1874年12月30日）感染恶化：“溃破流汁……其余各外痘疽有已溃而毒未净者，有未溃而仍肿者”；二十三日（1874年12月31日）天花“痘痂俱落”、“惟腰间溃孔浓汁不减，红肿不消，臀肉左右溃孔二处流汁”，以后逐日恶化，说明同治几乎没有抵抗力。

这种病在口腔坏死部分迅速向周围及深部发展，疼痛、恶臭，脉案记载：十一月二十九日（1875年1月6日）“牙胀面肿”；三十日（1875年1月7日）“面颊硬肿，牙浮口粘”；十二月初一日（1875年1月8日）“面颊硬肿，牙龈黑糜口臭”；初二日（1875年1月9日）“各处痘疽俱见正脓……唇腮硬肿，牙龈黑糜，舌干口臭，大便黑黏”，说明开始便血，死期已近；初四日（1875年1月11日）“牙龈黑臭，势恐口疳穿腮，毒热内扰”，御医在这一天确诊同治患了走马牙疳，一种不治之症，初五日（1875年1月12日）酉刻同治死亡。

山东大学《文史哲》杂志1989年载李镇文章《同治究竟死于何病》，李镇自称祖上“数代为御医，高祖李万清是咸丰皇室太医，曾为懿嫔（慈禧）遇喜诊脉，确定慈禧怀孕而生同治。曾祖李德立就是给同治看病的主治御医”，李德立的长子，李镇的祖父“曾任光禄寺置正，在清廷供事多年”，1938年他曾告诉李镇“同治确是死于梅毒”，李镇还说：

> 据祖父面告，同治之病经曾祖父精心治疗，已有起色。十二月初四日（1875年1月11日）午后，阿鲁特氏（同治皇后）来东暖阁视疾，当时载淳神志清醒……（皇后）哭诉备受母后（慈禧）刁难之苦，皇帝亦亲有感受，劝她暂且忍耐，待病好之后，总会

有出头的日子。可知载淳去世的前一天，所想的是病好之后的事，没有预感到明天就要死了。不料（在窗外偷听的）慈禧听到此处正刺所忌，竟勃然大怒，立刻推幔闯入帏内，一把揪住皇后的头发，用力猛拖，一大撮头发连同头皮都被拉了下来，又劈面猛击一掌，顿时皇后血流满面，惨不忍睹，慈禧又叫太监传杖，棒打皇后，同治大惊，顿时昏厥，从床上跌落在地，病势加剧，从此昏迷不醒，急传先曾祖入阁请脉，但已牙关紧闭，滴药不进，于次日夜晚死去。

关于同治死因，前文已述。至于李镇的这段描述，在社会上影响很大，广为传播，未见档案史料记载，其事有无，姑不评论。仅以脉案对照可知：自十一月二十九日（1875年1月6日）同治患走马牙疳后，御医们束手无策，脉案记载“正不制毒，病势日时，温补则恐阳亢，凉攻则防气败”，左右为难。到十二月初四日（即皇后挨打这一天，1875年1月11日），同治“脉息弦数无力，上唇肿木腮紫肿硬”，这样的状态，不可能再经“精心治疗已有起色”，更不可能有气力“从床上跌落在地”。总之，同治因患天花后转为走马牙疳而死，而非死于梅毒。

十二月初五日（1875年1月12日），同治死前，急召李鸿藻入见，“与谋以贝勒载澍承大统，且口授遗诏，令李鸿藻书之”。李鸿藻立即去储秀宫见慈禧，慈禧听后大怒，撕碎遗诏，骂走李鸿藻。同治死后谥“继天开运受中居正保大定功圣智诚孝信敏恭宽毅皇帝”，庙号穆宗，光绪五年（1879）三月，葬清东陵惠陵。

关于皇位继承，慈禧考虑到若为同治立嗣，阿鲁特氏将成为皇太后，当由阿鲁特氏“垂帘听政”，慈禧则失去权力，她不能容忍这个结局。同治病死，慈禧立即将醇亲王奕譞四岁儿子载湉过继给咸丰，慈禧仍以“母后”身份垂帘听政，这就是光绪皇帝。同治皇后阿鲁特氏处境尴尬，以光绪皇帝的“寡嫂”居宫中不成体统，慈禧对阿鲁特氏之父崇绮说：“皇后如此悲痛，即可随大行皇帝（同治）去罢。”其赐死之意，至为明显，遂于同治病死后七十五日，绝食自尽，年仅二十二岁。

同治帝载淳在位十三年，此间清政府依靠湘军镇压了太平天国、捻军和西北回民起义，并消灭了四川、云南和贵州的农民起义。在曾国藩、李鸿章、丁日昌等人的倡导下，也办了一些“洋务新政”。但是，所谓的“同治中兴”和同治皇帝没有什么关系，因其年幼、亲政时间短，又是个傀儡皇帝，故其在历史上谈不到有何贡献。

同治皇帝事典

年 表（1862–1875）

辞条解释（513 条）

公元	年号	大事记
1862	同治元年	正月初一日，**曾国藩**为协办**大学士**。
1862	同治元年	正月初二日，**太平天国**翼王**石达开**自湖南进入湖北来凤。

曾国藩（1811—1872） 号涤生，湖南湘乡人。道光年间进士。咸丰二年底（1853），以吏部侍郎身份在湖南办团练（即湘军），对抗太平军，并出省夺取武昌。咸丰四年，于湖口败于太平军，退守南昌。咸丰十年，升任两江总督，力主"借洋兵助剿"太平军。同治三年（1864），攻陷天京。同治四年，任钦差大臣，对捻军作战，战败去职。办江南制造局等洋务。同治九年，在直隶总督任内查办天津教案，屠杀平民，受到舆论谴责，调任两江总督，不久病逝。有《曾文正公全集》传世。

大学士 唐代设置官名。清初在内三院（国史、秘书、弘文）各设大学士一人，顺治中改名为内阁，以大学士为主官，康熙初为正二品，雍正时为正一品。军机处设立，取代了大学士职权，惟军机大臣及内外各官之资望特重者，仍授大学士作为荣典，习称拜相。乾隆定大学士为满汉各二人，以三殿（保和、文华、武英）、三阁（文渊、体仁、东阁）之名入衔。

太平天国 洪秀全于道光二十三年（1843）创立拜上帝会，秘密反清。道光三十年十二月初十日（1851年1月11日）在广西桂平县金田村起义，建号太平天国。遂攻克永安，初建政体，入湖南，攻长沙不下，北取岳州（今岳阳）和汉阳、汉口，克武昌，顺江东下。咸丰三年（1853），克南京建都，改名天京，颁布《天

1862	同治元年	正月初二日，**总理衙门**函催**薛焕**、**赫德**速筹款租购船炮。
1862	同治元年	正月初三日，福建总兵秦如虎克浙江平阳，

朝田亩制度》和乡官制度，并进行北伐和西征。咸丰六年，发生“杨韦内讧”及石达开出走，导致天京被围。咸丰八年，获得浦口和三河大捷，咸丰十年，灭江南大营，一度振兴。终因太平天国首领生活腐化、指挥错误及清军借助洋兵会剿，同治三年（1864），天京被湘军攻陷，太平天国起义失败。

石达开（1831—1863）　广西贵县客家人，早年入拜上帝会。道光三十年（1850）夏，率二千人到金田，金田起义时任左军主将；咸丰元年（1851），永安建制封翼王、五千岁。咸丰五年，督师西征，屡破清军；次年，破江南大营。“杨韦内讧”后，不堪洪秀全猜忌，率十万精锐部队出走，活动于江西、浙江、福建、湖南、广西、贵州、云南、四川等地。同治二年（1863），在四川大渡河紫打地（安顺场）失败，自投清营，被杀于成都。

总理衙门　全称“总理各国事务衙门”，简称“总署”、“译署”。咸丰十年底（1861）《北京条约》签订后，清廷为处理洋务而设立的中央机构，“一切仿照军机处办理”，恭亲王奕䜣为总理衙门大臣。其职责为：办理外交事务，派出驻外公使，兼管通商、海关、海防、订购军火、主办同文馆和派遣留学生事务，并管辖三口通商大臣和五口通商大臣。光绪二十七年（1901），按《辛丑条约》规定，总理衙门改组为外务部，班列六部之首。

薛焕（1815—1880）　字觐堂，四川兴文人，道光举人。咸丰三

		金钱会战败。
1862	同治元年	正月初四日，王韬上书太平天国忠王李秀成，论攻取上海事。

年（1853），以知府率川勇镇压上海小刀会；咸丰七年，任苏松太道；咸丰十年，由江宁布政使升江苏巡抚兼署两江总督，指使美国人华尔（Frederick Townsend Ward, 1831—1862）组织洋枪队，阻击太平军进兵上海。同治二年（1863），调礼部左侍郎、总理衙门大臣。光绪元年（1875），赴云南处理马嘉理（Augustus Raymond Margary,1846—1875）案，后卒于原籍。

赫德（Sir Robert Hart, 1835—1911）　英国人。于咸丰四年（1854）来中国，任英驻宁波领事馆翻译，后调任广州海关副税务司，制定由外人管理中国海关的制度，控制中国财政收入，深得李鸿章信任。光绪二年（1876），订立《烟台条约》时，任李鸿章助理，中法战争中，他策动李鸿章与法国签订《中法新约》，暗中助法。光绪三十四年（1908），请假回国，至死始卸职，任中国海关总税务司达四十八年之久。

金钱会　天地会支派。太平天国期间，浙南赵起在平阳、瑞安、永嘉、青田等地秘密反清，以铜铸康熙制钱之面，刻“金钱义记”四字，散给入会者。咸丰十一年（1861），在赵起等人领导下，在赵起家乡平阳钱仓举义，是为金钱会起义；占领浙江温州、平阳和福建福鼎等州县。同治元年（1862）正月闽浙总督庆瑞派总兵秦如虎击败义军，赵起投奔太平军，次年，在德清殉难。

王韬（1828—1897）　初名利宾，字紫诠，号仲弢，别号弢园

1862	同治元年	正月初五日，江苏南汇川沙士绅致书英国海军将领**何伯**乞援。
1862	同治元年	正月初七日，**三口通商大臣崇厚**函请总理衙门酌拨轮船防守北洋。
1862	同治元年	正月初十日，命曾国藩速援上海，并令薛焕速

老人、天南遁叟。十八岁考中秀才，后屡试不中。道光二十九年（1849），赴上海任职于英国教会墨海书馆。第二次鸦片战争中曾向清廷献“御戎”、“平贼”之策，未被采纳。咸丰十一年（1862年初），回乡化名“黄畹”，上书太平天国忠王李秀成部将刘肇均，为清廷获悉，逃往香港。同治六年（1867），往英国译书，游历英、法、俄。同治十三年，在香港主编《循环日报》，主张变法自强。光绪十年（1884），得李鸿章默许，回上海，主持格致书院，为洋务派出谋献策。著有《弢园文录外编》、《弢园尺牍》等数十种。

李秀成（1823－1864） 广西藤县人。咸丰元年（1851），参加太平军，破清江北大营，三河大捷重创湘军；咸丰九年，封为忠王，次年又大破江南大营，攻占常州、苏州、嘉兴、松江等地。乃支撑太平天国后期危局最主要人物。同治三年（1864）六月，天京陷落，为湘军所俘，写供状数万言，企望为清廷招降，终被曾国藩所杀。

何伯（Admiral Sir James Hope, 1808－1881） 亦译贺布。咸丰九年（1859），任英国侵华舰队司令，侵袭大沽口炮台，被击伤。同治元年（1862），指挥英法联军在上海、宁波对太平军作

		与英法筹商借洋兵助剿太平军，保卫上海。
1862	同治元年	正月十一日，甘肃循化巴燕戎格撒回马尕三攻碾伯。
1862	同治元年	正月十二日，**华尔**洋枪队连败太平军于松江附近。

战，掳掠烧杀，在青浦、南桥、嘉定为太平军击败，退回上海。1869年，任朴茨茅斯司令，后升为英海军大将、元帅。

三口通商大臣 《天津条约》、《北京条约》订立后，通商口岸增加多处，清廷设立总理衙门，下设三口通商大臣，常驻天津，办理天津、牛庄（后改营口）、登州（后改烟台）三口通商事务，并管理天津关税，还兼办交涉事务、海防、训练洋枪队和创办生产军火的天津机器局。同治九年（1870），天津教案后，改由直隶总督兼职，称“北洋通商大臣”。

崇厚（1826—1893） 字地山。完颜氏，满族，内务府镶黄旗人，举人出身。第二次鸦片战争中协助恭亲王奕䜣与英法签订《北京条约》，咸丰十年底（1861年初），任三口通商大臣。同治九年（1870），天津教案结案时，被派赴法国道歉。光绪四年（1878），赴俄谈判交还伊犁事；次年，擅自签订丧失领土和主权的《里瓦几亚条约》，清廷将其下狱，改派曾纪泽另行订约；光绪十年（1884），行贿三十万两白银后复官。

华尔（Frederick Townsend Ward, 1831—1862） 美国人。咸丰九年（1859）来上海，在清军炮艇“孔夫子”号当雇员；咸

1862	同治元年	正月十三日，陕甘总督乐斌纵回殃民，捏报冒功；提督成瑞惬怯迁延，均革职。
1862	同治元年	正月十四日，太平天国扶王**陈得才**、遵王**赖文光**、启王**梁成富**、祜王**蓝成春**奉英王**陈玉**

丰十年，为阻止太平军进攻上海，苏松太道吴煦委他召募外人组洋枪队任领队，驻松江，八月，被太平军打败，受重伤。同治元年（1862），扩编为"常胜军"，他为副将，在上海、宁波与太平军作战，屠杀中国人。八月，在浙江慈溪城被太平军击毙。

陈得才（？—1864） 太平天国英王陈玉成之叔。咸丰十一年（1861），封扶王；次年初，受陈玉成委派远征陕西，旋回救陈玉成未果；又奉洪秀全令到西北扩大军队，准备回援天京。同治三年（1864），率军至湖北、河南、安徽，在安徽被清军包围，服毒自尽。

赖文光（1827—1868） 广西人。道光三十年十二月（1851年1月），参加金田起义，任文职；咸丰十一年（1861），封遵王。同治元年（1862），与陈得才西征，攻占陕西汉中。同治三年，奉命援救天京，行至鄂、豫、皖边界，天京失陷，他在豫南会合捻军张宗禹等继续斗争；次年四月，在山东曹州歼灭僧格林沁，尔后与张宗禹分领东西捻军作战；同治六年（1867）五月，被清军困于胶东，于寿光与清兵决战，损失三万人，率骑兵二千余突围；翌年，在扬州被俘杀。

梁成富（？—1865） 广西郁林人，在太平军英王陈玉成部。咸丰十一年（1861），封启王；次年，与陈得才、赖文光等远征西北，攻西安，闻庐州危急，回救陈玉成未果，复奉命往西北

		成命，自安徽颍州入河南，攻新蔡。
1862	同治元年	正月十六日，**沈兆霖**署陕甘总督。
1862	同治元年	正月十九日，石达开由湖北利川进向四川。

扩军；同治二年（1863），占汉中，后转战甘肃；次年八月，克阶州（今武都）；同治四年五月，城陷受伤被俘，不屈死难。

蓝成春（？—1864） 太平天国英王陈玉成部将，曾驻守安徽庐州一带；咸丰十一年（1861）冬，封祐王；次年，与陈得才、赖文光等远征西北，因回救陈玉成未果，复往西北；同治三年（1864），回援天京受阻，后入安徽，在霍山为僧格林沁所败，叛徒甘怀德将其缚送清营，被杀。

陈玉成（1837—1862） 广西藤县人，十四岁参加太平军。咸丰四年（1854），随军破武昌；次年，随秦日纲再破武昌，在随州斩清西安将军扎拉芬，在应山大败清提督孔广顺，又在庐州、芜湖大败清军，升冬官正丞相。咸丰六年，援镇江，破江北大营，旋击溃江南大营；次年，在桐城大破清军，封成天豫。咸丰八年八月，破浦口江北大营；十月，在三河灭湘军李续宾部；次年，封英王，收复浦口。咸丰十年，消灭江南大营；咸丰十一年，因李秀成失约，未能会师克武昌，被迫回安庆，致使安庆陷落。同治元年（1862），庐州失守，在安徽寿州被苗沛霖出卖；五月，就义。是太平天国后期主要将领。

沈兆霖（1801—1862） 字尺生，又字郎亭，号雨亭，浙江钱塘人，道光进士。历任翰林院编修、兵部右侍郎、吏郎右侍郎等职。建议办团练镇压太平军。咸

1862	同治元年	正月二十日，浙江巡抚**左宗棠**自皖南入浙江，克开化。
1862	同治元年	正月二十二日，石达开攻占四川石柱厅。
1862	同治元年	正月二十四日，**李鸿章**在安庆招募淮军。

丰十年（1860），署户部尚书，英法联军入侵北京，他饬直隶组织民团抵抗，签订中英、中法条约后，他奏请咸丰帝回京以安人心；同年十一月，奉命赴陕查办回民仇杀事；同治元年（1862），署陕甘总督；七月，回西安被洪水冲没。

左宗棠（1812—1885） 字季高，湖南湘阴人。举人出身，初入湖南巡抚骆秉章幕。咸丰十年（1860），经曾国藩荐，率湘军与太平军作战。同治元年（1862）初，任浙江巡抚，筹划法人“常捷军”，攻陷严州、金华、绍兴等地，升闽浙总督。同治三年，陷杭州，旋赴广东战太平军李世贤、汪海洋。同治五年，开办福州船政局，开始办洋务；同年，调任陕甘总督，镇压捻军和西北回军。光绪元年（1875），任钦差大臣，督办新疆军务；次年，率军入疆，平定阿古柏叛乱，遏制了俄、英分割新疆之阴谋。光绪七年（1881），任军机大臣，调两江总督。中法战争时督办军务。有《左文襄公全集》传世。

李鸿章（1823—1901） 字少荃，安徽合肥人。道光进士。咸丰三年（1853），为抵抗太平军在籍办团练，继而成为曾国藩幕僚。咸丰十一年，建淮军；次年，在上海与太平军作战，升江苏巡抚，伙同洋枪队夺取苏常。同治四年（1865），署两江总督，调六万淮军攻捻军；次年，

1862	同治元年	正月二十六日，英海军将领何伯及华尔、**白齐文**之洋枪队在上海浦东高桥败慕王**谭绍光**之太平军。
1862	同治元年	正月二十六日，江苏巡抚薛焕采纳苏松太道**吴煦**建议，命名华尔洋枪队为“常胜军”，时洋枪队已有一千二百余人。

继曾国藩任钦差大臣，镇压东、西捻军。同治九年，又继曾国藩任直隶总督兼北洋大臣，掌外交、军事、经济大权，成为洋务派首领，先后开办江南制造局、轮船招商局、开平煤矿、天津电报局、津榆铁路、上海机器织布局等企业，并创建北洋海军。他曾奉旨主持签订《中英烟台条约》、《中法新约》、《中日马关条约》、《中俄密约》及《辛丑条约》，皆丧权辱国。临死前还推荐袁世凯继承其职。是晚清媚外卖国的首要人物。有《李文忠公全集》。

白齐文（Henry Andrea Burgevine, 1836—1865） 美国人。咸丰十年（1860），与华尔组织洋枪队镇压太平军，任副领队；同治元年（1862），华尔被击毙后任领队。次年，因索饷事与李鸿章闹翻，投太平军，不久东去日本。同治四年，到福建，拟去漳州见侍王李世贤，被清军逮捕，解至浙江兰溪，落水而死。

谭绍光（1835—1863） 广西桂平人，壮族。道光三十年（1850），参加金田起义，因消灭江南大营和攻克苏杭有功；同治元年（1862）五月，封慕王，自浙江随李秀成进攻上海，失利退回苏州；是年七月，再逼上海，遇阻退回嘉定。转年一月，同李秀成进攻常熟，后退守苏州；十月，于娄门外大败洋枪队；十一月，在苏州被叛徒郜永

1862	同治元年	正月二十九日，两广总督**劳崇光**与赫德议定购英轮七只。
1862	同治元年	二月初一日，英法军及洋枪队在上海南桥及闵行重创慕王谭绍光之太平军。

宽、汪安钧等刺死。

吴煦（1809—1873） 字晓帆，又字晓舫，浙江钱塘人。咸丰十年（1860），任苏（州）松（江）太（仓）道，奉薛焕令借洋兵助剿太平军，并协助华尔组建洋枪队，引英法军进上海城以阻击太平军。同治元年（1862），太平军再攻上海，他迎李鸿章所部，援以军械粮饷，并向外国乞援，不久被劾革职，为李鸿章奏复，旋引疾归里。

劳崇光（1802—1867） 字辛阶，湖南善化人。道光进士，选庶吉士，授编修。道光二十一年（1841），任山西平阳知府，累迁广西按察使、广西布政使。参与镇压李元发起义和天地会起义。太平天国起义时，他署广西巡抚，协助赛尚阿会办军务、设局开捐、筹措饷需、组织团练，会同广东军，镇压与诱降太平军和天地会。咸丰九年（1859），任广西巡抚兼两广总督。咸丰十一年，兼管粤海关监督。同治二年（1863）四月，授云贵总督，平定黔西苗族回族起义，后病死。

马如龙（？—1891） 云南临安人，回族，武秀才出身。咸丰六年（1856），于建水起义。同治元年（1862），围攻昆明时，与澄江知府岑毓英议和，降清，获署临源镇总兵衔，尔后与岑毓英合作，于同治十一年（1872）攻灭杜文秀的大理政权；同治十三年，调任湖南提督，后死于四川。

祁寯藻（1793—1866） 字叔

1862	同治元年	二月初一日，云南回首“总统兵马三迤大元帅”**马如龙**降清。
1862	同治元年	二月初二日，同治帝入学，**祁寯藻**、翁心存、**倭仁**、**李鸿藻**为帝师。

颖，又字实甫，自号春圃。嘉庆进士。历任户部、吏部侍郎。道光十九年（1839），曾偕黄爵滋视察福建海防及禁烟事，升兵部尚书。鸦片战争中，有人参奏邓廷桢于厦门击退英舰不实，祁奉旨查勘，具陈战胜属实。道光二十一年，调户部尚书，为军机大臣。道光三十年，迁体仁阁大学士。咸丰年间，反对肃顺等铸大钱。咸丰十一年（1861），疏陈时政六事；同治帝即位，命以大学士衔授礼部尚书。

倭仁（1804－1871） 字艮峰，蒙古正红旗人，乌齐格里氏。道光进士。师从理学家唐鉴，与曾国藩等标榜“宋儒之学”，系同治年间理学大师，曾任编修、大理寺卿；同治元年（1862），升工部尚书，命为帝师，旋迁文渊阁大学士。同治六年，上奏反对选拔正途出身士子入同文馆学习天文、算学，鼓吹“立国之道，尚礼义不尚权谋；根本之图，在人心不在技艺”，成为顽固派首领。同治十年，晋文华殿大学士。有《倭文端公遗书》行世。

李鸿藻（1820－1897） 字季云，号兰孙。直隶高阳人。咸丰进士。同治三年（1864），授内阁学士、署户部左侍郎。次年，迁军机大臣。同治十一年，任工部尚书。光绪二年（1876），兼总理衙门大臣。以清流评议时政，上疏言事，名噪京师。光绪六年，策动清流派弹劾李鸿章，反对崇厚与俄擅订丧权辱国的《里瓦几亚条约》。次年，任兵

1862	同治元年	二月初三日，**曾国荃**署江苏**布政使**，督军会同镇江李鸿章收复苏常，进军上海。
1862	同治元年	二月初四日，签订《**中俄陆路通商章程**》。
1862	同治元年	二月初五日，太平天国文王**蓝大顺**自四川新宁策应长江南岸之石达开部。
1862	同治元年	二月初九日，浙江巡抚左宗棠克浙江遂安。

部尚书、协办大学士。光绪八年，调户部尚书。中法战争时力主抗法。光绪十三年，任礼部尚书，中日甲午战争中受命商办军务，竭力主战。后任吏部尚书。光绪二十三年，病死于北京。

曾国荃（1824—1890） 字沅甫，湖南湘乡人，曾国藩弟，贡生出身。咸丰六年（1856），率湘军三千人增援江西吉安，抵抗太平军，号称“吉字营”，为曾国藩嫡系部队。咸丰十年三月，围攻安庆；次年八月，攻陷。同治元年（1862）四月，围天京，久攻不下；同治三年六月，攻陷，纵兵劫掠，血洗全城。同治五年，任湖北巡抚，主力被捻军歼灭，称病退职。光绪元年（1875）后，历任陕西、山西巡抚、两广总督、两江总督。

布政使 全称为“承宣布政使司布政使”，明代始置；清制，布政使位于总督、巡抚之下，专管一省的财赋、地方官考绩等事，与专管刑名的按察使并称“两司”。布政使每省一人，惟江苏乃赋税重区，设二人，分驻江宁、苏州。清亡，直隶、山东、新疆等曾沿设，旋即裁撤。

中俄陆路通商章程 同治元年（1862），沙俄为向中国新疆扩张其政治、经济势力，强迫清政府签订《中俄陆路通商章程》，规定中、俄两国边界贸易在百里

1862	同治元年	二月十一日，英外相伊诺·罗斯（Earl Russell）咨请海军部训令海军上将何伯防守各条约口岸免于太平军占领，并以军舰保卫长江英船。
1862	同治元年	二月十四日，赫德函请**李泰国**在英国代中国购买兵舰。

以内均不纳税。

蓝大顺（?—1864）　即蓝朝柱。云南昭通牛皮寨人。咸丰九年（1859），与其弟等在家乡起义，攻入四川，占领自贡盐场及附近州县，人数达三十余万，活动地区五十余州县。四川总督骆秉章率湘军围剿，其弟战死；他于同治元年（1862）率余部入陕南，次年，与太平军陈得才联合抗清，被太平天国封为文王，连克汉中、城固等地；十月，率军取盩厔，以窥西安。同治三年三月，盩厔失守，率军退陕南，为汉阴民团所杀。

李泰国（Horatio Nelson Lay, 1832—1898）　英国人，曾在英驻上海领事馆供职。咸丰五年（1855），任上海江海关税务司；咸丰八年，英法联军北犯天津大沽口，他任英国侵华军全权代表额尔金（Earl of Elgin and Kincardine James Bruce Lord Elgin, 1811—1863）的翻译和谋士，在中英《天津条约》的谈判中，言语狂悖，狡骄刁钻。咸丰九年，被南洋通商大臣任为总税务司，驻上海，中国海关管理权从此为外人攫夺。不久因与太平军作战负伤回国。次年，积极为清政府购置军火、战船，组建舰队。因侵华有功，英政府授其三等巴斯勋位。同治二年（1863），他竟俨然以中国“唯一的海军大臣”

1862	同治元年	二月十四日，洋枪队及英军舰在上海泗泾再创慕王谭绍光。
1862	同治元年	二月十四日，曾国藩奏“拟暂资洋人协同保护上海”。
1862	同治元年	二月十四日，上谕：“命雇觅轮船或咨调上海官绅所雇洋船运载李鸿章军速赴镇江。”
1862	同治元年	二月十七日，**南昌教案**爆发。

自居，擅自与英国签约，授其指挥清廷舰队的权力，遭清政府拒绝，舰队被退还；十月，免其总税务司职。

南昌教案 咸丰十一年（1861），法国天主教传教士罗安当（Antoine Anot, 1814—1893）以《天津条约》为恃，在江西南昌扩大传教，强行索地要房；次年，愈益横行，激起民愤，适反对教会的《湖南阖省公檄》传入南昌，三月十七日（1862年4月15日），南昌百姓捣毁育婴堂，拆毁教堂及罗的乘船，罗连夜逃走。同治二年（1863），罗安当企图再入南昌，百姓抵制，被迫转往九江。清廷令江西巡抚沈葆桢赔银一万七千两，重建教堂以结案。

李世贤（1834—1865） 广西藤县人。咸丰元年（1851），参加太平军；咸丰七年，因军功升左军主将；次年，在安徽宣城歼浙江提督邓绍良军；咸丰十年，与陈玉成合破江南大营，封为侍王；是年秋，克徽州，与黄文金在祁门包围曾国藩。次年，在乐平对左宗棠作战失利，转进浙江，旋奉洪秀全命援救天京。天京陷落，在漳州转战；同治四年（1865）七月，在广东镇平为部将汪海洋所杀。他精于战术，熟悉欧洲政治，是太平天国后期主

1862	同治元年	二月十八日，忠王李秀成军四路进攻上海。
1862	同治元年	二月十九日，太平天国侍王**李世贤**自浙江金华进至衢州，抗左宗棠。
1862	同治元年	二月二十日，**张宗禹**率**捻军**自安徽颍州入河南，围攻沈邱。
1862	同治元年	二月二十三日，太平天国奏王**苗沛霖**复降于**胜保**。

要将领。

张宗禹（？－1868） 安徽亳州人。咸丰五年（1855），随张乐行起义，太平天国封为梁王。太平天国失败后，与赖文光统率捻军，在湖北、安徽、山东以骑兵作战；同治四年（1865），歼灭僧格林沁及其马队，并打破曾国藩包围。次年，奉赖文光命，远征陕甘，联合回军。同治六年，为援赖文光，从陕北到山东，次年被清军包围，战败，从山东茌平南镇渡徒骇河，下落不明。

捻军 原系护送私盐武装，一股兵为"一捻子"，常与清兵作战。咸丰二年（1852），首领张乐行率众攻克河南永城；次年，响应太平天国北伐军。咸丰五年，张乐行在安徽雉河集被各地捻党推为盟主，称"大汉永王"，建捻军。咸丰七年，与陈玉成会攻霍邱，接受太平天国统辖，转战豫、皖、苏、鲁，屡败清军，张被封为沃王。同治二年（1863）初，张在蒙城被俘就义。次年，张宗禹率捻军与太平军赖文光会合，推赖为首领；同治四年，在山东曹州击杀僧格林沁，次年，分兵两路，赖文光率东捻于鄂、豫、皖、鲁转战；同治七年，赖在扬州就义，东捻失败；张宗禹率西捻进入陕西，同回军

1862	同治元年	二月二十七日，美商**旗昌洋行**轮船公司成立于上海。
1862	同治元年	三月初四日，石达开围攻四川涪州，蓝大顺部在长江北岸。
1862	同治元年	三月初六日，谭绍光在上海罗家港王家寺击伤英海军上将何伯。
1862	同治元年	三月初七日，李鸿章率淮军乘英轮自安庆东下去上海。

联合作战，后为救东捻回山东；同年七月，在茌平南镇失败。

苗沛霖（？—1863）　字雨三，安徽凤台人。秀才出身，曾为塾师。咸丰五年（1855），在寿州办团，与捻军作战，势力渐盛；次年，投靠清将胜保；咸丰八年，随袁甲三在宿州攻捻，官至道员。咸丰十一年，举兵反清，太平天国封其为奏王；次年，暗投胜保，诱执英王陈玉成献于胜保；胜保死后，再度反清。同治二年（1863），在安徽蒙城被僧格林沁击败，为部下所杀。

胜保（？—1863）　字克斋，满洲镶白旗人。道光举人，曾任光禄寺卿、礼部侍郎等职。咸丰三年（1853），以内阁学士会办军务，在江北大营防堵太平军，旋即奉命尾追太平天国北伐军，任钦差大臣。咸丰五年，攻高唐州李开芳部失败，被逮遣戍新疆。咸丰六年，被派在豫、皖剿捻，屡战屡败，被称“败保”。先后招降苗沛霖、张元茂、李昭寿、宋景诗、刘占考等，并贿买苗沛

1862	同治元年	三月初七日，太平天国志天义何文庆照会宁波法领事，请各不相犯，友好通商。
1862	同治元年	三月十二日，英驻北京公使普鲁斯（Sir Frederick William Adolphus Bruce, 1814 — 1867）上书英外相，主张维持清廷，打击太平天国。
1862	同治元年	三月十三日，张宗禹为策应陈得才，率捻军攻克洛阳。
1862	同治元年	三月十四日，湖南**湘潭教案**爆发。

霖，诱执英王陈玉成。咸丰十年，在八里桥抵抗英法联军负伤，得到咸丰帝赏识。次年，参与“祺祥政变”，受到那拉氏和奕䜣重用。同治元年（1862），南下攻捻；次年，调赴陕西进攻回军，以“讳败为胜”等罪名被逮，责令自尽。

旗昌洋行（Russell & Co.）原为美商沙墨尔·罗塞尔（Samuel Russell）于嘉庆二十三年（1818）在广州创立的“罗塞尔公司”；道光四年（1824），改名“旗昌洋行”，主要经营走私鸦片，兼采办丝茶，早期与广东十三行领头行商伍秉鉴紧密勾结，势力迅增，驻中国各口岸的美国领事多为其股东。该公司还建立航运公司、码头、仓库、机器缫丝、焙茶等。所营旗昌洋行轮船公司，亦名“上海轮船公司”（Shanghai Steam Navigation Company），股东多为中国人，经营沪粤、长江两大航线，曾垄断长江航运。光绪十七年（1891），洋行业务全部结束。

1862	同治元年	三月十五日，台湾**天地会**（八卦会）在**彰化大屯起义**。
1862	同治元年	三月十六日，湘军提督**鲍超**攻克安徽青阳。
1862	同治元年	三月十七日，台湾天地会**戴潮春**起义，杀淡水同知秋日觐。

湘潭教案 亦称“衡阳教案”。同治元年（1862），法国天主教传教士在湖南长沙、衡阳、湘潭等地强占民地，建立教堂，激起民愤，长沙出现《阖省公檄》，揭露传教士劣迹，号召驱逐他们。同年四、五月，湘潭、衡阳民众将天主教堂、育婴堂、学堂及教民房屋焚毁。湖南巡抚毛鸿宾拒见法国传教士，法代办抗议此事，清廷强令毛鸿宾将衡阳、湘潭知县革职查办，并赔款重修教堂结案。

天地会 系清代民间秘密组织，宣传“拜天为父，地为母，日为兄弟，月为姊妹”，故名天地会。其支派有哥老会、小刀会、红钱会、八卦会等。相传成立于康熙十三年（1674），以“反清复明”为宗旨。最初主要在福建、台湾等沿海地区活动，后扩大到长江流域。会员主要由农民、手工业工人、城市贫民和游民组成，多次展开反清斗争。太平天国时期，天地会起义频繁，直至二十世纪初，参加同盟会起义，此后日趋没落。天地会亦曾由华侨传到东南亚，在当地华侨中进行反抗西方殖民者的活动。

彰化大屯起义 同治元年（1862），台湾兵备道孔昭慈捕杀八卦会徒，其首领戴潮春被迫在大屯起义；同年三月十九日（1862年4月17日），攻下彰化城，自称大元帅，令百姓蓄发，仿照明朝建制，设丞相、尚书等

1862	同治元年	三月十八日，左宗棠与李世贤激战江山石门市花园港。
1862	同治元年	三月十九日，扶王陈得才入陕西商南，乃太平军初入陕西。

官，俨然朝廷，乃台湾历次民变中最具政权性质的一个，但是戴潮春没有能力统御各派势力；同治二年底，戴潮春被捕遇害，起义失败。

鲍超（1828—1886） 字春霆，四川奉节人，原在广西为向荣部下。咸丰四年（1854），投湘军充哨长，屡升至副将。咸丰十年，在祁门援救曾国藩，成为湘军主力，所部号“霆军”，在鄂、皖、赣与太平军作战。同治元年（1862），为浙江提督；同治四年，所部因欠饷哗变，奉命取道湖北招集散勇；次年正月，在广东镇压太平军余部。同治六年，在湖北与刘铭传部夹攻捻军，李鸿章为袒刘而劾他会师误期，被革职。光绪六年（1880），为湖南提督，为防沙俄滋事，令他驻守直隶乐亭，加强防务，复以病解职。光绪十年（1884），中法战争中调赴云南马白关，旋撤防回籍。

戴潮春（？—1863） 字万生，台湾彰化县四张犁人，家境宽裕，曾任军中文官。咸丰十一年（1861），因未行贿上司而被革职。后暗中加入八卦会，受命办团练，深得彰化知县信任，八卦会遂势力渐大。同治元年（1862），台湾兵备道孔昭慈恐八卦会势大惹事，开始搜捕会徒，戴潮春于家乡大屯起义；三月二十日（1862年4月18日），攻下彰化，杀孔昭慈及淡水同知秋

1862	同治元年	三月二十日，戴潮春攻克彰化，兵备道孔昭慈战死。
1862	同治元年	三月二十日，曾国荃在安徽巢县含山，败太平天国顾王**吴如孝**。
1862	同治元年	三月二十一日，湘军于安徽繁昌败太平天国匡王**赖文鸿**。鲍超克石棣，败奉王**古隆贤**。
1862	同治元年	三月二十四日，英法军拟肃清上海附近百里，占领嘉定、青浦、松江、柘林，平均分配所

日觐。初称大元帅，旋称东王；次年，失败被杀。

吴如孝（约1815—约1864） 广东梅县人，稍通文墨，初为广州十三行商人当会计，继入广西经商，参加金田起义，历任师帅、总制、指挥。咸丰三年（1853），与罗大纲守镇江，并向英使宣布太平天国禁止鸦片、允许通商的政策。咸丰六年，配合秦日纲歼灭江苏巡抚吉尔杭阿军，大胜清提督张国梁；次年冬，撤出镇江；咸丰八年，守合肥，配合陈玉成获三河大捷。咸丰十年，随陈玉成破江南大营，寻往定远援捻军张乐行，多次救安庆未果；安庆陷，返天京；次年，封顾王。同治二年（1863），克浦口，占江浦、桥林，后不知所终。

赖文鸿（？—1864） 广东梅县人，参加太平军隶韦志俊部。咸丰九年（1859）九月，韦在池州降清，命赖攻芜湖，赖拒不从命，得杨辅清助夺回池州，参与摧毁江南大营；同治元年（1862），封匡王。同治三年，守浙江湖州；七月，城陷战死（一说战死于安徽广德或宁国县余村）。

古隆贤（1826—？） 广西人，参加太平军后屡有升迁，曾守天

		掠财物。
1862	同治元年	四月初一日，太平天国戴王**黄呈忠**拒绝英法领事所提撤去宁波城外炮台及与租界相对之城上炮位等无理要求，仍望彼此友好。
1862	同治元年	四月初三日，英法军及洋枪队在嘉定战败李秀成，大肆劫掠。
1862	同治元年	四月初六日，胜保、苗沛霖攻克安徽颍上，败太平天国沃王**张洛行**主将**马融和**。

京太平门，随西征军至湖北汉阳。咸丰六年（1856），隶韦志俊部下，转战江西、安徽，韦降清，古和赖文鸿等反戈讨伐，夺回池州。咸丰十年，参与摧毁江南大营。同治元年（1862）春，封奉王，在安徽转战；九月底，以石埭、太平、旌德三县降清。

黄呈忠（1826－？） 广西人，参加太平军隶李世贤部，屡立战功。咸丰十一年（1861），随李攻占江西景德镇，旋攻克宁波，申明愿与洋人通商。次年，以功封戴王，严拒洋人提出拆除宁波城外炮台及城上大炮之要挟，反对列强在城外擅划租界，拒绝列强要求太平军退出宁波的照会；四月，抵抗英法及清兵炮击；八月，在浙江慈溪城外击毙洋枪队统领华尔，退出余姚。同治元年（1862），随李世贤入安徽，复回浙江，进江西。天京陷落后，经粤入闽取漳州。同治四年四月，漳浦失守，下落不明。

张洛行（1811－1863） 一作张乐行，安徽亳州人。本为豪绅，结党贩卖私盐。咸丰三年（1853），太平天国北伐军经过安徽、河南，捻军纷纷响应，张等捻首十八人在雉河集歃血为

1862	同治元年	四月初七日，清廷采纳曾国藩奏议，“罢英法助剿苏常议，并命李鸿章、薛焕豫为裁制华尔常胜军”。
1862	同治元年	四月十一日，石达开攻四川綦江不下，撤围走合江，入贵州。
1862	同治元年	四月十三日，乌里雅苏台将军明谊与俄人勘定西界（塔尔巴哈台）。
1862	同治元年	四月十三日，张宗禹率捻军自河南入陕西，

盟，被推为盟主，号称“十八铺聚义”，成为捻军初期最高首领。次年，清将袁甲三、周天爵等赴皖攻捻，他降于周天爵，因薪饷无着，是年，再次起义。咸丰五年，在雉河集各捻会师，推张为“大汉盟主”，建立五旗军制，统领各旗。咸丰七年，与太平军李秀成、陈玉成部于霍邱城外会合，接受太平天国领导。咸丰八年，转战皖北，与庐州太平军成犄角，互为策应。咸丰十年，出征苏北，占清江浦，以功被封沃王。次年，安庆失守，北归雉河集。同治二年（1863），败于僧格林沁，退至宿州，在蒙城西阳集被李勤邦出卖，被俘杀于亳州义门集附近的周家营。

马融和 太平天国英王陈玉成部将。咸丰十一年（1861），为主将。次年，往皖北会合捻军攻颍州；四月，谋救陈玉成不果；五月，抵河南同陈得才会合，旋西进山西荆紫关，南下湖北取随州，于孝感合捻军东援天京，遇阻回湖北，升天将。同治二年（1863），进陕西与陈得才会合。次年正月，出陕再援天京，

		攻克雒南，与扶王陈得才联合。
1862	同治元年	四月十五日，荆州将军**多隆阿**克庐州。
1862	同治元年	四月十五日，上海法租界**工部局**成立。
1862	同治元年	四月十七日，陈玉成到寿州，为苗沛霖诱擒，旋解颍州胜保营。
1862	同治元年	四月十九日，淮军参将**程学启**、都司**刘铭传**、同知**潘鼎新**联合洋枪队攻占奉贤南桥，法将军**卜罗德**战死。

经河南、湖北入安徽；十月，降清，随即被杀。

多隆阿（1818－1864）　字礼堂，满洲正白旗人，呼尔拉特氏。咸丰三年（1853），随胜保对太平天国北伐军作战。咸丰五年，调到湖北，对陈玉成作战，加副都统衔，充行营翼长。咸丰十一年，任正红旗蒙古都统，擢荆州将军，攻庐州（今合肥）。同治元年（1862），清军陷庐州，奉命督办陕西军务，西进攻回。次年，占领渭南等地。同治三年春，围攻被川滇义军蓝大顺占据之盩厔，受伤而死。

工部局　亦称“公董局”或“公局”，系英、法、美、日等国在上海、天津等地租界内设的行政机关。上海工部局始建于咸丰四年（1854），分设警备、工务、财政税务及上诉、卫生、铨叙、公用、音乐队、交通、学务、华人小学教育、图书馆、宣传等委员会。以英、法、美驻上海海军为主要支柱，攫取中国警备、征税、司法等权益，使租界成为洋人的“国中之国”。1941年（民国三十年），太平洋战争爆发，

1862	同治元年	四月十九日，李秀成**太仓大捷**。
1862	同治元年	四月十九日，扶王陈得才、遵王赖文光、启

日本沿用此名控制上海公共租界。1943年，上海、天津租界被日伪政府接收，工部局不复存在。

程学启（1830－1864） 字方忠，安徽桐城人，曾为太平天国英王陈玉成部下先锋。咸丰十一年（1861），降清，参与破安庆。次年春，从李鸿章至上海，伙同洋枪队攻克奉贤、柘林，升副将；九月，随李鸿章于嘉定等地败太平军。同治二年（1863）四月，与洋枪队破太仓，犯苏州受挫，招降守将郜永宽等；十一月，郜等杀谭绍光，献城投降，程纵兵焚掠。次年，破嘉兴受伤，死于苏州。

刘铭传（1836－1895） 字省三，安徽庐州（今合肥）人。早年在籍办团练，以对抗太平军；咸丰九年（1859），助湘军陷六安。同治元年（1862），随李鸿章至上海，在江浙与太平军作战，因功升总兵，所部称铭军，为淮军主力之一。同治四年，赴山东镇压捻军，擢为直隶提督。同治六年正月，在湖北安陆尹隆河败于赖文光捻军，经鲍超驰救得脱。次年，入陕西督办军务，寻以病归籍。光绪六年（1880），入京奏请兴办铁路，未被采纳。光绪十年，受命以巡抚衔督办台湾军务，筹备抗法；七月，法舰炮轰基隆，他督部击退法舰。八月，法舰再犯基隆，他力主退守台北，使法军不战而下基隆。次年，台湾设省，为首任巡抚，任内建铁路、兴矿务、办学堂，并加强海防、整顿吏治和发展经济，对开发台湾有所贡献。光绪十七年，因病辞职，后死于籍。有《刘壮肃公奏议》传世。

潘鼎新（？－1888） 字琴轩，

王梁成富、祐王蓝成春在西安为西安将军**托明阿**所败，退走蓝田。

安徽庐江人，道光举人。咸丰七年（1857），投效安徽军营，擢为同知。咸丰十一年，奉曾国藩命募勇成立淮军鼎字营。次年，随李鸿章至上海，所部配置西方枪炮，成为淮军主力。同治四年（1865），赴山东镇压捻军，同治六年，任山东布政使。光绪二年（1876），署云南巡抚。光绪五年，赴天津办理直隶防务，戒备沙俄入侵海口。光绪九年，署湖南巡抚；次年，调广西巡抚，中法战争时受李鸿章指使，从广西边境不战而退；光绪十一年，被革职。

卜罗德（Admiral Auguste Léopold Protet, 1808—1862）　法国海军少将，任法国侵华舰队司令。咸丰十一年（1861）五月，伙同法国侵华陆军司令贾敏（General Jarmin）至宁波，反对太平军攻城。次年，同洋枪队攻占高桥镇，寻夺萧塘，焚杀抢掠，在泗泾等地与太平军激战；四月，占嘉定，陷青浦，旋攻奉贤南桥镇，被太平军击毙。

太仓大捷　英法联军、洋枪队及淮军会战于上海地区，因战局恶化，太平天国忠王李秀成调精锐第二次进攻上海。同治元年四月十一日（1862年5月9日），自天京出发；十四日（1862年5月12日），抵苏州；十六日（1862年5月14日），至太仓。时太仓知府李庆琛率清军五千攻太仓；本日，李秀成以计大破之，毙李庆琛，清军仅三四百人得脱。

托明阿（？—1865）　满洲正红旗人，栋鄂氏。道光二十四年（1844），任四川提督，以病去职。道光二十七年，授新疆乌鲁木齐提督，后任绥远将军。咸丰

1862	同治元年	四月二十日，曾国荃、**彭玉麟**克安徽太平府。
1862	同治元年	四月二十三日，贵州**姜映芳起义**。

三年（1853），和太平天国北伐军作战；八月，为钦差大臣，在江苏扬州督办江北大营军务，继授江宁将军，督水陆师攻毁太平军浦口营垒。咸丰五年，江北大营败溃，被革职，寻以病归。咸丰八年，授直隶提督，在天津杨村防范英法联军，旋迁西安将军。咸丰十年八月，随胜保在北京通州八里桥败于英法联军；同治元年（1862），因伤退职。

彭玉麟（1816－1890） 字雪琴，湖南衡阳人。初参与镇压李元发起义。咸丰三年（1853），随曾国藩创办湘军水师；次年，在武汉与太平军作战；咸丰五年，于湖口战败。此后率湘军水师围攻九江、安庆和天京。光绪九年（1883），任兵部尚书，并受命赴广东办防务，中法战争中上疏阻和言战；中法战罢又疏请严备战守以警后患。光绪十四年，巡阅长江水师，以病开缺。好画梅花。

姜映芳起义 贵州天柱人，侗族。咸丰五年（1855），在天柱县起义。同治元年（1862），发展到十万人；四月，攻占天柱，在贵州东活动，自称定平王，和广西天地会李文茂及张秀眉的苗军配合，五入湖南；同年八月，被俘就义。

慈安（1837－1881） 满洲镶黄旗人，钮祜禄氏。广西右江道穆扬阿女，道光帝第四子奕詝妻。道光三十年（1850），奕詝继位后，晋孝慈皇贵妃。咸丰二年（1852），立为皇后。咸丰十年，英法联军入侵北京，随咸丰帝逃往热河；次年，咸丰帝死，同治

1862	同治元年	四月二十四日，上两宫皇太后徽号曰**慈安**、**慈禧**。

帝即位，尊为皇太后，因在避暑山庄住烟波致爽殿东暖阁，俗称“东太后”。同治元年（1862），上徽号慈安。名义上与慈禧太后共同垂帘听政，但性情懦弱，权操于慈禧。同治帝死后，光绪帝继位，和慈禧再度听政。光绪七年（1881）三月，暴死宫中。

慈禧（1835—1908） 满洲正黄旗人，叶赫那拉氏。安徽徽宁池太广道惠征女。咸丰二年（1852），选入宫，封兰贵人；咸丰六年，生载淳，封懿妃；次年，进懿贵妃。咸丰十一年，咸丰帝死于热河，载淳继位，被尊为太后，因住避暑山庄烟波致爽殿西暖阁，俗称“西太后”。她伙同恭亲王奕䜣发动宫廷政变，杀肃顺等“赞襄政务王大臣”，改元同治，实行垂帘听政，上徽号“慈禧”。她镇压了太平天国及各地农民起义。同治十三年（1874），同治帝病死，她立其四岁侄载湉为帝，年号光绪，仍垂帘听政。采取李鸿章建议，开办军事工业，训练陆、海军。并签订一系列丧权辱国条约。光绪十五年（1889），她表面“撤帘归政”，实则仍控制朝政，因其腐败统治，导致甲午战败，签订严重损害中国权益的《马关条约》；光绪二十四年，扼杀了“戊戌变法”，幽禁光绪帝，废除全部新政。光绪二十六年，八国联军入侵北京，她挟光绪帝逃往西安，下令签订全面卖国的《辛丑条约》。光绪二十七年以后，被迫“预备立宪”，以欺骗人民。她穷奢极欲，玩弄权术，实际统治中国长达四十八年之

1862	同治元年	五月初一日，太平天国听王**陈炳文**、纳王**郜永宽**攻克青浦、泗泾，逼近上海。
1862	同治元年	五月初二日，李秀成大破洋枪队。
1862	同治元年	五月初三日，曾国荃督军二万攻克江宁雨花台。
1862	同治元年	五月初三日，清廷命塔尔巴哈台参赞大臣明绪赴塔城与俄人会勘地界。
1862	同治元年	五月初四日，太平天国堵王**黄文金**、纳王郜永宽力攻松江，李鸿章自上海进驻新桥抵御。
1862	同治元年	五月初六日，李秀成、黄文金大败英军，攻

久，给中国造成了空前的灾难，极大地阻碍了中国社会的前进。

陈炳文　生卒年不详。安徽巢县人，参加太平军隶李秀成部下。咸丰八年（1858），参与摧毁江北大营，后奉命驻守安徽广德。咸丰十年，随李世贤攻克浙江嘉兴。次年，随李秀成克浙江余杭。同治元年（1862），转战松沪，封听王。四月，随李秀成逼进上海。次年退守杭州。同治三年，转战江西；七月，降清，为参将，不知所终。

郜永宽（？—1863）　即郜云官。湖北人。咸丰四年（1854），加入太平军，隶李秀成麾下。咸丰十年，为主将，随军东下江苏丹阳、常州、苏州；七月，攻上海，转援浙江嘉兴。次年，参与攻占杭州。同治元年（1862），和谭绍光攻上海，失利后西援天京，封纳王。次年，随李秀成进

		克松江广富林。
1862	同治元年	五月初八日，英王陈玉成在河南延津被杀，年二十六岁。
1862	同治元年	五月初九日，台湾彰化天地会戴潮春连败总兵林向荣。
1862	同治元年	五月十三日，**张芾**等被派往临潼抚回，被杀于仓渡镇。
1862	同治元年	五月十三日，谭绍光、陈炳文部攻占青浦，华尔及英军焚城败走，洋枪队副领队法尔思德（Edward Forrester）被俘（八月初释放）。

安徽，后回苏州；十一月，与汪安钧等暗通清军，刺杀谭绍光，献城降清，为李鸿章所杀。

黄文金（1832—1864） 广西博白人。参加金田起义，咸丰三年（1853），随军西征湖北。咸丰九年，韦志俊在池州降清，他与刘官芳等夺回池州；次年，以功封主将，参加摧毁江南大营。后多次救援安庆。同治元年（1862），晋封堵王，转战江西、浙江。天京陷落，与洪仁玕护幼天王洪天贵福赴宁国县，为湘军击伤，走浙江昌化，死于白牛桥（一作宁国墩）。

张芾（1814—1862） 字黼侯，号小浦，陕西泾阳人。道光进士。道光二十五年（1845），任工部侍郎。咸丰二年（1852），授江西巡抚。次年，太平军攻克九江，他退往南昌，革职留任。咸丰十一年，被任陕西全省督办

1862	同治元年	五月十三日，命编纂《**咸丰朝筹办夷务始末**》。
1862	同治元年	五月十四日，英参赞**威妥玛**致书**文祥**，商在江苏练兵事。
1862	同治元年	五月十七日，清廷命曾国藩迅克金陵，以免英国调印度兵进剿太平军，不至授柄于人。

团练大臣，防御回军。同治元年（1862），他前往招抚渭河回军，到渭南仓渡镇，被回军首领任武捕杀。

咸丰朝筹办夷务始末　书名。清贾桢等纂辑。八十卷。自道光三十年（1850）正月起，至咸丰十一年（1861）七月止，凡有关和洋人交涉的上谕廷寄、臣工奏折及中外照会等，悉编年纪月，按日详载。第二次鸦片战争期间的档案，悉数收入。于同治六年（1867）成书，是研究咸丰朝中外关系史料价值极高的档案汇编。

威妥玛（Sir Thomas Francis Wade, 1818—1895）　英国外交官，毕业于剑桥大学。1838年（道光十八年），加入陆军；1841年，参加鸦片战争；1843年，任香港英国翻译官。1852年（咸丰二年），任英驻上海副领事；1854年，任上海江海关第一任外人税务司；次年，辞职。1858年，任英驻华全权专使额尔金的翻译，参与中英《天津条约》、《北京条约》的签订。1861年，任英驻华参赞。1871年（同治十年），任英驻华公使。1876年（光绪二年），强迫清政府签订《烟台条约》；是年，他编写了汉语课本《语言自迩集》，设计拉丁字母拼写汉字，称“威妥玛式”。1883年，退职回国。1888年，在剑桥大学为首

1862	同治元年	五月二十一日，李秀成自松江直攻李鸿章新桥军营，逼近上海。
1862	同治元年	五月二十二日，李鸿章督参将程学启、**郭松林**击退李秀成。
1862	同治元年	五月二十二日，赫德在汉口和湖广总督**官文**商议长江收税章程。

任汉语教授，将掠得的大量汉文、满文珍贵图书赠给该校。

文祥（1818—1876）　字博川，号文山，满洲正红旗人，瓜尔佳氏，道光进士。曾任吏部右侍郎等职。咸丰九年（1859），任军机大臣及工部右侍郎。第二次鸦片战争时，他随奕䜣留京议和。咸丰十一年，充总理各国事务大臣，达十五年之久。参与辛酉政变，支持那拉氏。同治元年（1862），擢工部尚书兼署兵部尚书、内务府大臣、都统。同治十年，以吏部尚书授协办大学士；次年，任体仁阁大学士。他奉行奕䜣政治主张，深得慈禧信用，是晚清推行洋务“新政”首领之一。

郭松林（1833—1880）　字子美，湘潭人。咸丰六年（1856），参加湘军，随曾国藩赴江西作战。咸丰十一年，参与攻占安庆。同治元年（1862），改隶淮军，合洋枪队在上海附近与太平军激战，成立“松字营”。同治三年，克常州、湖州；次年，在福建连败太平军。同治五年，改松字各营为武毅军，赴山东剿捻。同治七年，会潘鼎新、刘铭传灭西捻张宗禹部。授湖北提督，后调直隶。

官文（1798—1871）　字秀峰，满洲正白旗人，王佳氏。咸丰四年（1854）春，任荆州将军，在

1862	同治元年	五月二十三日，清廷命四川总督**骆秉章**查办贵州**青岩教案**。
1862	同治元年	五月二十四日，太平天国天王洪秀全召李世

湖北对抗太平军。次年，擢湖广总督，督办湖北军务。咸丰六年十一月，夺回武汉。咸丰八年后，在江西、湖北、湖南、浙江作战。咸丰十一年，为文渊阁大学士，仍留任总督；因破安庆有功，加太子太保衔。同治元年（1862）后，往河南剿捻，晋文华殿大学士。同治三年，因接济湘军攻陷天京，封一等伯。同治五年，曾国荃劾其贪庸骄蹇，解总督职。后署直隶总督、内大臣等职。

骆秉章（1793—1867）　字吁门，号儒斋，广东花县人，道光进士，历任御史、按察使等职。道光三十年（1850），升湖南巡抚。咸丰二年（1852），固守长沙，太平军围攻八十余日而未克，深得清廷信任。尔后使湖南成为湘军兵源和饷源供给地。咸丰十年，入川督办军务；次年，升四川总督。同治二年（1863），俘杀石达开，加太子太保衔。同治六年，病死于四川。辑有《骆文忠公奏议》。

青岩教案　亦称贵阳教案、青岩开州教案。咸丰十一年（1861），法国天主教贵州主教胡缚理（Louis Faurie, 1824—1871）在贵阳袭用清朝官吏仪制，乘紫呢大轿招摇过市，以示其威严，并勾结地痞流氓强占民产，激起公愤。贵州巡抚何冠英、提督田兴恕联合致函全省官吏，主张驱逐外国教会，田兴恕部下在青岩镇焚毁教会学堂，杀教徒四人。法使馆代办哥士耆（Comte Michel Alexandre Kleczkowski, 1818—1886）要求新任贵州巡抚韩超

		贤回救天京。
1862	同治元年	六月十五日，鲍超败太平天国干王**洪仁玕**、辅王**杨辅清**、襄王**刘官芳**，克安徽宁国府。

张贴《天津条约》和《北京条约》，并赔偿教会损失，遭韩超拒绝。次年正月，法国传教士文乃耳（Jean Pierre Néel, 1832—1862）在开州（今开阳）唆使教徒拒缴捐税，知州戴鹿芝将文乃耳及教堂教师、教民四人逮捕杀死。同治二年（1863），在法国战争威胁下，清廷被迫将韩超交部议处，田兴恕发配新疆，偿银一万二千两，将提督衙门拨充天主教堂结案。

洪仁玕（1822—1864） 字益谦，号吉甫，广东花县人，洪秀全族弟。道光二十三年（1843），加入拜上帝会。因未找到太平军，于咸丰二年（1852）去香港教书。咸丰八年，到天京，晋封干王，总理朝政。次年，写《资政新篇》，主张学习西洋科学技术，改革政治。咸丰十一年，与陈玉成共解安庆之围，未果。天京陷落后，从湖州护送幼天王至江西；九月，在石城被俘；十月，在南昌就义。写有《洪仁玕自述》及诗文。

杨辅清（？—1874） 原名杨金生，广西桂平人，与杨秀清认作本家，遂改名。参加金田起义后，随军战斗至天京。天京事变后入福建，又回江西，与石达开会合再攻福建，反对石达开出走，再回江西。咸丰十年（1860），被封为辅王。尔后经略皖南。同治二年（1863），奉命保卫天京，与曾国荃苦战二年。天京陷落，避走上海，后在桂、黔、粤、湘、皖辗转潜藏。同治十三年，在福建晋江准备起事，被叛徒出卖，在福州遇害。

1862	同治元年	六月十五日，北京**同文馆**成立，英人包尔腾（John Shaw Burdon, 1826 — 1907）为教习。
1862	同治元年	六月十六日，太平天国对王**洪春元**等自浙江援天京，与曾国荃战于雨花台，失利。

刘官芳 广西人。参加太平军隶韦志俊部，韦志俊降清，刘在杨辅清等支持下反韦，以功升右军主将。参加摧毁江南大营。咸丰十一年（1861），封襄王。同治三年（1864）在江苏金坛抗击洋枪队，后与黄文金守湖州，湖州失守，不知所终。

同文馆 亦称京师同文馆，清代最早的洋务学堂。同治元年（1862），恭亲王奕䜣奏请在北京设立，附属于总理衙门。先只设英、法、俄文三班。同治六年，陆续增设德、日文班，并开算学、化学、万国公法、医学生理、天文、物理、外国史地等课。除汉文，教习多为外人，赫德控制经费、人事。美国传教士丁韪良（William Alexander Parsons Martin, 1827—1916）为总教习近三十年。开始仅招八旗子弟，后满汉兼招，分八年、五年毕业不等。光绪二十七年（1901），并入京师大学堂。

洪春元（？—约1863） 广东花县人，参加金田起义。咸丰十一年（1861），封对王，攻皖南水阳及江苏镇江均失利。次年，攻浦口，败清军，随后在雨花台败于湘军。同治二年（1863），转战安徽，败多胜少，兵败被处死（一说攻镇江宋成，不知所终）。

童容海 本姓洪，加入太平军后为避洪秀全讳改姓童。安徽无为人。石达开部将。咸丰七

1862	同治元年	六月二十日，太平天国保王**童容海**以广德州降于鲍超。
1862	同治元年	六月二十一日，大学士**桂良**卒。
1862	同治元年	六月二十四日，美国驻华公使**蒲安臣**入驻北京。

年（1857），随石出走。咸丰十年，又脱离石达开，后在桂、湘、闽等省转战。次年八月，在江西铅山与李秀成会合，隶其麾下，入浙江取杭州。同治元年（1862），封保王，旋焚掠杭州城，走余杭。继赴安徽宁国府，坐视不救杨辅清；六月，降清，复姓洪。次年春，随鲍超在宁国府败杨辅清，升总兵。同治三年，招降陈炳文。他滥杀将士以立威，反复无常，后不详。

桂良（1785—1862） 字燕山，满洲正红旗人，瓜尔佳氏，奕䜣岳父。历任云贵总督、福州将军、兵部尚书等职。咸丰三年（1853），调直隶总督，以防太平军北伐。咸丰七年，擢东阁大学士。第二次鸦片战争中参加《天津条约》谈判，继赴上海与英、美、法签订通商章程。咸丰八年（1858），晋文华殿大学士，授内大臣。咸丰十年，英法再侵天津，复派议和未果。后协助奕䜣签订中英、中法、中俄《北京条约》。咸丰十一年，同奕䜣主持总理衙门事务。辛酉政变后，任军机大臣。

蒲安臣（Anson Burlingame，1820—1870） 1846年（道光二十六年），毕业于美国哈佛大学，在波士顿当律师。1855年（咸丰五年），任众议院议员。1861年，任美驻华公使。1867年（同治六年），卸任，得总税务司赫德支持，任清政府“办理

1862	同治元年	七月初四日，**华蘅芳**、**徐寿**所制轮船汽机，在安庆试演。
1862	同治元年	七月初八日，宁波税务司法人**日意格**之“**常捷军**”联合英法军队占浙江余姚，黄呈忠退

各国中外交涉事务大臣”。次年正月，率“中国使团”出访美、英、法、普、俄等国。同年六月，擅自在华盛顿与美国务卿西华德（William Henry Seward）签订《中美续增条约》，扩大美在华利益。后访俄时病死于彼得堡。

华蘅芳（1833—1902） 字若汀，江苏无锡人。精研数学，旁及地质、矿物等学。同治初，在上海参与筹创江南机器制造局，并在翻译馆译数学、地质等书，先后主讲于上海格致书院、湖北自强学堂和两湖书院达二十年，造就甚多数学人才。曾与徐寿制造“黄鹄”号轮船，又自造氢气球。著有《行素轩算学》六种，共二十三卷；与英人傅兰雅（John Fryer，1839—1928）合译有《代数术》、《微积溯源》、《三角数理》、《合数术》（关于对数造表法）、《决疑数学》（关于概率论）等，以及关于地质矿物学的《金石识别》、《地学浅识》等西方著作。

徐寿（1818—1884） 字雪村，江苏无锡人。对西洋科学技术有深邃造诣，曾参与筹创曾国藩在安庆、江宁所建之机器局，并与华蘅芳试制木质轮船“黄鹄”号。后任职于上海江南制造局，著述、翻译西方科学书籍数百种。光绪元年（1875），与英人傅兰雅于上海设格致书院，进行化学实验演示，是中国近代化学先驱。主要翻译了《化学鉴原》、《化学考质》、《物体遇热改易说》等介绍化学、物理知识的书籍，以及《西艺知新》、《汽机发轫》、《营阵揭要》、《测绘

		上虞。
1862	同治元年	七月初八日，以安徽巡抚**李续宜**为钦差大臣督办军务，**袁甲三**病免。

地图》、《法律医学》等书。

日意格（Prosper Marie Giquel, 1835—1886） 法国军官，曾参加波罗的海、克里米亚海战。咸丰七年（1857），参与英法联军侵占广州。咸丰十一年八月，在浙江宁波任海关税务司，拒向太平军交税。次年正月，在上海与英法领事及苏松太道吴煦会商上海防务；四月，参加攻陷宁波；六月，在"常捷军"任帮统，与太平军作战；七月，会同英军、清军攻占余姚，寻退；九月，陷奉化；十月，再占余姚，在上虞受伤。同治二年（1863）正月，占绍兴、富阳。次年，占杭州、湖州。同治五年，在汉口组织"先锋营"，对抗捻军。后任福州船政局正监督。同治七年，加提督衔。光绪十年（1884），中法战争爆发，被解职。

常捷军 又称"花头勇"、"黄勇"，一称"信义军"，外国人称"中法混合军"。同治元年（1862）六月，由浙江巡抚左宗棠与驻宁波的法国舰队司令勒伯勒东（Albert Édouard Le Brethon de Caligny, 1833—1863）、宁波海关税务司日意格建立，法国军官任教练，装备洋枪洋炮，勒伯勒东为统领，日意格为帮统，对太平军作战。曾参与攻占余姚、奉化、上虞等地。次年正月，勒伯勒东在绍兴被击毙，以德克碑（Neveue Paul Alexandre D'Aiguebelle, 1831—1875）接任。同治三年九月，解散。

李续宜（1824—1863） 字克让，号希庵。湖南湘乡人。咸丰三年（1853），以文童从军，后

1862	同治元年	七月十一日，以**兵部尚书**倭仁**协办大学士**。
1862	同治元年	七月十一日，李秀成召护王**陈坤书**等再会苏州议救天京。

官至知府。咸丰七、八年，在江西、湖北与太平军作战。咸丰九年，经武昌往援湖南宝庆，加布政使衔。咸丰十年，支援曾国荃围安庆，迁安徽按察使。咸丰十一年，为安徽巡抚，旋在湖北作战；九月，调任湖北巡抚。同治元年（1862），复任安徽巡抚，督办安徽军务，随以丁忧离营回籍。

钦差大臣　明制，以皇帝名义派遣，临时出外处理重大军国要事的官员称钦差。清承明制，由皇帝特命并颁发关防大印的，称为钦差大臣。晚清派遣驻外使节亦称钦差出使某国大臣。

袁甲三（1806－1863）　字午桥，河南项城人，道光进士，袁世凯的从祖父。历任江南道监察御史、兵科给事中等职。咸丰三年（1853），在安徽剿捻；咸丰六年，在河南率团练剿捻，攻占捻军根据地安徽雉河集。咸丰九年，因受胜保排挤，调京供职，旋派为钦差大臣南下剿捻。同治元年（1862），陷庐州（今合肥）。次年春，在河南病死。

兵部　官署名。隋设兵部，为六部之一，历朝沿置，明朝兵部职权最重。清于天聪五年（1631）设兵部。顺治元年（1644），置尚书、侍郎等官。顺治八年，以诸王、贝勒兼理部事。雍正初，命大学士管部，遂为定制。清朝兵权在皇帝之手，兵部仅掌武职选授、处分、兵籍、军械、关禁、驿站等事。光绪三十二年（1906），改设陆军部。

尚书　官名。始设于战国，“尚”即执掌之意，汉朝尚书在

1862	同治元年	七月二十五日，命钦差大臣**僧格林沁**统辖直鲁豫晋军务。

皇帝左右办事，地位逐渐重要，汉成帝时设尚书五人，分曹办事。东汉时，正式成为协助皇帝处理政务的官员，从此三公权力大为削弱。隋唐设六部（吏、户、礼、兵、刑、工），中央机关分三省，尚书省即为其一，宋代尚书省统管全国行政。元代以尚书省各官隶属中书省。明初沿此制，后废中书省，以六部首脑称尚书，清相沿未改。

协办大学士　官名。清雍正九年（1731），授陈元龙、尹泰为额外大学士，置协办始此。乾隆时，定大学士满、汉各二人，协办大学士满、汉各一人，秩均正一品。

陈坤书（？—1864）　广西桂平人，参加太平军后随李秀成转战皖、苏。咸丰八年（1858），参与摧毁江北大营。咸丰十年，驻守安徽广德，三月，随李秀成破江南大营，后取苏州、围宝山、攻镇江、逼松江，任后军主将等职。同治元年（1862），畏李秀成知其扰民罪而走常州，贿封护王。遂渡江力克浦口、六合、围扬州，未克而退。后坚守常州。同治三年，大败洋枪队与淮军，六月城陷，被俘就义。

僧格林沁（？—1865）　博尔济吉特氏，蒙古族科尔沁左翼后旗人。道光五年（1825），袭封郡王。道光十四年，授御前大臣、领侍卫内大臣、都统。咸丰三年（1853），任参赞大臣，镇压太平天国北伐军。咸丰五年，晋封亲王。第二次鸦片战争中，在大沽口炮台击沉击伤英法军舰多艘，击伤英舰司令何伯。咸

1862	同治元年	七月二十五日，命钦差大臣胜保赴陕西督办军务，镇压回乱。
1862	同治元年	七月二十五日，议设长江通商大臣。
1862	同治元年	七月二十五日，恭亲王**奕䜣**等奏上同文馆章程。
1862	同治元年	七月二十五日，美使蒲安臣向恭亲王奕䜣等呈递美林肯（Abraham Lincoln, 1809—1865）总统之国书。
1862	同治元年	七月二十八日，谭绍光主将**蔡元隆**进攻上海，

丰十年，连失大沽、天津、通州等地。后在山东、安徽围剿捻军和白莲教起义，杀捻军首领张乐行、苏天福等。同治四年（1865）四月，在山东曹州（今菏泽）高楼寨被捻军击毙，全歼所部。

奕䜣（1832—1898） 爱新觉罗氏，道光帝第六子，咸丰帝异母弟。咸丰元年（1851），封恭亲王。咸丰三年，任军机大臣。咸丰五年，为给亡母静皇贵妃争皇后封号，被罢去军机大臣等职务。咸丰七年，复授都统；九年，授内大臣。次年，英法联军攻陷北京，被任为与英、法议和的全权大臣。咸丰十一年，分别与英、法、俄签订严重丧权辱国的《北京条约》。后奏请改革清政府的外交、通商方针，设立总理衙门，并主持其工作。同年，与那拉氏密谋发动辛酉政变成功，受命为议政王，掌管军机处及总理衙门。同治四年（1865），因受慈禧太后猜忌，被罢去一切职务，旋复职。光绪十年（1884），中法战争时，又被慈禧以“委靡因循”为由，罢去一切职务。光绪二十年，起用

		占法华镇。
1862	同治元年	七月二十九日，**中俄塔尔巴哈台西疆分界会议**，几决裂。
1862	同治元年	八月初三日，李鸿章督黄翼升、李鹤章、程学启、郭松林及华尔洋枪队拚死击退蔡元隆部。
1862	同治元年	八月初五日，谭绍光部退向嘉定。
1862	同治元年	八月初六日，英政府准许英军官及兵舰受清廷雇用。

为总理衙门大臣，并总理海军，会办军务，内廷行走。旋又命督办军务，任军机大臣，戊戌变法之初病死。他主张开展洋务，是晚清主持洋务的首脑人物。

蔡元隆（1839—？） 湖南岳州（今岳阳）人。咸丰四年（1854），参加太平军。咸丰十年，随其岳父李秀成转战长江下游，后在江西、浙江作战。同治元年（1862），参与攻占江苏嘉定等地，旋攻上海，并赴苏州会商解天京之围。同治二年，封会王；是年正月，在太仓击败洋枪队及湘、淮军；三月，以城诈降，击伤淮军统领李鹤章。次年正月，降于浙江布政使蒋益澧，更名元吉；五月，在湖州败于太平军，被围于思溪，游水逃出，下落不明，所部死亡殆尽。

中俄塔尔巴哈台西疆分界会议

清朝中国西部疆界在巴尔喀什湖。根据咸丰十年（1860）《中俄北京条约》第二条规定，同治元年（1862）七月，中俄代表在新疆谈判勘分西部边界问题，由于沙俄代表强迫清政府代表在俄国单方面绘制的地图上签字，遭

1862	同治元年	八月初九日，曾国藩奏，江南疾疫大作，湘军病者数万。
1862	同治元年	八月十五日，陈得才、张宗禹攻河南淅川失利，陈去紫荆关，张入湖北。
1862	同治元年	八月二十一日，李秀成自苏州回援天京，“**天京保卫战**”开始。
1862	同治元年	八月二十二日，法使要求总理衙门赔偿湖南、江西、贵州教案损失，并以派兵舰威胁。
1862	同治元年	八月二十五日，太平天国首王**范汝增**、戴王黄呈忠再克浙江余姚、慈溪，进军宁波。
1862	同治元年	八月二十五日，华尔率洋枪队增援宁波。

清方代表拒绝，致使谈判中断。

天京保卫战 咸丰十一年（1861），安庆失陷，湘军顺江东进，于同治元年（1862）四月包围天京，洪秀全命在苏南的李秀成回救天京，李在苏州两次召开军事会议，约集几十万太平军，分三路救援天京。是年九月，太平军对驻扎南京雨花台的湘军猛烈进攻，未能取胜。洪秀全又命李秀成西征安徽、湖北，以吸引围天京之敌，至同治二年四月，仍未奏效。直至同治三年六月，湘军攻陷天京，保卫战结束。

范汝增（1840—1867） 广东惠川人，十一岁参加太平军，后为李世贤部将，在浙江、江西作战。同治元年（1862），封首

1862	同治元年	八月二十六日，陕西东路回军大败胜保于华阴，西路回军直攻西安，与雷正绾相持。
1862	同治元年	八月二十七日，太平天国梯王练业坤攻克浙江奉化。
1862	同治元年	八月二十九日，华尔在浙江慈溪被太平军击毙。
1862	同治元年	闰八月初七日，陈得才与张宗禹在湖北随州会合。
1862	同治元年	闰八月初八日，石达开战败于四川綦江，被迫西走。
1862	同治元年	闰八月初八日，山东淄川**白莲教**首领**刘德培起义**。

王，在宁波与黄呈忠严词拒绝英法提出拆除城外炮台和城上大炮的要挟，反对列强在城外擅划租界，寻又拒绝英法让太平军退出宁波之要求。曾重创洋枪队。同治三年，至湖州；七月，护送幼天王洪天贵福往安徽，为清军所败，范走浙江淳安；八月，在安徽建口受伤，秘密参加赖文光捻军，参与歼灭僧格林沁战斗。同治六年，在山东寿光战死。

白莲教 义称“白莲社”，民间秘密宗教组织。产生于宋代，元代广泛流行。教义崇尚光明，拜日月之光，认为光明定能战胜黑暗。支派名目繁多，流衍复杂，教徒分布华中、华北及西南各地，常被农民用以发动起义。

1862	同治元年	闰八月十四日，李鸿章命白齐文接替华尔统领洋枪队。
1862	同治元年	闰八月十四日，马如龙归降，被任云南鹤丽镇总兵。
1862	同治元年	闰八月十六日，练业坤在宁波大败英军及“常胜军”、“常安军”、“常捷军”，次日练军退走。
1862	同治元年	闰八月十六日，命倭仁为大学士。
1862	同治元年	闰八月十九日，在法国要求下，清廷命法国将军**勒伯勒东**署浙江总兵，统常捷军守宁波。
1862	同治元年	闰八月二十日，李秀成与曾贞干大战金陵雨花台。
1862	同治元年	闰八月二十九日，李秀成以洋枪洋炮猛攻曾国荃营，伤曾国荃面颊。

清嘉庆元年（1796）爆发的川楚白莲教起义，漫延五省，历时九年，为该教历史上规模最大的一次起义。晚清其支派分别在贵州、山东、河南等地起义，淮北不少捻军首领为白莲教徒。

刘德培起义 咸丰十年（1860）起，山东淄川（今淄博）人刘德培在东关纸坊庄率众抗漕，同治元年（1862），在淄川组织团练，谋划起义。八月，率白莲教徒攻占县城，自称“招讨大都督，汉王”。次年，在僧格林沁骑兵进攻下，突围至益都大北山

1862	同治元年	闰八月二十九日，俄海军将领波波夫（Serge I. Popoff）奉沙皇令拟带海军助剿太平军，命曾国藩妥筹安排。
1862	同治元年	九月初一日，李世贤自浙江到天京，助李秀成猛攻湘军。
1862	同治元年	九月初一日，贵州太平教姜映芳在天柱县被擒。
1862	同治元年	九月初二日，英军将领固伯（Kuper）、何伯，法军将领伏恭（Faucon），洋枪队总领白齐文及淮军联合攻占嘉定。
1862	同治元年	九月初二日，总理衙门札令李泰国经办购置船炮事宜。
1862	同治元年	九月初六日，杨辅清、黄文金在皖南宁国县败鲍超部，陈坤书在金柱关与彭玉麟部激战。

自杀（说被俘），起义失败。

勒伯勒东（Albert Edouard Le Brethon de Caligny, 1833—1863）法国海军军官。咸丰十一年（1861），来上海。同治元年（1862）四月，参与攻陷浙江宁波，由舰长升任法国驻宁波海军司令。六月，与浙江巡抚左宗棠、宁波海关税务司日意格组成“常捷军”，任统领，对太平军作战。清政府应法国公使要求，授署浙江总兵，统兵一千五百人驻宁波，伙同英军在余姚、上虞作战。同治二年正月，在绍兴受

1862	同治元年	九月初八日，安徽布政使**马新贻**代袁甲三，到临淮暂统皖北军务。
1862	同治元年	九月十二日，曾国荃部击退李秀成、李世贤部猛攻。
1862	同治元年	九月十二日，谭绍光、**邓光明**部围困江南提督黄翼升水师。
1862	同治元年	九月十三日，台湾天地会戴潮春、陈弄攻占斗六。

炮伤致死。

马新贻（1821—1870） 字穀山，山东荷泽人，道光进士。任安徽建平、合肥知县。咸丰三年（1853），随袁甲三、翁同书镇压太平军，累迁安徽按察使。同治二年（1863），任安徽布政使。次年，任浙江巡抚。在任期间，修筑海塘，奏减浮收钱漕，复兴各府书院等。不久，任闽浙总督。同治七年，任两江总督兼通商大臣。同治九年，在南京阅射，事毕由箭道回署时，被张汶祥刺死，成为晚清一大奇案。

邓光明（约1830—？） 湖南人，太平天国李秀成部将，在苏、浙作战，参加攻占余杭，驻此留守。同治元年（1862），封归王；是年正月，释放在杭州被俘的清浙江布政使林福祥及总兵米兴朝等，并赠与银两，送往上海。十月，和谭绍光等在嘉定败于清军。次年四月，退回杭州，后在余杭失利。同治三年正月，再援余杭又失利；三月，在石门降于清浙江布政使蒋益澧，寻参与攻陷湖州（今吴兴），不知所终。

陕西回民起义 同治元年（1862）四月，西北太平军到陕西渭南，回民起义响应，以渭南

1862	同治元年	九月十四日，胜保、雷正绾于咸阳败**陕西回民起义**。
1862	同治元年	九月十五日，僧格林沁于亳州破安徽捻军**苏天福**。
1862	同治元年	九月二十二日，李鸿章于**青浦大战**破谭绍光。
1862	同治元年	九月二十六日，总理衙门奏准，选派武弁往上海宁波学习西方兵法、火器。

为基地，首领为伊斯兰教阿訇洪兴、任武及赫明堂等，组成十八大营，控制渭河两岸。同治二年初，清廷派多隆阿为钦差大臣，西上攻回，占领回军基地羌白镇和王阁村。次年，陕西回军被迫退往甘肃，十二年后失败。

苏天福（？－1863）　河南永城苏平楼人，曾贩羊、开粉坊、卖油。咸丰三年（1853），北伐太平军入河南，占永城，他在永城结捻聚义。次年，与张乐行组成捻军，在夏邑击败河南团练大臣徐广缙，在归德（今商丘）围困祝禮的团练。咸丰五年，雉河集会议时，为五大旗头领之一，任黑旗总目，称“顺天王”。同治二年（1863），雉河集失守，他与张乐行同被僧格林沁部杀害于亳州义门集附近。

青浦大战　太平军谭绍光部反攻嘉定、南翔，进围四江口，李鸿章遂于同治元年九月二十日（1862年11月11日）抵南翔督战，命程学启、郭松林、刘铭传分三路援四江口，又调白齐文率洋枪队从松江来会战，淮军经恶战破太平军营垒二十余座，遂解四江口围，洋枪队千人亦攻占白鹤港。淮军称此战为“东征第一大捷”。

1862	同治元年	九月二十七日，英法联军败黄呈忠，再占浙江余姚。
1862	同治元年	九月二十七日，石达开自云南镇雄关攻占四川筠连。
1862	同治元年	九月二十九日，清廷命曾国藩等预选将弁，学习西方船炮，以备管带新购洋轮。
1862	同治元年	九月二十九日，赫德与总理衙门改订长江通商章程。
1862	同治元年	十月初一日，英法军队联合攻占浙江上虞。
1862	同治元年	十月初一日，法国照会总理衙门，谓查办四川总督骆秉章嗾使四川教案事，以绝交相威胁。
1862	同治元年	十月初二日，李鸿章建议派白齐文率“常胜

雨花台战役　太平军忠王李秀成、侍王李世贤等环攻天京城外雨花台湘军曾国荃大营，猛攻四十六日不下。同治元年十月初三日（1862年11月24日），湘军出壕挑战；初四日（1862年11月25日），湘军从东、西、南三路反攻，李秀成、李世贤被迫撤兵，自此直至湘军攻陷天京，太平军再未攻克雨花台湘军大营。

石达开抢渡金沙江　石达开入川后，于同治元年十月初一日（1862年11月22日）攻占高县；初五日（1862年11月26日），进至宜宾之横江镇，欲由此抢渡金沙江，因渡船被清军击沉，抢渡失败，退至横江。初五日，再次抢渡，又遭清军水路包抄而失利。

		军”赴援金陵。
1862	同治元年	十月初五日，**雨花台战役**结束。
1862	同治元年	十月初五日，**石达开抢渡金沙江**，失利。
1862	同治元年	十月初五日，清廷命成都将军崇实查办四川教案，命前两广总督劳崇光查办贵州教案。
1862	同治元年	十月初十日，命大理寺卿曹毓瑛任军机大臣。
1862	同治元年	十月十二日，李鸿章任江苏**巡抚**。
1862	同治元年	十月十五日，命薛焕筹饬苏松太道吴煦等裁汰洋枪队，限制洋兵助剿。
1862	同治元年	十月十七日，洋枪队奉调赴金陵助剿，吴煦、**杨坊**督带前往。

巡抚 官名，始于明朝。清制，巡抚为省级地方政府长官，总揽一省的军事、吏治、刑狱等，地位略次于总督。巡抚例兼都察院右副都御史衔。在单设巡抚的省份，职权与总督相同；在设有总督的省份，巡抚例受总督节制；若总督、巡抚同在一城的，巡抚多仅守虚名。光绪末年，裁同城巡抚，分省城的巡抚权力与总督相同，所谓总督兼辖，不过文书往来而已。

杨坊（？—1865） 字启堂，一字憩棠，浙江鄞县人。初任上海外国洋行买办，后在洋泾滨开设泰记（Takee）商行，以贩卖鸦片致富。任四明公所董事。上海小刀会起义期间，为江苏巡抚吉

1862	同治元年	十月十八日，俄波波夫率海军到上海，英法为之不满，李鸿章命俄海军在上海暂住。
1862	同治元年	十月二十六日，前两江**总督何桂清**因战败脱逃被清廷处决。
1862	同治元年	十一月初一日，**太平天国进北攻南计划**。
1862	同治元年	十一月初七日，法国照会总理衙门派法将领若勒思（Jaures）往湖南、江西、贵州、四川查办教案。
1862	同治元年	十一月初八日，“常捷军”攻占浙江绍兴。
1862	同治元年	十一月初九日，山东白莲教徒张锡珠、杨朋岭于冠县败官军。

尔杭阿管理军需，筑围墙断绝小刀会外援，由同知升为道员。咸丰六年（1856），加盐运使衔；咸丰十年，与洋枪队对抗太平军，以其女嫁华尔为妻。同治元年（1862），授常镇通海道，未赴任，后病死。

总督 始于明朝，为地方最高长官。清制，总督辖一省或二、三省，综理军民要政，地位略高于巡抚。总督例兼兵部尚书、都察院右都御史衔。鸦片战争以前，每逢大战，朝廷均特派经略大臣等官，督、抚不过承号令、备策应而已。太平天国以后，督、抚才握有实权，朝廷常向督、抚征询意见。同治年间，两江总督与直隶总督分兼南、北通商大臣，地位尤其显赫。

何桂清（1816－1862） 字丛

1862	同治元年	十一月十一日，法国向总理衙门提出解决贵州教案十二款。
1863	同治元年	十一月十二日，汉口海关开关征税。
1863	同治元年	十一月十四日，以“胜保骄恣欺罔，讳败为胜，纳贿渔色，革职逮问。授多隆阿为钦差大臣，督办陕西军务”。
1863	同治元年	十一月十五日，白齐文在上海因索饷不遂，殴打候补道杨坊，夺四万余两洋银，被撤职。
1863	同治元年	十一月十六日，查抄胜保财产。
1863	同治元年	十一月十七日，白齐文被迫交出洋枪队指挥权。

山，号根云，云南昆明人，道光进士。历任编修、内阁学士、兵部侍郎、江苏学政、礼部与吏部侍郎等职。咸丰四年（1854），任浙江巡抚；次年，在浙西、皖南抗拒太平军。咸丰七年，擢两江总督，以钱粮供江南大营。咸丰八年，与桂良等改订税则和通商章程，承认进口鸦片为合法贸易。咸丰十年，江南大营溃败，他自常州逃往苏州，遂托词借外兵助剿奔上海；五月，被革职拿问。同治元年（1862）十月，处死。

太平天国进北攻南计划 雨花台战役后，天王洪秀全未再坚持与围师决战，命李秀成进兵皖北，会陈得才部以图湖北，乃“进北攻南”计划。同治元年十一月初一日（1862年12月21日），林绍

1863	同治元年	十一月十八日，恭亲王回复法使，法提解决贵州教案十二款，只同意赔偿，其余拒绝。
1863	同治元年	十一月二十日，英王敕令英军官均得在中国各级衙门任职。
1863	同治元年	十一月二十三日，再谕崇实、劳崇光速结贵州教案。
1863	同治元年	十一月二十五日，李鸿章拟由**戈登**统带“**常胜军**”。

璋、洪春元、郜永宽等奉李秀成之命由天京出发，攻占和州，以施“围魏救赵”之计。

戈登（Charles George Gordon，1833—1885）　曾在英军工兵队任职。1854年，参加克里米亚战争，战后任国境划定委员会委员。1859年，升陆军上尉。咸丰十年（1860）八月，被派往中国，任英工兵队指挥官；九月，参与侵占北京火烧圆明园，旋回驻天津。同治元年（1862）四月，到上海，和太平军作战。次年，接任“常胜军”统带，在江浙配合淮军战斗。曾赴安庆和曾国藩谈军队改革，在天京城外和曾国荃策划攻克天京。同治三年十月，回国，任英国皇家工兵队肯特区司令官。1874年起，在苏丹赤道任总督。1880年，被派往苏丹任总督。光绪六年（1880），来华调停中俄“伊犁事件”。1884年，被派往苏丹任总督。次年一月，被苏丹起义人民击毙。

常胜军　外人称“松江军”或是“昆山军”。同治元年二月十六日（1862年3月16日），清廷命苏松太道吴煦为督带，杨坊与华尔为管带，军队四千五百人，由外国军官教练，用洋枪洋炮装备，

1863	同治元年	十一月二十七日，**“阿思本舰队”**纠纷发生。
1863	同治元年	十一月二十八日，洋将勒伯勒东被太平军炮炸死于绍兴。
1863	同治元年	十一月二十八日，英使普鲁斯向文祥、董恂建议招抚天京城中太平军。
1863	同治元年	十二月初四日，曾被胜保招抚之**宋景诗**自陕西合阳复叛。

亦称“洋枪队”，在江浙与太平军作战。白齐文、戈登相继为统带。同治三年四月，清廷令其在昆山解散，仅留洋枪队三百人，炮队六百人。

阿思本舰队 亦称欧洲舰队，“吸血（Vampires）”舰队。同治元年（1862），清廷经总税务司英人李泰国，向英购买兵舰七艘。次年正月，在英国养病的李泰国擅自以清政府代表身份，同英国海军大佐阿思本（Captain Sherrard Osborn, 1822－1875）议妥，由阿思本为总统，全权指挥清廷所购英舰助剿太平军，为期四年。八月，舰队抵达上海，清廷仅命阿思本为帮统，给予实际指挥权，而由总兵蔡国祥为总统，引起双方争执。十月，清解散舰队，英国以买价银二十一万三千两（七万一千镑）交还，清另给阿思本一万两，革退李泰国总税务司职务。

宋景诗（1824－？） 山东堂邑人，曾为兵勇、小贩、拳师和私盐贩子。咸丰十年（1860），在家乡率众抗粮而败。次年，联合白莲教在堂邑、冠县起义，以黑旗为帜，号黑旗军。不久，被钦差大臣胜保招安。同治元年

1863	同治元年	十二月十二日，**石达开再败叙州**。
1863	同治元年	十二月十五日，李鸿章致书曾国藩称赞西方武器之先进。
1863	同治元年	十二月十七日，上海法军将领若勒思任达尔第福(Tardif de Moidrey, 1824 — 1863)统领“常捷军”。
1863	同治元年	十二月十九日，曾国藩奏请派蔡国祥统辖新购兵轮。
1863	同治元年	十二月二十日，命崇厚帮办直隶总督文煜军务。
1863	同治元年	十二月二十四日，陈炳文于常熟福山大败洋枪队。
1863	同治元年	十二月二十四日，白莲教徒张锡珠率众占据直隶邯郸。

（1862），率八百人参加在淮北攻捻和在陕西攻回。胜保被处死，他受株连。同治二年，自陕西合阳渡河返回山东，重举义旗。是年九月，被僧格林沁击败，离军出走，不知所终（一说同治十年为安徽巡抚英翰拿获杀害）。

石达开再败叙州　石达开率部十万余众驻叙州府（今四川宜宾）横江两岸，大营则驻双龙场，清军按察使刘岳昭、提督胡中和、总兵萧庆高等率部云集双龙场。石达开分三路进攻敌营，不胜，遂成对峙。清军于同治元年十二月十二日

1863	同治元年	十二月二十六日，命李鸿章暂署办理通商事务钦差大臣。
1863	同治元年	十二月二十七日，命董恂任三口通商事务大臣。
1863	同治元年	十二月二十七日，太平天国会王蔡元隆等在太仓大败洋枪队。
1863	同治元年	十二月二十七日，两广总督刘长佑允许法国代广东练兵。
1863	同治二年	正月初二日，太平天国宁王**周文佳**于绍兴大败英军。
1863	同治二年	正月初八日，马德新在昆明复叛。
1863	同治二年	正月十一日，太平天国首王范汝增、戴王黄呈忠、梯王练业坤不敌蒋益澧退出金华。

（1863年1月30日）同时夹击石达开，石部伤亡万余人；翌日，石达开败退入云南至昭通。

周文佳（？—1863） 广西人，参加太平军隶李秀成部，先随赖文光占领江苏青浦，后守绍兴，封宁王。同治元年十一月（1863年1月），与何文庆等击败常捷军，统领勒伯勒东受伤致死。次年二月，再败常捷军，英指挥官定龄（Tinling）战受伤而死。三月，绍兴失守，经萧山、退苏州。十一月，与郜永宽、汪安钧等杀害谭绍光，献城后为江苏巡

1863	同治二年	正月十一日，上海法军将领伏恭以**德克碑**统领浙江之“常捷军”。
1863	同治二年	正月十二日，左宗棠部在龙游、兰溪、金华败黄呈忠、谭星。
1863	同治二年	正月十五日，**云南回民大起义**。
1863	同治二年	正月十五日，**杜文秀**陷普洱、楚雄等城。
1863	同治二年	正月十八日，马德新自封云贵总督。
1863	同治二年	正月二十二日，李鸿章奏请仿效京师同文馆，

抚李鸿章所杀。

德克碑（Neveue Paul Alexandre D'Aiguebelle, 1831—1875）法国军官。同治元年（1862），与勒伯勒东组织常捷军，归左宗棠统辖，对抗太平军。次年，勒伯勒东在绍兴被击毙，他继任统领，在浙东与太平军作战。同治五年，任福建马尾船政局副监督。同治九年，随左宗棠赴陕甘镇压回民义军。

云南回民大起义　因清政府挑拨汉回关系，屠杀回民，霸占回民矿权，激起民愤；咸丰六年（1856），回民马金保和马复初首先在姚州（今姚安）、新兴（今玉溪）起义；八月，杜文秀在蒙化誓师，攻占大理，建总统兵马大元帅府，杜为总统兵马大元帅。同治元年（1862），东南部回民军首领马复初、马如龙降清，反攻回军。同治二年正月十五日（1863年3月4日），马荣率回军占昆明，杀云贵总督潘铎、知府黄培林，团练大臣侍郎黄琮自尽。同治六年，杜文秀发兵二十万再攻昆明，克五十三个州县。同治十一年，清兵反攻，逼大理，杜

		在上海设**广方言馆**。
1863	同治二年	正月二十二日，甘肃平凉回民起义。
1863	同治二年	正月二十三日，“常胜军”督带奉李鸿章命裁汰常胜军人员。
1863	同治二年	正月二十四日，**重庆教案**爆发。
1863	同治二年	正月二十六日，常捷军、常安军于绍兴击败周文佳部。
1863	同治二年	正月二十九日，左宗棠部克浙江桐庐。

文秀服毒投清被杀。至同治十三年，云南回民大起义完全失败。

杜文秀（1828—1872）　回族，云南永昌（今保山）人，廪生出身。道光二十五年（1845），代表回民赴北京控告永昌地主残杀回民事未果。咸丰六年（1856），在蒙化起义，攻克大理，称总统兵马大元帅。同治六年（1867），率二十万人马攻昆明，后失败。同治十一年，大理失陷，他服毒投清营后被杀。

广方言馆　即在上海所设外国语言文字学馆。同治二年（1863）正月，江苏巡抚李鸿章为培养通晓外语的洋务翻译人才，在上海设此馆，亦称上海同文馆，招收十四岁以下儿童入馆学习。分英、法文两班，后又设日文、俄文班，三年毕业。除学习外文，还学习自然科学。

重庆教案　同治元年（1862）闰八月，天主教法国主教范若瑟（Joseph Eugène Jean Claude Dèsfleches, 1814—1887）扩建崇因寺教堂，侵占民产，激起公愤。同治二年正月二十四日（1863年3月13日），巴县知县张秉堃集

1863	同治二年	二月初一日，清军与捻军发生**雉河集战役**。
1863	同治二年	二月初一日，多隆阿部于陕西**同州镇回**。
1863	同治二年	二月初一日，岑毓英在昆明诱马如龙至，罢其云贵总督职，马荣逃走。
1863	同治二年	二月初四日，太平天国爱王**黄崇发**、顾王吴如孝败李世忠，复占浦口。
1863	同治二年	二月初五日，沃王**张洛行被俘死难**。
1863	同治二年	二月初六日，曾国藩自安庆至金陵雨花台视察湘军大营。

士绅商议此事，团勇、民众千余人捣毁主教座堂，并分四队捣毁教会十八处，三日内抄掠教民七十余家，殴毙教民一人，伤数十人。四川总督骆秉章对外屈服，以重建教堂结案。

雉河集战役　僧格林沁于同治元年（1862）闰八月率军从亳州进攻捻军据点安徽雉河集，张洛行率捻军于涡河北岸应战失利。次年正月，清军抵雉河集近郊，张洛行集二十万捻军作战，清骑兵冲入捻军阵地，捻军再败，雉河集失守。是年二月初一日（1863年3月19日），张洛行率残部五千在尹家沟与清军决战，僧格林沁亲率大军包围捻军，张洛行仅率数百人突围，清数千骑兵穷追不舍，张洛行仅率二十余人走宿州（今安徽宿县），此役捻军元气大伤。

同州镇回　同治二年（1863）正月，多隆阿督军进陕西同州大荔县羌白镇、王阁村回军据点，二十八日（1863年3月17日），形成包围，令羸卒诱敌。回军万人由

1863	同治二年	二月初八日，陈得才、梁成富、蓝大顺等围攻汉中府。
1863	同治二年	二月初十日，准李鸿章奏，于广州、上海分设外国语言文字学馆及广方言馆。
1863	同治二年	二月十二日，福建水师提督吴鸿源于台湾嘉义败天地会戴潮春。
1863	同治二年	二月十三日，李秀成到皖北巢县拟攻安庆以解天京之围。
1863	同治二年	二月十五日，英使普鲁斯照会总理衙门，迫复委白齐文统领“常胜军”。

王阁村南路进，羌白镇回军二三万由北门出击，清军佯败，回军进入伏击圈，大败而归。是夜，回军以轻骑劫营三次不果，乃退；五鼓，多隆阿指挥清军攻入羌白镇，尽屠老弱妇幼，又攻入王阁村，杀尽回人，且传于地窖中掘出白银三百余万两，黄金六万两。

黄崇发　参加太平军，封为爱王，驻守安徽东梁山。同治元年（1862）四月，东梁山失守，败走。次年二月，同吴如孝等击败清提督李世忠部，攻占浦口，后经安徽到江西，在湖口与清军大战失利，又退皖南建德，不知所终。

张洛行被俘死难　张洛行为僧格林沁所败，携子张喜、义子王宛儿等走安徽宿州。同治二年二月初六日（1863年3月24日）夜，至宿州、蒙县交界之西阳集，宿捻军将领李勤邦家，李密告宿州知州英翰。英翰连夜率千人掩至，于黎明擒获张洛行一行，送僧格林沁大营，被杀。

1863	同治二年	二月十七日，两广总督晏端书拨百五十名兵，交英人教练。
1863	同治二年	二月十八日，戈登率**洋枪队攻克常熟福山**。
1863	同治二年	二月二十一日，石达开部乘胜进逼四川雅州、邛州。
1863	同治二年	二月二十七日，白莲教张锡珠于直隶肥乡败死。
1863	同治二年	二月二十八日，清廷处置与重庆教案有关官员。
1863	同治二年	二月二十八日，法国新公使柏尔德密（Jules François Gustave Berthemy, 1826 — 1903）到北京。
1863	同治二年	二月二十八日，沙俄侵占新疆巴克图卡伦头道河流域。

洋枪队攻克常熟福山 太平军常熟守将钱桂仁降清，李秀成派慕王谭绍光攻下常熟福山港，封锁从常熟入江通往上海门户。李秀成率部围攻常熟，旋奉命撤军救援天京。同治二年二月十八日（1863年4月5日），戈登率洋枪队配合淮军占福山，太平军全面撤常熟之围，清廷授戈登总兵衔。

蔡元隆太仓诈降 同治元年（1862）底，李鸿章欲东取太仓，以救常熟。十二月二十七日（1863年2月14日），常胜军二千八百人，携炮二十三门，会同淮军七千人攻太仓。太平军会王蔡元隆率三千人坚守，向清军诈降，等李秀成援军至，常胜军大败，伤亡二千余。次年三月初九日（1863年4月

1863	同治二年	三月初四日，诏允招佃开垦热河木兰围场荒地八千顷。
1863	同治二年	三月初六日，京师同文馆法文、俄文两馆开设。
1863	同治二年	三月初九日，**蔡元隆太仓诈降**。
1863	同治二年	三月初十日，因克福山功，授戈登**总兵**衔。
1863	同治二年	三月十五日，戈登助程学启复克太仓。
1863	同治二年	三月十五日，**苗沛霖复叛**。
1863	同治二年	三月十六日，石达开中旗旗帅郑永和部自四川北向汉中进兵，三月底与陈得才会合。
1863	同治二年	三月十七日，**彭玉麟战败李秀成**。

26日），戈登亲自指挥全部大炮集中猛轰太仓，太平军伤亡颇大，城破，蔡元隆被俘后裂尸而死，淮军大肆杀掠以报复。

总兵 清制，总兵为绿营兵高级武官，全称镇守总兵官，受提督节制，掌理本镇军务，因有总镇之称，直接统辖的兵称镇标，京城步军统领下亦设左右翼总兵。民国后陆续废去。

苗沛霖复叛 同治二年三月初九日（1863年4月26日），僧格林沁率军由皖北赴山东，清廷令苗沛霖“散练归农，夷寨填濠，缴旗帜、火器，以二千人从军”，苗沛霖不满清廷欲解散其军队的决定，三月十五日（1863年5月2日），于安徽寿州复举兵反清，

1863	同治二年	三月十八日，清廷命**耆龄**为福州将军，左宗棠为闽浙总督，曾国荃为浙江巡抚。
1863	同治二年	三月二十日，戈登洋枪队攻昆山不下，撤回松江。
1863	同治二年	三月二十四日，李秀成联合张宗禹攻六安州，拟与湖北陈得才会合，以解天京之围。
1863	同治二年	三月二十四日，沙俄侵入伊犁奇沁卡伦。
1863	同治二年	三月二十五日，石达开自云南昭通再渡金沙江，入四川。
1863	同治二年	三月二十七日，李鸿章至松江晤戈登，令洋枪队助攻昆山。
1863	同治二年	三月二十七日，**石达开陷入绝境**。

陷颍上。

彭玉麟战败李秀成　同治二年三月初二日（1863年4月19日），执行"进北攻南"战役计划之李秀成别遣一部牵制庐江、无为之敌，而以主力猛攻无为州石涧埠。曾国荃遣八营驰援，彭玉麟亦派水师往，李秀成战败，撤围西走。

耆龄（？－1863）　字九峰，满洲正黄旗人，举人出身。道光二十六年（1846）后，任江西抚州、吉安、赣州等知府。咸丰六年（1856），升江西布政使。次年，升巡抚。曾国藩初入江西，兵饷困乏，地方官掣肘，他任巡抚后，支持曾国藩。咸丰九

1863	同治二年	三月二十七日，云南回民义军攻克昆明。
1863	同治二年	三月二十七日，俄兵侵入科布多昌吉斯台卡伦滋扰。
1863	同治二年	三月二十九日，青海西宁马桂源率回民攻打丹噶尔厅。
1863	同治二年	四月初二日，李秀成围六安州失败东走，未与陈得才会合。
1863	同治二年	四月初四日，唐友耕挫败石达开抢渡大渡河计划，土司王应元绝石达开粮道。
1863	同治二年	四月初四日，李鸿章再书曾国藩，谓"速平贼氛，讲求洋器"。
1863	同治二年	四月初九日，命薛焕署礼部左侍郎，并在总理衙门办事。

年，调任广东巡抚。同治元年（1862），督军赴闽以援浙军；六月，任闽浙总督，分兵追击太平军。同治二年，调任福州将军；十月，病故。

石达开陷入绝境 同治二年三月二十五日（1863年5月12日），石达开率部三四万人至四川越嶲厅、越铁宰险狭之区；二十七日（1863年5月14日），黎明进抵大渡河南岸紫打地（今安顺场），因大渡河、松林河陡涨，不得渡。四月初四日（1863年5月21日），石达开率精壮数千名，分乘船筏数十只，以挡牌护身，舍命抢渡大渡河，北岸清军猛烈轰

1863	同治二年	四月十五日，戈登洋枪队助淮军再克昆山。
1863	同治二年	四月十七日，大渡河水势湍急，石达开仍不得渡。
1863	同治二年	四月十九日，法使柏尔德密照会总理衙门，要求惩处贵州教案中失职官员田兴恕等。
1863	同治二年	四月二十一日，劳崇光被任命为云贵总督。
1863	同治二年	四月二十二日，回民义军在平凉府大败和英、任治国部。
1863	同治二年	四月二十二日，劳崇光受命审问田兴恕贵州教案事。
1863	同治二年	四月二十四日，俄军入侵伊犁卡伦，滋扰索伦防堵营盘。

击，且水流湍急，抢渡未果。

洋枪队助淮军再克昆山　太平军慕王谭绍光率部东征，与清军战于昆山、太仓。李鸿章亦亲赴昆山督师，且调戈登“常胜军”四千人助战。同治二年四月十二日（1863年5月29日），战于昆山北门外，十三日（1863年5月30日），淮将程学启攻占昆山、苏州间之正仪镇，昆山太平军退路，谭绍光出城力战受挫，死三万，被俘七千，清军遂占昆山，逼近苏州。旋戈登与程学启争功，遂起冲突。

石达开被俘就义　同治二年四月十七日（1863年6月3日），石达

1863	同治二年	四月二十五日，赐翁曾源、张之洞、廖寿恒、边宝泉、黄体芳、李端棻进士及第、进士出身。
1863	同治二年	四月二十五日，石达开弹尽粮绝，至老鸦漩，妻投河自尽。
1863	同治二年	四月二十六日，上海道与英美领事商定租界内华人纳税加征百分之二十。
1863	同治二年	四月二十六日，李泰国向总理衙门面递统带兵轮合同，并索要四年经费。
1863	同治二年	四月二十七日，**石达开被俘就义**。
1863	同治二年	四月二十七日，曾国荃督李臣典、萧孚泗速攻金陵雨花台。
1863	同治二年	五月初四日，唐友耕于四川越巂大树堡杀石达开部降兵二千余。

开遣健卒五百夜渡大渡河，船触岩倾覆。二十三日（1863年6月9日），复抢渡受阻，清军攻势愈猛。二十五日（1863年6月11日），石达开率残部七、八千人自紫打地走老鸦漩，土司王应元绝石达开粮道，辎重尽丢，妻妾抱幼子投河死。石达开于走投无路之际，欲自投清营，“舍命以全三军”。二十七日（1863年6月13日），遂携宰辅曾仕和等至越巂洗马姑清营。五月初四日（1863年6月19日），唐友耕于大树堡杀石达开部降兵二千余。六月二十二日（1863年8月6日），在成都杀石达开，年三十三岁。

1863	同治二年	五月初七日，南昌教案以向法国赔款了结。
1863	同治二年	五月初十日，石达开被解至成都，骆秉章亲自审讯。
1863	同治二年	五月初十日，**天京解围战**失败。
1863	同治二年	五月十五日，杨岳斌水师于江浦败太平天国贡王**梁凤超**，攻克**九洑洲**。
1863	同治二年	五月十五日，杜文秀覆函杨振鹏，拒绝言和。
1863	同治二年	五月十五日，俄兵及哈萨克兵入侵伊犁博罗胡吉尔。
1863	同治二年	五月十五日，中俄在博罗胡吉尔激战。
1863	同治二年	五月二十三日，总理衙门奏，议定由中国武职人员总统新置洋轮。

天京解围战　同治二年四月二十四日（1863年6月10日），李秀成接天王洪秀全解天京之围诏书，自皖东天长县到浦口、江浦渡江回天京。湘军水师彭玉麟、杨岳斌会同陆师刘连捷部截击渡江南归之太平军，攻占江浦、浦口。十二天内，太平军在猛烈炮火下强行渡江，战死、溺死者数以万计。江北等待渡江之太平军因军粮断绝，饿死多人。李秀成部回到天京者，不及一万五千人。太平军“进北攻南”之役，损失将士十数万人，天京解围战归于失败。

梁凤超　广西人，参加太平军后

1863	同治二年	五月二十四日，曾国藩、李鸿章奏请减收苏州、松江、太仓、常州赋额。
1863	同治二年	五月二十四日，总理衙门函李鸿章，拒绝李泰国要求统领洋轮及洋枪队索要粮饷之请。
1863	同治二年	五月二十四日，哈萨克兵侵占伊犁西南卡伦。
1863	同治二年	五月二十六日，甘肃马桂源率回民义军攻占青海西宁。
1863	同治二年	六月初四日，苗沛霖攻占寿州。
1863	同治二年	六月初五日，李鸿章拒绝英美商建上海至苏州铁路要求。
1863	同治二年	六月初七日，总理衙门照会俄使抗议俄兵入侵伊犁。

任天海关正佐将，兼办外事。咸丰十一年（1861）三月，停泊天京的英国舰长雅龄（Aplin）提出借地盖屋贮煤，他呈报洪秀全，得允许。后封贡王，并防御浦口江岸。同治二年（1863）五月，在江浦九洑洲为湘军水师杨岳斌所败，守军二万人尽丧，他不知所终。

九洑洲　九洑洲为天京北面长江中一沙洲，太平军于此巩坚城，列巨炮，守军二万。同治二年五月十五日（1863年6月30日）湘军水师提督彭玉麟、杨岳斌经苦战夺得九洑洲，天京失去北方前沿阵地。

1863	同治二年	六月初八日，宋景诗于山东冠县大败直隶提督恒龄。
1863	同治二年	六月初九日，中国军队在伊犁附近卡伦击退入侵俄军。
1863	同治二年	六月十三日，陕西回民义军在临潼败多隆阿。
1863	同治二年	六月十四日，戈登洋枪队配合淮军克吴江，断苏浙太平军联系。
1863	同治二年	六月十八日，**白齐文投太平军**。
1863	同治二年	六月二十日，陕西回民义军占羌州，知州金玉麟自尽。

白齐文投太平军　“常胜军”领队美国人白齐文因索饷事被李鸿章撤职，颇怨恨，遂于上海募外国游民百余名，于松江城外劫得“高桥”号汽艇一艘，于同治二年六月十八日（1863年8月2日）驶至苏州，降于太平军慕王谭绍光。

僧格林沁淄川屠城　同治元年（1862），山东淄川刘德培办民团，建五色旗，自称“督招讨大元帅”，号“汉王”，清军屡攻不克。同治二年春，僧格林沁自皖返鲁，进淄川。四月，掘壕围城，时新任山东巡抚阎敬铭、按察使丁宝桢亦率勇至。刘德培遂突围奔太白山；六月二十二日（1863年8月6日），被擒，僧格林沁入淄川，下令屠城。

郭嵩焘（1818－1891）　字伯

1863	同治二年	六月二十二日，**僧格林沁淄川屠城**。
1863	同治二年	六月二十二日，石达开在成都被杀，年三十三岁。
1863	同治二年	六月二十四日，袁甲三于河南项城原籍病逝。
1863	同治二年	七月初一日，以**郭嵩焘**署广东巡抚。
1863	同治二年	七月初一日，李秀成以西瓜炸炮猛攻金陵下关湘军。
1863	同治二年	七月初四日，总理衙门照会英法俄美，禁止洋船在金陵江面停泊，否则炮击。
1863	同治二年	七月初八日，**刘长佑**进军山东临清，剿宋景诗。

琛，号筠仙，晚号玉池老人。湖南湘阴人，早年游学岳麓书院，与曾国藩相交往。道光进士。咸丰二年（1852）底，随曾国藩办团练，在南昌对太平军作战，建议办水师对抗太平军，被曾国藩采纳。咸丰八年，入直上书房。次年，派赴天津协助僧格林沁抗击英法联军，议不合，辞去。同治二年（1863），升广东巡抚，与两广总督瑞麟不合，被黜。光绪元年（1875），在总理衙门行走。次年，赴英对“马嘉理案”表示“惋惜”，并首任驻英公使；光绪四年，兼驻法公使；次年，以病归国。主张学习西方科技、办洋务、整顿积弊，遭到顽固派猛烈攻击。著述颇丰，大多散佚。

刘长佑（1818－1887） 字子

1863	同治二年	七月初九日，曾国荃于金陵印子山败李秀成洋枪队。
1863	同治二年	七月初九日，程学启率淮军进逼苏州。
1863	同治二年	七月十三日，马格里（Sir Samuel Halliday MaCartney, 1833 — 1906）率洋枪队与潘鼎新淮军克嘉善枫泾。
1863	同治二年	七月十四日，多隆阿部于临潼败陕西回民军。
1863	同治二年	七月十八日，以胜保贪污罔上，包庇苗沛霖、宋景诗，赐自尽。
1863	同治二年	七月二十日，英军将领伯郎（Brown）率英军协防昆山。
1863	同治二年	七月二十日，法军将领庞发（Bonnefoy）率

默，号荫渠，湖南新宁人。咸丰初随江忠源镇压太平军，后在江西作战。咸丰九年（1859），回湖南与天地会作战，并追击石达开。次年，任广西巡抚。同治元年（1862），升两广总督，调任直隶总督，与白莲教及宋景诗作战。同治六年（1867），沧州盐民起义，逼近京城，他因此撤职。同治十年，任广东巡抚、累迁云贵总督。有《刘武慎公遗书》传世。

淮军克江阴 同治二年八月初一日（1863年9月13日），淮军李鸿章、刘铭传、郭松林部攻占江阴，太平军守将广王李恺顺走常州。清廷颇注目于江阴得失，曾有谕云："苏州、江阴等城，或

		中法混合军助淮军攻苏州。
1863	同治二年	七月二十二日，僧格林沁于山东邹县平定白莲教起义。
1863	同治二年	七月二十六日，德克碑率“常捷军”助左宗棠攻浙江富阳。
1863	同治二年	八月初一日，**淮军克江阴**。
1863	同治二年	八月初三日，僧格林沁会同刘长佑于山东清平围剿宋景诗。
1863	同治二年	八月初九日，上海英美**租界**合并（公共租界，International Settlement）。
1863	同治二年	八月十一日，**李秀成谋解苏州之围**。

有一处得手，则江浙全局必能日有起色。”

租界　鸦片战争后，外国侵略者根据不平等条约，在中国通商口岸划定的由他们自己直接管理的区域。道光二十五年（1845），英国在上海建立第一个租界，此后其它西方国家援引片面的“最惠国待遇”，纷纷强占租界，至光绪三十年（1904），英、美、法、俄、德、日、意、比、奥等国在中国十六个城市占有三十余处租界。1943年（民国三十二年）1月，英美等国被迫宣布放弃在中国的租界。

李秀成谋解苏州之围　太平军失守江阴后，北路清军南指，李秀成恳请天王洪秀全准其赴苏州

1863	同治二年	八月十二日，曾国荃部攻占金陵西南江东桥。
1863	同治二年	八月十二日，甘肃回民义军占平凉府，知府田寿增自尽。
1863	同治二年	八月十六日，容闳到安庆晤曾国藩，商办机器局事。
1863	同治二年	八月十九日，李秀成、谭绍光、白齐文、恒士（Jones）于苏州宝带桥力战戈登及淮军。
1863	同治二年	八月十九日，台湾鸡笼（基隆）海关启征关税。
1863	同治二年	八月二十日，陈得才、赖文光、梁成富攻占陕西汉中府。
1863	同治二年	八月二十一日，宋景诗北上占直隶武邑，刘长佑北追。

部署防务，天王限其四十日内返回天京。同治二年八月十一日（1863年9月23日），李秀成自天京经溧阳偕弟李世贤同行，本日抵苏州，决定由谭绍光守苏州，发兵一支攻关江，诱中路之敌南下。李秀成则率主力与北路清军决战，拟歼李鸿章、郭松林精锐后，即向常熟、江阴、昆山、上海出击，以解苏州之围。

中荷通商行船条约　同治二年七月二十四日（1863年9月6日），兵部左侍郎，办理三口通商大臣崇厚与荷兰使臣于天津谈判。至

1863	同治二年	八月二十四日，三口通商大臣崇厚与荷兰使臣在天津订立《**中荷通商行船条约**》。
1863	同治二年	八月二十五日，云南布政使岑毓英克元谋。
1863	同治二年	八月二十六日，甘肃河州马大汉率回民占狄道州，知府屠旭初自尽。
1863	同治二年	八月二十六日，白齐文劝戈登共攻北京，为戈登拒绝。
1863	同治二年	八月二十八日，曾国荃奏称毋须洋轮会剿金陵。
1863	同治二年	八月三十日，李秀成与淮军**无锡激战**。
1863	同治二年	九月初三日，中英在统领洋轮事上分歧日大。
1863	同治二年	九月初三日，太平军外籍将领马惇(Morton)、恒士等三十余人向戈登投降。

是订约，计十六款，规定荷兰得于中国通商各口派驻领事，荷兰亦准至广州等十二口岸贸易，此外又获内地游历、内地传教、租地建栈等权益。

无锡激战　同治二年八月二十七日（1863年9月9日），李秀成亲临无锡百渎港，与李世贤合军于东西数十里战线上与清军全面激战，纳王部永宽、来王陆顺德自苏州援无锡，白齐文以洋轮火炮助攻。二十九日（1863年9月11日），李秀成调整部署，督率水陆十余万，重点进攻大运河右侧无锡之大桥角，清

1863	同治二年	九月初四日，准李鸿章奏，命丁日昌往上海督造洋火器。
1863	同治二年	九月初四日，戈登致函李秀成、谭绍光，劝其退出苏州并保护城内百姓。
1863	同治二年	九月初六日，**白齐文赴日本**。
1863	同治二年	九月初六日，“阿思本舰队案”结案。
1863	同治二年	九月初八日，**宋景诗南投捻军**。
1863	同治二年	九月初八日，英使普鲁斯威逼中国交出洋轮管理大权。
1863	同治二年	九月十一日，多隆阿于陕西高陵县大败回民义军。

提督黄翼升坚守，因李鹤章援军至，秀成退黄埭。太平军“高桥号”洋轮沉没。

白齐文赴日本　同治二年九月初三日（1863年10月15日），太平军外籍将领马惇、恒士等三十余人向戈登投降，太平军慕王谭绍光又因洋将白齐文与清军通，遂将其押送出苏州，白齐文经上海，旋赴日本。

宋景诗南投捻军　同治二年九月初八日（1863年10月20日），宋景诗于宜隶开州（今河南濮阳）败于刘长佑部。九月十三日（1863年10月25日），清军在大名府石槽坊将宋景诗部将杨淀一擒获处死；其党岳金声于任县、隆平交界处降清，亦被处死；朱登峰一股由藁城渡滹沱河南走；宋景诗率百余人逃至肥城鹏鹅

1863	同治二年	九月十五日，太平天国荣王**廖发寿**、会王蔡元隆于吴江为戈登、程学启所败。
1863	同治二年	九月二十一日，总理衙门请英国将撤回洋轮卖给清军。
1863	同治二年	九月二十二日，曾国荃攻占江宁上方门、高桥门、双桥门、方山、土山。
1863	同治二年	九月二十二日，李鸿章与旗昌洋行议定轮船租约。
1863	同治二年	九月二十八日，太平天国奉王古隆贤于皖南降清。
1863	同治二年	九月二十九日，李秀成兵败无锡，航王**唐正才**战死。

岭，投奔捻军。

廖发寿（？－1864） 参加太平军，于咸丰十年（1860）参与攻克浙江嘉兴之役；次年，因陈炳文调赴杭州，代为镇守嘉兴，以功封荣王。同治二年（1863），围攻江苏吴江，以援苏州，旋退回。同治三年，坚守嘉兴，击伤清总兵程学启，城破被俘就义。

唐正才（1816－1863） 湖南祁阳人，以贩运木材、粮食为生。咸丰二年（1852），在湖南岳州（今岳阳）遇太平军，被杨秀清收用，统辖船队，重视修船，两度搭造从汉阳至武昌浮桥，杨秀清嘉其能，屡升迁。咸丰四年，奉命出师湖南，因不娴战术，战败退皖，办理运粮及修诸王府事。同治元年（1862），封航王；次年，在无锡战死。

1863	同治二年	十月初三日，英人**呤唎**、怀特（White）等在无锡投李秀成，献“常胜军”洋轮“飞而复来号（Firefly）”。
1863	同治二年	十月初五日，总理衙门在曾国藩、李鸿章、曾国荃压力下，以“采买兵轮所订条款不洽”为由，革退李泰国总税务司之职。
1863	同治二年	十月初六日，总理衙门派赫德接替李泰国任总税务司。
1863	同治二年	十月初六日，曾国荃湘军连克金陵附近淳化、湖墅、三岔镇。
1863	同治二年	十月初六日，白齐文在上海被捕，交美国领事，旋去日本。
1863	同治二年	十月初七日，太平天国端王蓝大顺攻占陕西盩厔。

呤唎（Augustus Frederick Lindley, 1840—1873） 曾在英海军供职。咸丰九年（1859），在上海中国轮船任大副；次年七月，参加太平军，在安徽、江西率炮队作战，返天京教练太平军用西洋武器。继之参加进攻上海、防守九洑洲要塞，在上海附近俘获“常胜军”的“飞而复来号”轮船，并赴上海、宁波为太平军采购军火。同治三年（1864）夏，天京陷落，他秘密回英国，后去南非。著有《太平军之真相》（1864）、《太平天国革命亲历记》（1866）。

陆顺德（？—1865） 广西藤县

1863	同治二年	十月初九日，太平天国来王**陆顺德**于苏州败于戈登、程学启。
1863	同治二年	十月初十日，总理衙门札令李泰国速回上海，清算交接经手账款，尽快返英。
1863	同治二年	十月十二日，僧格林沁于安徽亳州与苗沛霖激战。
1863	同治二年	十月十二日，戈登向苏州谭绍光致函劝降，被拒绝。
1863	同治二年	十月十三日，西安将军多隆阿在盩厔围攻蓝大顺。
1863	同治二年	十月十五日，曾国荃攻占金陵孝陵卫。
1863	同治二年	十月十七日，**谭绍光守苏州**。

人，加入太平军隶李秀成部下，参与摧毁江北大营之役，与谭绍光等攻克杭州，再破江南大营。咸丰十年（1860），随李秀成东下常州、苏州、西征，旋退江西入浙江，守绍兴。同治元年（1862），封来王。天京陷落后，去福建、广东，会合李世贤，复折往江西，再进广东，后被叛徒出卖而殉难。

谭绍光守苏州 同治二年十月十七日（1863年11月27日），戈登、程学启猛攻苏州，李鸿章亲自督战，谭绍光坚守不出。常胜军损失惨重，伤亡近二百人；次日，激战再被击退。十八日（1863年11

1863	同治二年	十月二十三日，曾国藩派**容闳**赴美购买机器。
1863	同治二年	十月二十四日，**刺杀谭绍光**。
1863	同治二年	十月二十五日，宁夏回民义军马兆元占灵州。
1863	同治二年	十月二十六日，**李鸿章苏州杀俘**。

月28日），李秀成于西线会战结束后，退回苏州；十九日（1863年11月29日），集诸将议，拟放弃苏州，谭绍光主坚守，其它诸王有降意，持异议。李秀成遂与谭绍光恸哭而别。

容闳（1828—1912）　字达萌，号纯甫，广东香山人。道光二十一年（1841），入澳门马礼逊学堂；道光三十年，考上耶鲁大学，为中国首位留美毕业生。咸丰五年（1855），回国，先后在广州美国公使馆、香港高等审判厅、上海海关等处任职。曾访问太平天国天京，向洪仁玕提出实行新政的七项建议。同治二年（1863），入曾国藩幕，为筹建江南制造局，被委赴美采购机器，后授命主持选派幼童赴美留学事，任留美学生监督，旋任驻美副公使。因参加戊戌变法被清政府通缉，逃往香港，又到美国，支持孙中山革命活动。

刺杀谭绍光　同治二年十月二十日（1863年11月30日），李秀成离苏州，是日苏州主将慕王谭绍光召纳王郜永宽、康王汪安钧、比王伍贵文、宁王周文佳以及天将汪有为、范起发、张大洲、汪怀武等八人开会，欲背水一战。会上争议激烈，汪安钧、汪有为刺死谭绍光，谭亲信千余人亦被杀，叛将开齐门

1863	同治二年	十月二十六日，**僧格林沁斩杀苗沛霖**。
1863	同治二年	十月二十七日，戈登反对苏州杀俘，拒受李鸿章节制。
1863	同治二年	十月二十八日，李秀成令英人呤唎采买兵轮。
1863	同治二年	十一月初二日，淮军克无锡，擒潮王**黄子隆**。

向淮军程学启投降。

李鸿章苏州杀俘　同治二年十月二十六日（1863年12月6日），李鸿章在苏州名为款待部永宽、汪安钧、伍贵文、周文佳、汪有为、范起发、张大洲、汪怀武，实则暗藏兵力，八位降将及随从入座后，一举杀死。戈登对“杀降”事颇不以为然，且欲赴苏州生擒李鸿章泄愤。为防止“常胜军”哗变，二十九日（1863年12月9日），英驻华陆军司令部令戈登率“常胜军”只防守上海，不再参与战事。

僧格林沁斩杀苗沛霖　同治二年（1863）十月上旬，苗沛霖率数万人围攻安徽蒙城，僧格林沁部将富明阿、陈国瑞往援。十四日（1863年11月24日），僧格林沁赴亳州（今亳县）；二十五日（1863年12月5日），富明阿、陈国瑞从南面进，断粮道，破垒二十四座；二十六日（1863年12月6日），僧格林沁亲督大军分路进，入夜，苗沛霖突围被杀，蒙城解围（一说苗沛霖被部下所杀）。

黄子隆（？—1864）　广西藤县人，参加太平军隶李秀成部。咸丰十年（1860）六月，攻占江苏松江。同治元年（1862），封潮王，和谭绍光一道战于嘉定、青浦、常熟，彼奉命驻江阴、无锡

1863	同治二年	十一月初三日，清兵于彰化败天地会戴潮春、林日成部。
1863	同治二年	十一月初五日，曾国荃以地道轰塌天京神策门城墙，太平军防堵成功。
1863	同治二年	十一月初五日，李鸿章到无锡指挥攻常州。
1863	同治二年	十一月初十日，**李秀成建议让城别走**，为洪秀全拒绝。
1863	同治二年	十一月初十日，贵州教徒何得胜等围攻贵阳。
1863	同治二年	十一月十八日，福建提督曾元福于斗六败台湾天地会陈弄。
1864	同治二年	十一月二十八日，首领太监张玉苍因凌辱尚

间，以援苏州。同治二年十一月初二日（1863年12月12日），无锡陷，率众巷战，与子德懋为淮军俘获；次年初，被杀。

李秀成建议让城别走　李秀成闻苏州失守，即至丹阳屯扎；旋无锡又失，时侍王李世贤屯兵溧阳，劝其往，另作他谋，秀成不从，自丹阳轻骑连夜赶回天京。同治二年十一月十一日（1863年12月21日），见粮道已绝，人心不固，遂向洪秀全建议“让城别走”，另图发展，且云：“若不依臣所奏，灭绝定矣！”然天王洪秀全不准。

宝鋆（1807—1891）　字佩蘅，满洲镶白旗人，索绰络氏，道光进士。咸丰四年（1854），擢内阁学士；次年，迁礼部侍郎。咸丰十年，任总管内务府大臣，会

		书宝鋆被惩处。
1864	同治二年	十一月二十九日，李泰国离上海返英。
1864	同治二年	十二月初七日，朝鲜国王李熙即位，年十二，其父李昰应（大院君）摄政。
1864	同治二年	十二月初九日，以乔松年代唐训方为安徽巡抚。
1864	同治二年	十二月十五日，淮军刘铭传、郭松林于常州败李秀成、李世贤、林绍章，毁“飞而复来号”轮船。
1864	同治二年	十二月十八日，**戴潮春败亡**。
1864	同治二年	十二月二十日，**黄鹄号轮船**安庆试航。

办京城巡防。第二次鸦片战争时，咸丰帝逃往热河，他反对以二十万两修行宫而被降职。同治元年（1862），命为军机大臣及总理衙门大臣，户部尚书；次年，调兵部，拜体仁阁大学士；光绪三年（1877），晋武英殿大学士。因和奕䜣交往甚密，光绪十年，奕䜣遭斥罢，他亦同时以原品休致。

戴潮春败亡 同治二年十一月初三日（1863年12月13日），台湾道丁曰健、总兵曾玉明败台湾天地会首领东王戴潮春、燕王林日成，攻占彰化。十二月十八日（1864年1月26日），福建提督曾元福、丁曰健擒戴潮春，克彰化张厝庄，旋林日成亦为总兵林文察所擒。

黄鹄号轮船 华蘅芳、徐寿设计

1864	同治二年	十二月二十二日，赫德与戈登商定洋枪队仍助李鸿章西征。
1864	同治二年	十二月二十七日，太平天国会王蔡元隆以浙江海宁降于蒋益澧。
1864	同治三年	正月初三日，**太平军各路援天京**。
1864	同治三年	正月二十一日，湘军总兵朱洪章攻下金陵天保城。李秀成猛攻钟山不下。
1864	同治三年	正月二十四日，曾国荃攻占天京太平门、神策门，合围天京。
1864	同治三年	正月二十四日，戈登及郭松林于宜兴败首王范汝增。
1864	同治三年	正月二十四日，云南参将舒世泰率清军于思茅败回军。

“黄鹄号”轮船，乃中国首次自制。该船为木质，长近三丈，采螺旋桨暗轮，“约计一个时辰，可行二十五六里”。同治二年十二月二十日（1864年1月28日），在安庆江面试航，曾国藩亲自登船，认为“行驶迟钝，不甚得法”。

太平军各路援天京　同治三年正月初三日（1864年2月10日），太平天国扶王陈得才、遵王赖文光、祜王蓝成春、启王梁成富、天将马融和及淮王邱远才等接天王洪秀全诏，率大军从陕西汉中拔营，分三路回师天京救急。十九日（1864年2月26日），沛王谭星、天将林政扬部自浙江开化入江西玉山，是为西进入赣之首支

1864	同治三年	正月二十五日，德克碑常捷军助淮军攻杭州失败。
1864	同治三年	正月二十五日，英使普鲁斯促戈登配合淮军参加江浙战斗。
1864	同治三年	二月初一日，戈登助淮军克溧阳，李世贤败走浙江。
1864	同治三年	二月初四日，**李秀成令洋将洋轮助战**。
1864	同治三年	二月初六日，**常熟激战**爆发。
1864	同治三年	二月初九日，舒世泰于普洱斩回军定南大将军马当。
1864	同治三年	二月十一日，陈承琦攻克常熟福山，李鸿章急调戈登驰援。

太平军。

李秀成令洋将洋轮助战　同治三年二月初四日（1864年3月11日），李秀成派洋将莫里斯（Morris）率在上海俘获之“常胜军”“达斯达利号（Tastlee）”轮船往援嘉兴，为淮军程学启部洋教练备雷（Bailey）截获，莫里斯本人亦被擒。

常熟激战　同治三年二月初六日（1864年3月13日），太平天国英王叔陈承琦、利王朱兴隆、列王林彩新等率常州太平军东入江阴，扰淮军后路，旋下常熟之福山，淮军大震。二月十六日（1864年3月23日），太平军汇集江阴、无锡、常熟间，围攻常熟尤急，李鸿章令郭松林倍道赴

1864	同治三年	二月十三日，清军克苗军所据贵州古州厅。
1864	同治三年	二月十八日，**嘉兴收复**。
1864	同治三年	二月十九日，贵州教徒武安王、何得胜攻占广顺州。
1864	同治三年	二月二十四日，**左宗棠克杭州**。
1864	同治三年	二月二十四日，陈承琦于江阴败戈登洋枪队。

援，郭松林部副将刘起、黄式寿战死，太平军亦大挫。

嘉兴收复　同治三年二月十八日（1864年3月25日），淮军提督程学启部以开花大炮轰毁嘉兴城上太平军炮台，轰塌城墙百余丈，潘鼎新、刘秉璋乘势率水陆军登城，城乃破。太平天国挺王刘得功战死，荣王廖发寿被俘，太平军残部从城西门退出，冲过降将蔡元吉营，至湖州。程学启亲自登城督战，流弹击中左脑，送苏州；三月初十日（1864年4月15日），死于军中。嘉兴存粮颇丰，为天京大粮源，嘉兴失，天京粮荒立至。

左宗棠克杭州　左宗棠部将蒋益澧率军先攻破杭州城外各处堡垒，洋将德克碑率“常捷军”以大炮轰塌凤山门城垛三丈余。随之，蒋益澧亲督水师各军乘势攻破庆春、艮山等门。太平天国听王陈炳文率部乘夜自武林门突出，向德清退却；比王钱贵仁降清。同治三年二月二十四日（1864年3月31日）晨，蒋益澧攻下杭州城。杭州城内原有居民八十一万，及复城，仅存七八万。康王汪海洋率部亦于本日由余杭东门撤出，左宗棠部道员康国器遂占余杭。三月

1864	同治三年	二月二十四日，**蓝大顺败亡**。
1864	同治三年	三月初二日，湘军劫掠杭州，左宗棠严饬军纪。
1864	同治三年	三月初五日，陶茂林、雷正绾率清军肃清陕西全境回军。
1864	同治三年	三月初七日，**江阴会战**结束。
1864	同治三年	三月初七日，湘军提督鲍超克江苏句容。

十二日（1864年4月17日），以克复杭州之功，诏赏加闽浙总督左宗棠太子太保衔，并赏穿黄马褂；浙江布政使蒋益澧亦赏穿黄马褂，寻予云骑尉世职。

蓝大顺败亡　蓝大顺自咸丰九年（1859）和哥老会首领李永和于川滇边界起事反清，进入四川作战。咸丰十一年四月，入陕西，自称“大汉显王”，势力遍及川北、陕南、陇东。同治二年（1863）十月，克盩厔县（今周至），近逼西安，多隆阿亲督将士抵抗，盩厔粮草充足，蓝军守城顽抗。同治三年二月二十四日（1864年3月31日），清军以地道破城，蓝大顺被汉阴民团追杀于兴安府安康县。

江阴会战　常熟激战后，太平天国英王叔陈承琦等退至江阴，李鸿章令戈登“常胜军”配合淮军攻江阴。同治三年二月二十四日（1864年3月31日），于江阴华市陈承琦伤亡“常胜军”三百余人，其中大尉、中尉八人，弃枪四百支，“常胜军”旋退无锡附近。三月初七日（1864年4月12日），李鸿章督郭松林等部与“常胜军”于江阴、常熟间和太平军决战，陈承琦大败，俘戮万

1864	同治三年	三月初九日，**第二路太平军**西趋江西援天京。
1864	同治三年	三月初十日，淮军提督程学启伤势过重而死。
1864	同治三年	三月初十日，李鸿章与戈登抵常州，亲自督攻。
1864	同治三年	三月十四日，谭星率太平军自江西入福建。
1864	同治三年	三月十五日，普鲁士新任驻华公使李福斯（Guido von Rehfues）于天津大沽口扣押三只丹麦商船，中普交涉此事。
1864	同治三年	三月二十日，陈得才、捻军陈大喜经河南入湖北枣阳、随州。

余人，太平军退丹阳。

第二路太平军　左宗棠部蒋益澧于同治三年三月初五日（1864年4月10日）攻克浙江德清，太平天国听王陈炳文、康王汪海洋、侍王李世贤、辅王杨辅清、来王陆顺德、首王范汝增、戴王黄呈忠等弃德清西走；三月初九日（1864年4月14日），至浙江昌化，进入皖南；三月十七日（1864年4月22日），于徽州杨村击败湘军唐义训、毛有铭部。三月二十日（1864年4月25日），陈炳文、汪海洋自皖南龙湾、婺鸿入江西德兴，为西趋江西拟援天京之第二路太平军。

第三路太平军　同治三年三月二十四日（1864年4月29日），太平天国侍王李世贤、来王陆顺德于安徽徽州击败湘军，与陈炳文分

1864	同治三年	三月二十二日，洋枪队将领马惇攻常州战死。
1864	同治三年	三月二十四日，**第三路太平军**西趋江西援天京。
1864	同治三年	三月二十六日，僧格林沁于河南内乡败太平天国启王梁成富、梁王张宗禹。
1864	同治三年	三月二十七日，陈得才自湖北安陆东走。
1864	同治三年	三月二十九日，台湾海关税务司在打鼓（今高雄）成立。
1864	同治三年	四月初二日，**第四路太平军**入江西援天京。
1864	同治三年	四月初六日，**淮军攻克常州**。

路，进入江西玉山，是为西趋江西拟援天京之第三路太平军。

第四路太平军　太平天国凛王刘肇钧、列王林彩新等自江苏走皖南宁国县，于同治三年四月初二日（1864年5月7日），进入江西，乃拟援天京而汇合于江西的第四路太平军。

淮军攻克常州　同治三年三月初十日（1864年4月15日），李鸿章抵常州，部署攻城军事。戈登率洋枪队已先期到达；二十二日（1864年4月27日），淮军提督刘铭传和洋枪队猛攻常州，洋枪队将领马惇等十人阵亡。四月初六日（1864年5月11日），在李鸿章亲自督战下，淮军和戈登洋枪队力克常州，太平天国护王陈坤书、佐王黄和锦被擒身死。常州被围三月而克，距太平军于咸丰

1864	同治三年	四月初八日，**冯子材克丹阳**。
1864	同治三年	四月十二日，普鲁士公使李福斯就扣押丹麦商船、侵犯中国主权事向总理衙门请罪。
1864	同治三年	四月十三日，多隆阿伤重而死。
1864	同治三年	四月十四日，中国派册封正使、户部左侍郎皁保，副使、副都统文谦，往朝鲜册封李熙继承王位。
1864	同治三年	四月十四日，梁成富自湖北返陕西，联合云南蔡昌荣。

十年四月初六日（1860年5月26日）占该城整四年，日月不差。

冯子材克丹阳 同治三年四月初八日（1864年5月13日），提督冯子材军克江苏丹阳，太平天国英王叔然王陈时永、天王洪秀全妻弟莱王赖桂芳等俱死。冯子材军破城后屠太平军七千人。自此，江苏全省六十余郡县除天京（南京）外，均为清军占领。

巴夏礼（Sir Harry Smith Parkes, 1828—1885） 英格兰人。道光二十一年（1841），来中国，在澳门学习汉语；次年，充英国侵华军全权代表璞鼎查（Sir Henry Pottinger, 1789—1856）随员，参加鸦片战争。道光二十四年起，先后任英驻厦门、福州、上海等领事馆译员。咸丰四年（1854），升厦门领事；咸丰六年，代理广州领事期间，制造“亚罗号事件”，挑起第二次鸦片战争。次年，英法联军侵占广州。于咸丰八年，成立以他为首的“广州外人委员会”，对广州实施殖民统治。咸丰十年，参加

1864	同治三年	四月十五日，英国会辩论对太平天国政策。
1864	同治三年	四月十七日，戈登与**巴夏礼**、**丁日昌**会商自昆山撤洋枪队事。
1864	同治三年	四月二十日，曾国藩调李鸿章会攻金陵。
1864	同治三年	四月二十一日，赖文光、张宗禹于湖北德安败僧格林沁，护军统领舒保阵亡。
1864	同治三年	四月二十五日，洪秀全遗诏称，即上天国向天父天兄领到天兵，保卫天京。

英法联军进攻天津、北京，竭力支持焚毁圆明园，参与签订中英《北京条约》。回程在湖北黄州（今黄冈）见太平天国英王陈玉成，反对太平军进攻武汉。同治元年（1862），受封爵士，任驻上海领事，后任驻日公使、驻华公使兼驻朝鲜公使，死于北京。

丁日昌（1823—1882） 字禹生，又作雨生，广东丰顺人。贡生出身。咸丰九年（1859），任江西万安知县，旋入曾国藩幕，后受清廷委派赴潮州帮同地方官办理英国领事进驻潮州城事宜。同治二年（1863），被李鸿章委派自广东调至上海创立制炮局，是为江南制造局前身。此间他筹设机器局，协助曾国藩、李鸿章办理洋务。同治四年（1865），授苏松太道，兼任江南制造局总办，旋升两淮盐运使。同治六年（1867），任江苏布政使；次年，升任江苏巡抚。光绪元年（1875），任福建巡抚，兼台湾学政、兼督船政，继沈葆桢主持福州船政局。光绪六年

1864	同治三年	四月二十六日，戈登在昆山将**洋枪队解散**。
1864	同治三年	四月二十七日，**洪秀全病亡**。
1864	同治三年	四月二十七日，林彩新在江西弋阳阵亡，刘肇钧、李世贤合。
1864	同治三年	四月二十八日，李鸿章奏请购置西洋机械、枪炮。
1864	同治三年	四月二十九日，新疆库车回族马龙权、马三保叛乱，推布格聂丁（Burhanuddin）为“东土耳其斯坦王”。

（1880），驻南洋会办海防节度南洋水师，不久兼任总理衙门大臣。著有《抚吴公牍》。

洋枪队解散　戈登与英公使巴夏礼、丁日昌会商后，决定裁撤该军，只留洋枪队三百人，由李恒嵩统之；炮队六百人，以罗荣光统之，另留“海生”轮船数十人。

洪秀全病亡　同治三年四月二十七日（1864年6月1日），太平天国天王洪秀全因病而亡，年五十二岁。亡后入土安葬不用汉制，遍身皆以绣龙缎包裹，不用棺木，葬于宫中。天京城破后，曾国藩令人掘出尸首，戮而焚之。

洪天贵福即位　同治三年五月初三日（1864年6月6日），洪秀全之子洪天贵福受群臣拥戴登极，时年十六岁。洪天贵福先拜上帝，再受众人朝贺。适干王洪仁玕远去，忠王李秀成主持一切军政大事。此时城中无粮，兵已自乱；外边湘军围攻，城破仅在旦夕，天朝文武，无计可施。

李鸿章会攻金陵　淮军攻克常州

1864	同治三年	五月初三日，**洪天贵福即位**。
1864	同治三年	五月初三日，新疆布格聂丁、马龙权攻占库车，杀办事大臣萨凌阿。
1864	同治三年	五月初八日，清廷命**李鸿章会攻金陵**。
1864	同治三年	五月十九日，戈登在安庆劝曾国藩改革军事。
1864	同治三年	五月二十日，**广州同文馆**开馆。
1864	同治三年	五月二十四日，淮军于浙江长兴败襄王刘官芳。

后，同治三年四月二十日（1864年5月25日），曾国藩函调李鸿章配合曾国荃会攻金陵，李鸿章明白曾国藩此举，乃故作姿态表明不愿曾国荃独揽头功，于二十四日（1864年5月29日）覆函曾，主缓调他军会攻金陵。五月初八日（1864年6月11日），清廷谕令李鸿章“迅调劲旅数千及得力炮队”会攻金陵；十一日（1864年6月14日），曾国藩再咨调李助攻金陵；二十五日（1864年6月28日）李上奏称，所部兵将伤病疲乏，未得休养，曾国荃围金陵二年，一篑未竟，屡云所少不在兵而在饷，故未议协剿。李鸿章本意欲成曾国荃独克金陵之全功，曾国荃亦不愿他军分其功。

广州同文馆　亦称“广方言馆”。该馆为广州将军瑞麟、两广总督毛鸿宾仿前年北京同文馆及上年上海同文馆例开设。先设英文班，后又设法文、德文班，招十四岁至二十岁满汉学生，亦收二十岁以上有科举功名之士子入学，三年学成毕业，派充各衙

1864	同治三年	五月二十四日，总兵林文察攻克台湾彰化小浦心，擒天地会西王陈弄。
1864	同治三年	五月二十七日，新疆叛军布格聂丁等进犯阿克苏。
1864	同治三年	五月二十八日，上海《**北华捷报**》（North－China Daily News）改名《字林报》。
1864	同治三年	五月二十九日，总理衙门向法使申明各口岸领事不得干政。
1864	同治三年	五月三十日，曾国荃部攻占天京地堡城。
1864	同治三年	六月初一日，赖文光、张宗禹、鲁王任化邦占湖北罗田。
1864	同治三年	六月初一日，曾国荃督湘军猛攻天京半个月。

门任翻译，经费由粤海关支拨。

北华捷报（North China Herald）

亦名《华北先驱周报》或《先锋报》。道光三十年六月二十六日（1850年8月3日），由英人在上海创刊，为最早的英文周报，服务于上海公共租界工部局。同治三年五月二十八日（1864年7月1日），更名《字林报》（North－China Daily News），又称《字林西报》。主要刊载时事新闻、商情、司法和领事公报，供外国侨民阅览。有关太平天国报导甚多，是研究太平天国的重要资料。1951年3月31日，停刊。

1864	同治三年	六月初七日，新疆叛军布格聂丁设伏击败来自乌鲁木齐清军。
1864	同治三年	六月初十日，新疆库车马龙权、杨春遂占达坡。
1864	同治三年	六月十二日，新疆乌鲁木齐维吾尔人叛乱。
1864	同治三年	六月十二日，俄兵乘机入侵伊犁冬博罗胡吉尔卡伦。
1864	同治三年	六月十五日，俄轮船强行在松花江航行至吉林。
1864	同治三年	六月十六日，**攻陷天京**。
1864	同治三年	六月十七日，李秀成携洪天贵福冲出天京，二人走散。
1864	同治三年	六月十八日，**湘军屠城**。

攻陷天京　同治三年五月三十日（1864年7月3日），曾国荃督湘军攻破天京地保城要塞，离天京城墙仅十数丈远。曾国荃乃随山高下，架炮数层，猛轰半个月。六月十六日（1864年7月19日）午刻，总兵李臣典、吴宗国部挖地道，炸开天京城墙二十余丈，朱洪章等各营湘军冲入城内，至傍晚天京九门皆破，惟王城仍由太平军坚守。十七日（1864年7月20日），李秀成下令天王府及各王府同时举火，宫女或缢或投河而死者达二千余人。

湘军屠城　湘军占领天京后，曾国荃下令闭城，分段搜杀，大肆

1864	同治三年	六月十九日，**李秀成被俘杀**。
1864	同治三年	六月二十一日，洪仁玕、扬王李明成携洪天贵福到广德。
1864	同治三年	六月二十一日，总理衙门请法使禁各省主教擅自向地方政府递交照会。
1864	同治三年	六月二十三日，新疆莎车维吾尔人阿布都拉门（Sohihgada Abdurrahman）叛乱称王。
1864	同治三年	六月二十五日，曾国藩自安庆乘轮船到金陵，亲审李秀成。
1864	同治三年	六月二十六日，洪天贵福自广德到湖州。
1864	同治三年	六月二十七日，李秀成开始书写自供。

焚掠，大火三日不绝，全城付之一炬。太平军能战者不过三四千人，突围者较少，大部战殁，或聚众自焚，因清军杀俘，故无一降者。湘军所杀，多为城中老弱居民。

李秀成被俘杀 同治三年六月十七日（1864年7月20日），太平天国忠王李秀成拥幼天王洪天贵福冲出天京。为湘军截击，秀成以座骑让与洪天贵福，令前队护之急走，自领后队拒追兵。十九日（1864年7月22日），李秀成于金陵东南之方山被擒。二十五日（1864年7月28日），曾国藩自安庆抵金陵，于当日午后亲讯李秀成，决定“拟即在此杀之”，并拟“取伪忠王详供”。七月初六日（1864年8月7日），李秀成写毕供状，为曾国藩于金陵凌迟处死，年四十岁。

锡封功臣 清廷赏加钦差大臣、

1864	同治三年	六月二十八日，新疆英吉沙蓝发春、喀什王德春先后叛乱。
1864	同治三年	六月二十九日，因克复金陵，俘获李秀成，清廷**锡封功臣**。
1864	同治三年	七月初二日，加赏亲王僧格林沁一贝勒；加赏恭亲王奕䜣一贝勒。文祥亦有恩赏。
1864	同治三年	七月初二日，黄文金、黄文英等护洪天贵福自湖州往广德。
1864	同治三年	七月初五日，曾国藩再审李秀成。
1864	同治三年	七月初六日，《**李秀成自供**》写毕，被凌迟于金陵，年四十岁。

协办大学士、两江总督曾国藩太子太保衔，锡封一等侯爵，世袭罔替，并赏戴双眼花翎；浙江巡抚曾国荃，赏加太子少保衔，锡封一等伯爵，并赏戴双眼花翎；钦差大臣、大学士、湖广总督官文锡封一等伯爵，世袭罔替，并加恩将其本支无庸仍隶内务府旗籍，抬入正白旗满洲，赏戴双眼花翎；江苏巡抚李鸿章锡封一等伯爵，并赏戴双眼花翎等等。闽浙总督左宗棠、江西巡抚沈葆桢等俟浙、赣肃清再加恩。

李秀成自供　李秀成被俘后，于同治三年六月二十七日至七月初六日（1864年7月30日—8月7日）在囚笼中写成。曾国藩删改誊缮后呈清廷，并在安庆以《李秀成供状》书名刊刻公布传世，原件藏湖南湘乡曾国藩家。1962年，台北世界书局将原件影印出版，三万六千字，有

1864	同治三年	七月十二日，陈炳文、张学明、陶金会在江西金溪降于鲍超。
1864	同治三年	七月十三日，**曾国藩裁撤湘军**。
1864	同治三年	七月十六日，新疆叛军围攻吐鲁番、托克逊。
1864	同治三年	七月二十七日，攻克湖州，**收复浙江**全境。

曾国藩用红笔和某人用墨笔作的删改字迹。据考，其笔迹、内容、词句等可信为李亲笔，曾国藩撕毁一万多至二万字，是研究太平天国及李秀成历史珍贵档案文献。

曾国藩裁撤湘军　曾国藩忧谗畏讥，为避清廷猜忌，于攻克金陵后立即裁军二万五千人：留一万人守金陵，一万五千人为安徽游击之师。其时，湘军名义上还有十二万，然左宗棠部四万人早已独树一帜，江忠义、席宝田一万已拨归沈葆桢，鲍超、周宽世两万赴援江西，旋亦归沈葆桢，故直接受曾国藩管辖仅曾国荃五万人。此次所裁，有李续宜部及太平军降将韦俊部共一万五千人全撤，曾国荃嫡系撤一万人。

收复浙江　闽浙总督左宗棠部会同淮军于同治三年七月二十七日（1864年8月28日）攻克湖州，旋即全浙底定。太平天国干王洪仁玕、堵王黄文金西走皖南之广德州；佑王李远继西南走安吉、孝丰，旋败至广德与黄文金会合；辅王杨辅清远去上海。清军控制浙江全境。

洪天贵福去宁国　天京城破，幼天王洪天贵福及太平军多涌入湖州，堵王黄文金知孤城不可恃，拟入江西会合侍王李世贤，再往湖北会合陈得才，以图西安。众王护幼天王自湖州返广德州，亦为日后湖州守军留一退路。湖州城破次日，洪仁玕、黄文金即突

1864	同治三年	七月二十八日，**洪天贵福去宁国**。
1864	同治三年	七月二十九日，准总理衙门奏刊刻**丁韪良**所译《**万国律例**》。
1864	同治三年	八月初一日，新疆**乌鲁木齐叛乱**。

围至广德，旋合广德守军拥幼天王走宁国。

丁韪良（Willilam Alexander Parsons Martin，1827—1916）

美国传教士。道光三十年（1850），来到中国，在宁波传教。第二次鸦片战争时，任美国公使列维廉（William Bradford Reed，1806—1876）的翻译，参与起草中美《天津条约》。同治八年至光绪二十年（1869—1894），任北京同文馆总教习，后任京师大学堂总教习。义和团运动时，主张各国划定在华势力范围。后回国，寻复来华，协助湖广总督张之洞在武昌筹建大学堂，未成。著有《花甲忆记》、《北京被围：中国人对抗世界》及《中国之觉醒》等书。

万国律制　亦称《万国公法》，英人著，美传教士丁韪良译，旋得总理衙门派陈钦等四人与之悉心商酌删阅，并拨银五百两作刊刻费用，书成，总理衙门大臣董恂为之作序。同治三年（1864），京师同文馆刊行。初版三百本，从总税务司赫德议，分送中央及各通商口岸、地方当局。本书分释义明源、论诸国自然之权、论平时往来、论交战等四卷，讲解国际间和战及外交惯例，为中国引进之首部较完善国际法著作。

乌鲁木齐叛乱　同治三年（1864）七月下旬，新疆库车缠回热西丁、汉回马龙权占喀喇沙

1864	同治三年	八月初一日，启王梁成富自陕西褒城西入甘肃。
1864	同治三年	八月十四日，俄使臣札哈罗夫（Ivan Il' ich Zakharov, 1814 — 1885）、巴布科夫（Ivan Feodorovich Babkov, 1827 — 1905）到新疆塔尔巴哈台议分界事。
1864	同治三年	八月十六日，新疆叛军连占阜康、绥来。
1864	同治三年	八月十六日，**捻军河南大捷**。
1864	同治三年	八月十七日，俄使札哈罗夫威胁清大臣明谊，拟派兵强占中国领土。
1864	同治三年	八月十八日，启王梁成富占甘肃阶州。
1864	同治三年	八月二十一日，清廷调蒙古兵赴乌鲁木齐平叛。
1864	同治三年	八月二十四日，清廷以湘军将领刘岳昭、席

尔及阿克苏、乌什。于阗（今和田）回众亦起兵反清。由伊犁至乌鲁木齐，文报不通，旋乌鲁木齐汉城失守，满城被围。八月初二日（1864年9月2日），清廷命伊犁将军常清严厉弹压，并派喀尔喀兵二万增援乌鲁木齐，迅克汉城，立解满城之围。

捻军河南大捷 同治三年八月初三日（1864年9月3日），太平天国遵王赖文光及捻军张宗禹、任柱、牛洛红等督师大败僧格林沁于河南罗山萧家河，毙正黄旗汉军都统舒通额等十二员战将。十六日（1864

		宝田、赵焕联为云南官吏。
1864	同治三年	八月二十四日，**洪天贵福入江西广丰**。
1864	同治三年	八月二十五日，西北叛乱日甚，清廷令“剿抚兼施”。
1864	同治三年	八月二十七日，李鸿章致函总理衙门，建议在上海设厂制造轮船，并准华商购买洋轮。
1864	同治三年	八月二十九日，西宁回民义军马永泰部向清军投诚。
1864	同治三年	八月三十日，李世贤占广东平远，进向福建。
1864	同治三年	九月初四日，曾国荃因病开缺，任马新贻为浙江巡抚。
1864	同治三年	九月初六日，新疆叛军阿浑妥明占满城、昌吉。

年9月16日），赖、张、任、牛再率捻军于河南光山人和寨设伏，再败僧格林沁，毙总兵巴扬阿，悍将陈国瑞只身逃走，清军死者数千。捻军入湖北。

洪天贵福入江西广丰　同治三年八月二十四日（1864年9月24日），太平天国干王洪仁玕、堵王黄文金、昭王黄文英、佑王李远继、偕王谭体元等，护卫幼天王洪天贵福，自皖南入浙江昌化、淳安境，经开化、常山、江山，于本日至江西广信府之玉山、广丰。途中，连遭湘军刘松

1864	同治三年	九月初七日，明谊与俄使札哈罗夫互换记约图志，勘定西北边界，签订《**中俄勘分西北界约记**》。
1864	同治三年	九月初九日，干王洪仁玕、昭王**黄文英**于江西广昌被湘军擒俘。佑王**李远继**与洪天贵福走散。
1864	同治三年	九月十四日，**太平军入福建**。

山等部及左宗棠部袭击，太平军后期主将黄文金伤重而亡。

中俄勘分西北界约记 沙俄强迫清政府签订的不平等条约。清王朝中国西部疆界在巴尔喀什湖，根据咸丰十年（1860）《中俄北京条约》第二条规定，同治三年（1864）八月，中俄双方代表开始在新疆谈判勘分西部边界问题。沙俄代表强迫清政府在俄单方面绘制的地图上签字，致使谈判中断。后再次谈判，清政府被迫在新疆塔城签订了本条约，将中国西境的三个大湖——巴尔喀什湖、斋桑湖和伊塞克湖，连同周围广大地区，共达四十四万多平方公里的土地割让给俄国。

黄文英（1839－1864） 广西博白人，随堂兄黄文金参加金田起义，在天京管钱粮。同治二年（1863），因叙起义功，封昭王。次年，迎洪天贵福到湖州，寻同黄文金等护幼天王走宁国、昌化，黄文金死后，他接统其军，于江西广德被俘，录有《黄文英自供》，在南昌就义。

李远继 广西藤县人，参加太平军后，参与摧毁江南大营。后在常州、无锡、宜兴作战。同治元年（1862），封佑王。同治三年，退守湖州（今吴兴），旋护幼天王入江西，败于广昌，投

1864	同治三年	九月十五日，清廷解散常捷军。
1864	同治三年	九月十八日，总理衙门复李鸿章，同意在上海等设船厂。
1864	同治三年	九月二十日，新疆乌鲁木齐叛军攻占呼图壁。
1864	同治三年	九月二十五日，**席宝田**、知县**陈宝箴**于江西石城俘洪天贵福及秀成四岁次子李其祥。

汪海洋部，占福建汀州（今长汀）；次年，入广东，进取镇平（今蕉岭），入嘉应州（今梅县），后不知所终。

太平军入福建 同治三年九月十四日（1864年10月14日），太平天国侍王李世贤占福建漳州府，毙漳州镇总兵禄魁等。其时，来王陆顺德等亦由江西瑞金入福建龙岩；天将丁太阳、林正扬部攻武平、永定，清总兵贺国珅以下二十人皆死。曾国藩器重之福建按察使张运兰，率卒五百出武平截太平军，遭擒杀。太平天国康王汪海洋亦占汀州之濯口。左宗棠急调兵守泉州，援漳州、汀州、福州，并于十月二十八日（1864年11月26日），自杭州亲往福建督师。

席宝田（1829－1889） 字研芗，湖南东安人。咸丰二年（1852），在家乡办团练，对抗太平军；咸丰九年，在湖南与太平军作战，解宝庆之围，擢知府。次年，奉湖南巡抚骆秉章命，阻击广东天地会军。同治三年（1864），在江西擒获洪天贵福和洪仁玕，清政府以记名布政使遇缺题奏。同治六年，率湘军入贵州和苗民军作战；同治十年，攻陷凯里。后因病回原籍。

陈宝箴（1831－1900） 字右

1864	同治三年	九月二十九日，新疆阿浑妥明率叛军占库尔喀拉乌苏城。
1864	同治三年	九月二十九日，赖文光于安徽宿松败僧格林沁，毙提督萧河清，即西去黄州。
1864	同治三年	十月初一日，曾国荃自金陵回湖南。
1864	同治三年	十月初六日，云南总兵马如龙俘杀回军首领马荣。
1864	同治三年	十月初七日，僧格林沁**霍山大捷**。
1864	同治三年	十月初八日，遵王赖文光、鲁王任桂进逼湖北汉口。

铭，江西义宁人。举人出身，历任浙江、湖北按察使。因俘获洪天贵福而闻名。光绪二十年（1894），任直隶布政使。《马关条约》后，痛感国家危难，疏陈利害得失。光绪二十一年（1895），任湖南巡抚，锐意新政，支持变法维新；戊戌政变后，被革职。

霍山大捷　太平天国扶王陈得才转战于皖西潜山、太湖及鄂东英山地区，几遭僧格林沁马队及安徽按察使英翰军所败，部将黄中庸率千人降清。僧军于同治三年十月初七日（1864年11月5日）追至安徽霍山黑石渡，令降将黄中庸为前锋，僧本人督大队继之，袭陈得才营，分割其军，得才部将温其玉等率九千余人弃械投降。初九日（1864年11月7日），天将马融和率七万人降。祜王蓝成春为部将诱擒献出，被僧格林沁磔于军前，其残部十数万人降清。淮王邱远才等北走河南，汇合张宗禹军。陈得才寻亦服毒自尽。

1864	同治三年	十月初八日，**曾国藩奉命**往安徽湖北边界。
1864	同治三年	十月十一日，因俘洪天贵福有功，加封闽浙总督左宗棠一等伯爵，江西巡抚沈葆桢一等轻车都尉世职，浙江提督鲍超一等子爵。
1864	同治三年	十月十二日，新疆伊犁维吾尔人阿奇木伯克叛乱，自立为王，进攻宁远。
1864	同治三年	十月二十日，洪秀全子洪天贵福在江西南昌被凌迟处死。
1864	同治三年	十月二十五日，洪仁玕在南昌被凌迟处死。
1864	同治三年	十月二十五日，**伊犁叛乱**。

曾国藩奉命　清廷令曾国藩往安徽、湖北交界处督师援鄂，堵防自湖北东下之陈得才部太平军及捻军，以李鸿章暂署两江总督。曾国藩旋奏言：“大帅三人屯四百里内，恐群盗轻朝廷。请发军从官文，自驻安庆。”时僧格林沁驻湖北麻城，湖广总督官文出黄州，再诏曾国藩援湖北，三人均为钦差大臣，同在一地，至曾国藩有此言。旋获陈得才失败，清廷亦收回成命。

伊犁叛乱　同治三年（1864）八月，新疆宁远（固勒扎）回民趁伊犁将军常清率兵不在，遂谋叛乱，常清闻讯派人劝阻招抚。九月十三日（1864年10月13日），宁远伊犁河两岸之维、回民叛乱，占领宁远。十一日（1864年10月11日），数千回众攻打伊犁将军驻地惠远城，时惠远仅有兵千人，将军明绪乃急调锡伯营、索伦营马队八百、汉勇三千及哈萨克牧民数百守城。时有已革回

1864	同治三年	十月二十八日，左宗棠自浙江往福建督师。
1864	同治三年	十一月初六日，江南重开**乡试**。
1864	同治三年	十一月初九日，赖文光、淮王邱远才等**率捻军大败僧格林沁**。
1864	同治三年	十一月十四日，赖文光、张宗禹部于河南邓州再败僧格林沁。

首阿奇木伯克迈孜木朵特被拘，明绪释之，命带锡伯营。二十五日（1864年10月25日），惠远城围解，回军遂集宁远。

乡试　明清两代每三年一次在各省省城（包括京城）举行的科举考试。凡本省生员与监生、荫生、官生、贡生，经科考、录科、录遗考试合格者，均可应考。逢子、午、卯、酉年为正科，遇庆典加科为恩科，考期在八月，分三场，故亦称“秋试”、“秋闱”，由朝廷派出正副主考官，录取的称举人。因太平天国占据江南，因而此次补戊午（1857）、辛酉（1861）、壬戌（1862）及甲子（1864）四科。

捻军大败僧格林沁　太平军赖文光、邱远才及捻军牛洛红、任柱等于同治三年十一月初九日（1864年12月7日）在湖北襄阳大败僧格林沁，即东北走，入河南邓州与捻军张宗禹部会合。十四日（1864年12月12日），赖文光、张宗禹于邓州唐陂再败僧格林沁，僧军几全军覆没，僧格林沁仅率数十骑逃出。赖、张再攻南阳，僧军又败，“僧军名望顿尽”，因僧军“皆未尝与洪寇合战，故恒以为捻畏战”，又不知变通，致屡为所败。

贵州苗民义军　咸丰五年

1864	同治三年	十一月十九日，康王汪海洋、佑王李远继于浙江福江、福建、长汀、上杭败清军。
1864	同治三年	十一月十九日，赫德接济“常胜军”军饷有功，赏加按察使衔。
1865	同治三年	十二月初七日，**贵州苗民义军**攻占玉屏。
1865	同治三年	十二月十三日，**阿古柏**、**布素鲁克**攻占喀什噶尔，布素鲁克称王。

（1855），贵州台拱（今台江）苗族人张秀眉率苗民起义，达数万人。两年间占领黔东南及黔东数十州县，建立以台拱为中心的根据地。同治八年（1869），在贵州黄飘山设伏，歼灭湘军七、八千人。次年，台拱失守，义军退至雷公山。同治十一年，张秀眉被俘杀，余部坚持到同治十二年败亡。

阿古柏（1820—1877） 中亚浩罕汗国人，原为封建主、高级军官。同治三年（1864），趁新疆回民反清，与喀什噶尔封建主金相印勾结，于同治四年，率军侵入南疆。同治六年，成立“哲德沙尔汗国”（意即七城国），自称为汗。同治九年，控制南疆及北疆部分地区，勾结英、俄，使其占领区成为英、俄势力范围。光绪二年（1876），左宗棠入疆讨伐；次年，阿古柏兵败自杀。

布素鲁克 旧译不什尔克。新疆喀什噶尔封建主金相印及思的克久攻喀什噶尔不下，乃遣使赴塔什干，请浩罕王派和卓前来。浩罕一心想征服喀什噶尔，乃决定派阿古柏随张格尔之子布素鲁克前往，但限定布素鲁克“只当名义之王”，一切事务悉由阿古柏决定，任何人不得参与。阿古柏乃率百人，挟布素鲁克，经安集

1865	同治三年	十二月二十二日，台湾道丁曰健肃清全台天地会众。
1865	同治三年	十二月二十八日，曾国藩奏，建议用淮军剿灭捻军；西北平回宜先清甘肃，再及关外。
1865	同治三年	十二月，台湾海关税务司在安平（属今台南）开设分关。
1864	同治三年	是年，左宗棠于杭州仿造轮船一艘，试行于西湖，惟行驶不远。
1864	同治三年	是年，美国基督教公理会于北京创设“育英学堂”，为北京最早之教会学校。
1864	同治三年	是年，旌表八世同居，河南杜宜山一家；九

延（今属乌兹别克斯坦国）侵入喀什噶尔，将思的克驱走，扶布素鲁克为王。思的克大愤，据英吉沙尔拒之。

杨岳斌（1822—1890）　原名杨载福，字厚庵，湖南善化（今长沙）人。行伍出身。咸丰二年（1852），在湘阴对抗太平军，后累迁至湖北提督。咸丰六年，合陆师攻克武汉；次年，克江西湖口，使被困于鄱阳湖内湘军水师得与外江水师会合。咸丰八年，受安徽池州太平军守将韦志俊投降。咸丰十一年，配合陆师陷安庆。同治三年（1864），因参与攻天京，加太子少保衔。次年，赴甘肃镇压回军。光绪九年（1883），因法国侵犯越南，奉命会办福建军务；次年，复命至江南帮办军务。光绪五年，赴台

		世同居，河南赵克之一家。均给银建坊如例。
1865	同治四年	正月初三日，赖文光、张宗禹于河南鲁山再败僧格林沁。
1865	同治四年	正月初四日，严促**杨岳斌**速任陕甘总督职。
1865	同治四年	正月初五日，饬鲍超招募川军镇压甘肃回民起义。
1865	同治四年	正月初六日，曾国藩再次奏请裁撤湘军。
1865	同治四年	正月二十六日，新疆叛军于**古城**、**惠宁大败清军**。
1865	同治四年	二月初一日，新疆阿古柏进犯喀什噶尔新城。

湾同法订和约，气归。

古城、惠宁大败清军　同治四年正月初四日（1865年1月30日），救援惠宁之伊犁官兵中途失利，伊犁势将坐困。清廷令穆图善懔遵前旨，迅速出关，先抵哈密，会同文祺布置一切。二十六日（1865年2月21日），新疆巴里坤领队大臣色普诗新援古城失利，全军覆亡。二十七日（1865年2月22日），伊犁官军援惠宁，复为缠回所败，协领穆克德阿死之。二月初五日（1865年3月2日），援古城之喀尔喀蒙古兵接连失利，旋即溃散，谕令将已调各兵概撤回旗。初九日（1865年3月6日），乌鲁木齐回族叛军妥明部围攻古城满城八十余日，领队大臣惠庆以下官兵并妇女七千余人死之。十二日（1865年3月9日），团练徐学功围攻乌鲁木齐，妥明等弃

1865	同治四年	二月初四日，康王**汪海洋**败于福建汀州，到上杭永定。
1865	同治四年	二月初六日，命川军进甘肃剿启王梁成富。
1865	同治四年	二月初十日，**吴棠**署两广总督。
1865	同治四年	二月十二日，英国王批准在中国上海设英国最高法庭。
1865	同治四年	二月十六日，**瑞麟**署两广总督。

城西去。

汪海洋（约1830—1866） 安徽全椒人。初为石达开部将。咸丰十年（1860），在广西与石达开决裂，返江西与李秀成会合。同治三年（1864），封康王，从余杭经皖西入江西，抵福建汀州。次年，入广东，刺死李世贤，经广东、江西边界至广东嘉应州（今梅县）。同治五年，伤重而死。

吴棠（？—1876） 字仲宣，安徽盱眙人（今属江苏），举人出身，曾任知县。咸丰三年（1853），招集乡勇抵抗太平军。咸丰十年，补徐淮道，奉命帮办江北团练。咸丰十一年，迁江宁布政使兼署漕运总督。同治三年（1864），署江苏巡抚；次年，调两广总督，未任，仍留漕督原任，筹措恢复运河漕运。同治五年，任闽浙总督；同治六年，任四川总督，镇压川黔苗军。同治十年，署成都将军。光绪元年（1875），因病乞归。

瑞麟（？—1874） 字澄泉，满洲正蓝旗人，叶赫那拉氏。历任太常寺少卿、礼部右侍郎等官。咸丰三年（1853），以户部侍郎从僧格林沁对抗太平天国北伐

1865	同治四年	二月十七日，总理衙门密令李鸿章派人赴西洋学习机械。
1865	同治四年	二月二十八日，准山西巡抚**沈桂芬**奏，颁谕严禁种植罂粟。
1865	同治四年	三月初五日，**蔡寿祺疏劾奕䜣**。
1865	同治四年	三月初六日，慈禧召见**军机大臣**，令蔡寿祺呈疏。

军，俘获林凤祥。第二次鸦片战争时曾守杨村；《天津条约》后守大沽炮台。咸丰十年，英法联军侵犯京津，他守通州，大败；又守安定门，兵败革职。后随僧格林沁往山东剿捻，在巨野兵败。咸丰十一年，管神机营。同治二年（1863），调广州将军，后授两广总督，复拜文渊阁大学士、文华殿大学士。

沈桂芬（1818－1881） 字经笙，顺天宛平（今北京）人，道光进士。同治二年（1863），署山西巡抚，时因鸦片弛禁，山西种罂粟甚多，危害无穷，他主张严禁。同治六年，任军机大臣，兼总理衙门大臣。同治九年，任兵部尚书。光绪五年（1879），崇厚与沙俄议订条约，丧权辱国，他从中委曲调停，易曾纪泽使俄，改订条约。

蔡寿祺疏劾奕䜣 太平天国失败，恭亲王奕䜣声望日隆，犯慈禧猜忌，日讲起居注官蔡寿祺以为有机可乘，乃疏劾奕䜣“贪墨、骄盈、揽权、徇私”，建议他“归政朝廷，退居藩邸”。同治四年三月初六日（1865年4月1日），慈禧令“逮问”奕䜣，执意查办。大学士周祖培等于次日

1865	同治四年	三月初七日，慈禧颁谕，责令奕䜣“毋庸在军机处议政,革去一切差使,不准干预公事”。
1865	同治四年	三月初七日，赖文光等率捻军自河南考城入山东。
1865	同治四年	三月十四日,群臣疏请仍录用奕䜣,令其自新。
1865	同治四年	三月十五日，曾国藩奏，建议“谋滇以蜀为根本，谋黔以湘为根本”。
1865	同治四年	三月十六日，仍命恭亲王奕䜣“在内廷行走，并仍管总理各国事务衙门”。
1865	同治四年	三月十六日，阿古柏侵占新疆英吉沙。

面询蔡寿祺，蔡不能实指，但慈禧出示已亲笔写就之朱谕，将奕䜣革职。

军机大臣 雍正七年（1792），西北用兵，为便于联络保密、快捷，而设军机房；雍正十年，改称军机处；于大学士、尚书、侍郎中选人入值，称军机大臣；各地奏折送至军机处，军机大臣每日可面见皇帝请示，再用面奉谕旨的名义下达皇帝指示。雍正、乾隆均不用亲王任军机大臣。嘉庆尝用即罢。慈禧时始用恭亲王入军机，历同治、光绪两朝，后军机大臣必用亲贵，成为晚清惯例。宣统三年（1911），撤销军机处。

懿旨 清代皇太后或皇后的诏令。

奕譞（1840—1891） 爱新觉罗氏。道光帝第七子。咸丰十一年（1861），咸丰帝死，参与那拉氏发动的辛酉政变，得她信用，历任都统、御前大臣、领侍卫内

1865	同治四年	三月十八日，以倭仁扣压慈禧三月初六日**懿旨**为由，醇亲王**奕譞**纠参倭仁。
1865	同治四年	三月二十一日，**清军大败云南回军**。
1865	同治四年	三月二十二日，僧格林沁追击赖文光、张宗禹至江苏。
1865	同治四年	是春，容闳在美所购机器装船回国。
1865	同治四年	四月初二日，清廷命僧格林沁不可追至江苏境内，改由曾国藩、李鸿章平捻。
1865	同治四年	四月初七日，**金口哗变**。

大臣等。同治十一年（1872），晋封醇亲王。同治十三年，同治帝死，无子，由慈禧太后立其子载湉（即光绪帝）继位。光绪十年（1884），恭亲王奕䜣被革职后，他操纵军机处。中法战争中，初主战，后转而求和。光绪十一年，建议设立海军衙门，受命总理海军衙门事务。

清军大败云南回军　同治四年（1865）二月，云南普洱镇总兵田仲兴与护迤南道夏家畴分路进兵，攻破墨黑回军营垒二十余座；至三月二十一日（1865年4月16日），连破红岩二台坡等处营垒，直抵普洱城外，四面环攻，占领该城，乘势再克思茅厅。

金口哗变　清廷多次催促原湘军将领鲍超由四川赴甘肃、新疆平乱，所部正追剿太平军至福建，畏甘肃路远。该军十八营多为太平军降众，约八千人，行至湖北金口长江水道，以欠饷为由，不欲西行，登岸哗溃，旋南下攻占

1865	同治四年	四月十二日，台湾天地会吕梓拟接应福建漳州李世贤，为清军平定。
1865	同治四年	四月十四日，**奕䜣官复原职**。
1865	同治四年	四月十八日，命鲍超入福建追击哗变湘军及汪海洋部。
1865	同治四年	四月十九日，白齐文拟投李世贤，在漳州为清军俘。
1865	同治四年	四月二十一日，**左宗棠克漳州**。

咸宁县。清廷改令免其出关，改赴福建，令鲍超沿途招抚溃勇。溃勇中杂以川楚哥老会众，遂犯江西、湖南边境，数旬之间，众至二三万人，并仿太平军建制，设指挥、检点等官职。沿途杀官掠地，头裹红巾，设卡抗击清军。湖南巡抚李翰章调兵平之，该部南走广东投太平军康王汪海洋。

奕䜣官复原职　同治四年四月十四日（1865年5月8日），慈禧、慈安召见恭亲王奕䜣，面加训诫，奕䜣“伏地痛哭，无以自容”，“深自引咎，颇知愧悔”。两宫皇太后遂降旨：“恭亲王着仍在军机大臣上行走，无庸复议政名目，以示裁抑。”旋，慈禧命将三月初七日（1865年4月2日）所降严谴奕䜣之旨勿庸编入《起居注》，以示怀柔。

左宗棠克漳州　同治四年二月（1865），李世贤军出漳州攻左军屯，大败，死四千人，伤万人。淮军郭松林等率八千人，自江苏来援，围攻漳州；鲍超部将

1865	同治四年	四月二十四日，**僧格林沁败亡**。
1865	同治四年	四月二十五日，赐崇绮、唐景崧、汪鸣銮、吴汝纶进士出身。
1865	同治四年	四月二十九日，僧格林沁阵亡，震惊朝野，命曾国藩赴山东剿捻，李鸿章暂署两江总督。
1865	同治四年	四月二十日，陕甘总督杨岳斌受命赴直隶、山东交界处，围剿捻军。
1865	同治四年	五月初一日，命醇亲王奕譞筹办京城防范事宜，统领京师所有**八旗兵**、**绿营兵**。

娄云庆亦自江西来助战。三月，左宗棠至福州，督部会攻漳州，太平军死伤甚众。三月二十一日（1865年4月16日），大风雨，清军顺风纵火，攻入城内，太平军巷战不支，李世贤弃城走南靖，[illegible]王刘肇钧战殁，戴王黄呈忠下落不明。

僧格林沁败亡 同治四年（1865）初，僧格林沁马队穷追捻军三月余，往返三千里，得力战将多战殁，僧格林沁又不愿别军支援，人困马疲，军多怨言。捻军赖文光认为时机已到，乃令张宗禹、牛洛红、陈大喜、宋景诗等将僧军引至山东曹州府城西之高楼寨，僧急于应战，督兵暴进，入捻军包围圈。四月二十四日（1865年5月18日）三更，僧格林沁乱战突围，至吴家店，从骑半没，僧躲于麦垄深处，为雉河集少年张皮绠砍杀身亡，清廷倚为长城之满蒙精骑遂不复存。清廷将僧配享太庙，谥曰“忠”，光绪亲政，在北京安定门内宽街建专祠，祠曰“显忠”。

1865	同治四年	五月初一日，命李鸿章率淮军由海路赴天津，援助京师防务。
1865	同治四年	五月初四日，**曾国藩钦差剿捻**。
1865	同治四年	五月初四日，新疆阿古柏自喀什进犯叶尔羌。
1865	同治四年	五月初七日，命李鸿章速调洋枪队由海道来天津；命丁日昌率工匠来京制造兵器。
1865	同治四年	五月初九日，曾国藩奏，托词难以迅速北上

八旗兵　清代由旗人组成的军队。努尔哈赤初定，共六万人；皇太极增设蒙古八旗、汉军八旗。清朝统一后，八旗兵分为京营和驻防两类。京营有郎卫、兵卫之别。郎卫侍卫帝室，由上三旗（镶黄、正黄、正白）组成亲军，归领侍卫内大臣统率；兵卫之制，八旗都统直辖者为骁骑营，其余前锋营、护军营、健锐营、火器营、步军营另置总统或统领统率。咸丰十一年（1861），增设神机营，练习新式枪炮。驻防兵分驻各省冲要地点，分由各地的将军、都统等统率。清中期以后，八旗兵极为腐败，战斗力弱。

绿营兵　清代军制，汉兵用绿旗，称绿营兵或绿旗兵。兵种分马兵、步兵，沿江海又设水师。在京师者为巡捕营，隶属步军统领。在各省者有督标（总督统辖）、抚标（巡抚统辖）、提标（提督统辖）、镇标（总兵统辖）、军标（将军统辖）、河标（河道总督统辖）、漕标（漕运总督统辖）。全国绿营兵额在和平时期为六十万上下。

曾国藩钦差剿捻　僧格林沁战

		平捻。
1865	同治四年	五月十三日，川军于甘肃阶州俘启王梁成富，剿平陕西之太平军。
1865	同治四年	五月十五日，李鸿章奏派潘鼎新率淮军自上海乘轮船赴天津平捻。
1865	同治四年	五月十八日，清廷拒绝曾国藩辞却节制直、鲁、豫三省军务之奏请。
1865	同治四年	五月二十一日，任**刘坤一**为江西巡抚。

殁，防捻北上，同治四年四月二十九日（1865年5月23日），谕令曾国藩为剿捻钦差大臣，速往山东。五月初四日（1865年5月28日），又命曾国藩督办直隶、山东、河南三省军务，曾国藩照例推辞一番，诏不允。初七日（1865年5月31日），又谕令李鸿章速派戈登的洋枪队乘轮船到天津，配合曾国藩。五月初九日（1865年6月2日），曾国藩上奏，言湘军兵力不足，兵士不愿北上为由，表示攻捻要靠淮军。五月十八日（1865年6月11日），清廷坚持曾国藩“迅速起程”，往山东剿捻，并饬刘铭传由鲁南鱼台、滕县协助曾国藩。

刘坤一（1830－1902） 字岘庄，湖南新宁人，廪生出生。咸丰五年（1855），率团练在湖南对抗太平军，以后转战江西、湖南、广西。同治元年（1862），升广西布政使；同治四年，任江西巡抚。光绪元年（1875），擢两广总督；光绪五年，调任两江总督。为防沙俄，建议起用亲历戎行、胆识并茂的将军督抚守边。多次强调日本对我之野心。

1865	同治四年	五月二十一日，湘军**襄阳哗变**。
1865	同治四年	五月二十一日，命李鸿章派员在天津开局铸造炸弹。
1865	同治四年	五月二十二日，康王汪海洋自福建入广东，攻占镇平。
1865	同治四年	五月二十五日，张宗禹于亳州大败安徽布政使**英翰**。

光绪十六年，仍授两江总督；次年，受命帮办海军军务。中日甲午战争时，为钦差大臣驻山海关，辽河战败。支持戊戌维新，反对废黜光绪帝。光绪二十六年，与张之洞倡东南互保。有《刘坤一遗集》。

襄阳哗变 同治四年（1865）底，清军于安徽霍山败太平天国陈得才部，湘军蒋凝学部收罗降众，编为步队五营、马队三营。旋陕甘总督杨岳斌奏调蒋部十九营赴甘肃，至湖北襄阳之樊城，会鲍超军哗变，蒋部亦以欠饷未清，请于巡抚郑敦谨，敦谨乃借款资遣八营太平军降众，蒋亦自请回籍养病，诏命给假两月，假满仍赴甘肃。

英翰（1828—1876） 字西林，满洲正红旗人，萨尔图氏，举人出身。咸丰九年（1859），任合肥知县，曾督乡团对抗太平军。咸丰十一年，任宿州知州。同治二年（1863），在雉河集杀害捻首张洛行，旋升颍州知府。次年，赴湖北阻击陈得才太平军，因“请奖冒滥”被降级留任，后任安徽布政使。同治五年，升巡抚；六年，围攻捻军，捻败后加太子少保。同治十年，在亳州杀黑旗军首领宋景诗。同治十三年，任两广总督，在福建晋江俘

1865	同治四年	闰五月初一日，曾国藩在上海设**江南制造局**。
1865	同治四年	闰五月初九日，阿古柏攻占英吉沙，杀汉人二千余。
1865	同治四年	闰五月二十一日，曾国藩奏陈**剿捻方略**。
1865	同治四年	闰五月二十九日，曾国藩到安徽临淮剿捻。
1865	同治四年	六月初三日，曾国藩皖北**雉河集败捻军**。

获太平军辅王杨辅清。光绪二年（1876），任乌鲁木齐都统，不久病死。

江南制造局　正名为“江南机器制造总局”，亦称“上海机器局”。同治四年（1865），李鸿章购买上海虹口美商旗记铁工厂，并入清政府原有的两个洋炮局，又将曾国藩派容闳从美国购来的机器安装在内，建成该局，是清末官办使用机器生产的兵工厂，任用英、美、德技师，主要造枪炮和修造兵轮。不断扩充，至同治六年，迁往高昌庙，成为清廷最大的军事工厂。光绪三十一年（1905），造船部分独立经营，称“江南船坞”，兵工部分仍称制造局。抗日战争时期部分机器内迁，其余为日军拆毁，场地并入江南造船所。

剿捻方略　同治四年闰五月二十一日（1865年7月13日），曾国藩上奏“四镇剿捻方略”：“安徽即以临淮为老营，江苏即以徐州为老营，山东以济宁为老营，河南以周家口为老营。四路各驻大兵，多储粮草、子药，为四省之重镇。一省有急，三省往援……另筹游兵一支，庶几四省有首尾相应之策，而诸军无疲于奔命之虞……自四镇设后，遂变尾追之局为拦头之师，以有定之兵，制

1865	同治四年	六月初三日，阿古柏在新疆英吉沙与库车布格聂丁等激战。
1865	同治四年	六月初七日，宁夏回民义军**马化龙金积堡大败清兵**。
1865	同治四年	六月初十日，上海公共租界工部局设立书信馆。
1865	同治四年	六月十六日，任曾国荃为山西巡抚。

无定之捻”。

雉河集败捻 曾国藩于同治四年闰五月二十九日（1865年7月21日）抵安徽临淮，榜示民圩：一坚壁清野，二分别良莠，三发给执照，四询访英贤。曾以此法隔断捻民联系。六月初，曾国藩调提督黄翼升水师由洪泽湖沿淮河西上，总兵周盛波等军由徐州南下，经宿州援蒙、亳，提督刘铭传部自山东济宁驰回徐州，以拯皖北之危。漕运总督吴棠、河南巡抚吴昌寿、安徽巡抚乔松年亦分别督所部从东、西、南三面推进。捻久攻根据地雉河集不下，面对重兵合围情势，乃分两路撤军，西走河南。

马化龙（？－1871） 宁夏金积堡（今属吴忠）人，其父子皆为西北地区回教白山派教主。同治二年（1863）十月，在金积堡举义，占领附近州县，建王城，自称两河大总戎，对抗清军。同治七年，左宗棠赴西北攻回，刘松山部围金积堡，刘受降时，被马部反对投降者开枪打死，清军大乱，马化龙部反攻。至同治十年，清军占领金积堡，马化龙投

1865	同治四年	六月十六日，阿古柏、布素鲁克大破库车兵，俘布格聂丁。
1865	同治四年	七月初三日，**刺杀李世贤**。
1865	同治四年	七月初九日，因金积堡战败，雷正绾被撤**帮办**军务职。
1865	同治四年	七月十五日，上海英租界**按察使**署（最高法庭）成立。

降，旋被处死。

金积堡大败清兵　同治四年六月初七日（1865年7月29日），清军雷正绾、曹克忠军拟攻金积堡，冒险轻进，为回首马化龙部包抄，清兵大败，总兵周有贵等战殁，正绾军由惠安堡退至韦州，所部零落，军械马匹多失；曹克忠军亦退至中卫县境。正绾自劾，七月初九日（1865年8月29日），诏黜帮办军务，归总督杨岳斌节制。

刺杀李世贤　太平天国幼天王殁后，李秀成弟侍王李世贤实为江南太平军首领。同治四年六月二十八日（1865年8月19日），李辗转至广东镇平汪海洋军中。汪曾擅杀无辜以立自威，恐李世贤治罪，又见军中纷纷向李泣诉汪海洋猜狠之状，乃于本日夜趁李世贤酣睡之后，遣人杀之，并杀李部下多人。汪传示各营，谓世贤已降清，此来欲为内应，不得已而杀之。众人咸知世贤冤，惮不敢言，而心恶汪海洋凶狠肆虐，太平军心已涣散。

帮办　晚清中央及地方都有临时设置的机构，其主管官称督办或总办，副职称会办，资格比会办

1865	同治四年	七月十八日，**阿古柏血洗喀什噶尔汉城**。
1865	同治四年	七月三十日，清军于广东长乐俘太平天国来王陆顺德。
1865	同治四年	七月，英人在北京宣武门外铺设铁路一里许，乃中国第一条铁路。
1865	同治四年	八月初十日，李鸿章奏请于上海虹口建上海机器局，与丁日昌、韩殿甲西洋炮局合并。

略次的称帮办。北洋政府时，亦有此职。

按察使 唐初仿汉刺史制设立，赴各道巡察，考核吏治。宋代为提点刑狱，成后世按察使前身。明清为各省提刑按察使司的长官，主管一省的司法，成为巡抚的属官。清代亦称臬司。上海租界内设按察使署，表明租界内司法由洋人处理，中国政府不得介入。

阿古柏血洗喀什噶尔汉城 同治四年七月十八日（1865年9月7日），阿古柏攻陷新疆喀什噶尔汉城，办事大臣奎英、帮办大臣福凌阿以下四千官兵民被杀，部分士兵及妇女儿童被迫皈依回教。阿古柏放任部下杀掠七日，而绿营守备何步云已先降于阿古柏，并以其女献之。至此，喀什噶尔至英吉沙尔地区，皆陷于阿古柏之手，清廷在新疆塔里木盆地以西以南之军政机构均瓦解。

伊犁哈萨克叛乱 同治四年八月初一日（1865年9月20日），伊犁叛军万余人攻入清军锡伯营；初十日（1865年9月29日），哈萨克叛军又攻入清军索伦营，索伦官兵闻风震动，驰回本营，保护家室，以致大营为之一空。时正当收获之际，伊犁叛军肆意滋扰，将各屯之粮全行焚毁，清军不能

1865	同治四年	八月初十日，**伊犁哈萨克叛乱**。
1865	同治四年	八月十八日，**固原兵变**。
1865	同治四年	八月二十日，伊犁将军明绪派参赞大臣荣全往沙俄借兵及粮食、军火，以平内乱。
1865	同治四年	八月二十七日，法国照会总理衙门望速查办**第一次酉阳教案**。

兼顾。关内援军，又无消息，军饷涓滴未到，四面叛军环逼孤城，官兵裸体枵腹荷戈，岌岌不可终日。

固原兵变 雷正绾兵败被议，其弟副将雷恒、其部将记名提督胡大贵等，声称粮尽饷绝，官逼民变，乃在宁夏固原州哗变。已降回军乘机复反，三占固原州城；金积堡回民亦乘机攻占中卫要隘胜金关，焚关，甘肃提督梁生岳阵亡，守关清军无一生还。胡大贵等旋犯泾州，提督周显承等闭城不纳。胡大贵遂入陕，后被擒。诏不加雷正绾罪，责令重整前军，雷正绾收抚叛部三千人回驻平凉，缚送雷恒等置之法。

第一次酉阳教案 法国天主教川东主教范若瑟在四川彭水支持教徒欺压民众，激起公愤。同治四年（1865）正月，酉阳数百人捣毁教堂，打死教徒何魁。六月底，法国传教士玛弼乐（François Mabileau, 1829—1865）至酉阳“抚慰教民”，因城内公馆尚未赔修，被安置在城隍庙内居住，七月初九日（1865年8月29日），酉阳城民将玛弼乐打伤毙命。八月二十七日（1865年10月16日），法公使伯洛内（Claude Henri Marie. Bellonnet, ？ —1881）照会总理衙门，要求速办此案，并派兵

1865	同治四年	八月三十日，**阻英人入潮州案**。
1865	同治四年	九月初三日，康王汪海洋占广东连平州。
1865	同治四年	九月初七日，张宗禹自河南入湖北襄阳。
1865	同治四年	九月十五日，遵王赖文光率捻军自山东攻徐州。
1865	同治四年	九月二十二日，**文宗奉安**。
1865	同治四年	九月二十四日，荣全到俄乞援被拒。

船入川相威胁，清政府赔银八万两、以冉老五抵命。

阻英人入潮州案　广东潮州府城准英人入城通商之条约，签订已五年，但潮州市民不准英人入城。同治四年八月二十四日（1865年10月13日），英公使向总理衙门抗议；三十日（1865年10月19日）谕派两广总督瑞麟前往处理此事，颁谕之前，惠潮嘉道张铣已约英领事于九月十三日（1865年11月1日）入城。是日，英领事寓居道署，市民包围道署，商人罢市；三日后，英领事在市民肆骂、抛掷砖石中被护送出城。事后，瑞麟和广东巡抚郭嵩焘再三向清廷解释，阻洋人进城已多年，起自何人，无凭查究。

文宗奉安　文宗（咸丰皇帝）于咸丰十一年七月十七日（1861年8月22日）崩于热河避暑山庄烟波致爽殿，葬在河北遵化县定陵。同治四年九月十七日（1865年11月5日），同治帝奉两宫皇太后启銮；十八日（1865年11月6日），驻跸白涧行宫；十九日（1865年11月7日）驻跸隆福寺至二十二日（1865年11月10日）；二十三日（1865年11月11日），回銮，驻跸白涧行宫；二十四日（1865年

1865	同治四年	十月初三日，命**徐继畬**在总理各国事务衙门行走。
1865	同治四年	十月十二日，赖文光、任柱与张宗禹在河南扶沟会合。
1865	同治四年	十月十七日，赖文光、张宗禹再次分兵。
1865	同治四年	十月二十五日，英新任驻华公使**阿礼国**到任。

11月12日），驻跸烟郊行宫；二十五日（1865年11月13日），同治帝及两宫皇太后还宫。

徐继畬（1795－1873） 字健男，号牧田，又号松龛，山西五台人，道光进士。道光二十六年（1846），授广西巡抚，后迁福建巡抚兼署闽浙总督。咸丰元年（1851），任太仆寺少卿；次年，赴山西督办团练，防堵太平军；同治四年（1856），在总理各国事务衙门行走；同治五年，授太仆寺卿，寻任京师同文馆大臣。著有叙述外国历史地理的《瀛环志略》，道光二十八年刊行。有《退密斋诗文集》。

阿礼国（Sir Rutherford Alcock, 1809－1897） 英国外交官。道光二十四年（1844），任英驻厦门领事；次年，调驻福州领事；二十六年起，任驻上海领事，迫上海道台将英租界由八百三十亩扩大至二千八百二十亩。咸丰三年（1853），参与签订“上海海关协议”，由英、意、法控制上海关税；协助镇压上海小刀会起义，策划在租界成立工部局，扩大租界特权。咸丰四年，调任广州领事，挑起第二次鸦片战争；后在日本任职。同治四年至十年

1866	同治四年	十二月十四日，清廷将瞻对上中下三处赏给达赖喇嘛。
1866	同治四年	十二月十五日，西安将军都兴阿入宁夏，杀回民义军首领，纵兵杀掠。
1866	同治四年	十二月十六日，康王**汪海洋伤卒**，偕王**谭体元**代领其兵。
1866	同治四年	十二月十九日，再命瑞麟往潮州处理阻止英

赖部遂入黄安，在黄陂、黄州、孝感方圆五百里内活动，威胁武昌。

汪海洋伤卒　太平天国侍王李世贤被康王汪海洋谋杀后，来王陆顺德为部下执送清营，闽、粤之太平军遂归汪海洋统领。同治四年（1865）九月上旬，太平军在广东镇平、嘉应州一带屡败清军，但终无大举反攻之力。十二月十二日（1866年1月28日），清军于嘉应州大败太平军，李世贤部下乘作战之机，以枪击汪海洋，中其颅；十六日（1866年2月1日），伤创而死。

谭体元（1836—1866）　广西象山人，参加太平军隶石达开部下，随石达开出走。咸丰十年（1860），返回，合汪海洋部入江西，复东投李世贤，后封偕王。天京陷落后，护幼天王走浙江，入江西，投汪海洋。同治四年（1865），在广东转战，汪海洋死后，他代领其众；十二月下旬，弃嘉应州至黄沙嶂迷路，作战力竭坠崖，被执死难。

扫清江南太平军　同治四年十二月十六日（1866年2月1日），汪海洋死后，太平军余部由偕王谭体元代领；二十二日（1866年2月7日），谭弃嘉应州，鲍超、刘典军即复州城，追击太平军至丰顺县北溪村，谭部辎重尽失，军饥无所得

		人入城一案。
1866	同治四年	十二月二十二日，左宗棠**扫清江南太平军**。
1866	同治四年	十二月二十五日，盛京将军恩合剿办**马贼**不利。
1866	同治四年	十二月，英人呤唎著《**太平天国革命亲历记**》成书于伦敦。

食，无路可退，谭体元被执死，清军俘太平军将领七百三十四人皆斩之，阵杀士兵一万六千人。至此，江南太平军覆没。

马贼　东北辽宁马傻子纠众反清，提出“杀恩合（盛京将军）、坐盛京（今沈阳）”的口号，清官方称其为“马贼”。同治四年（1865）十月底，马傻子率部由辽阳州进抵奉天省城（今沈阳）南之王大人屯，大败清军，遂入省城，劫狱放囚，杀逐官吏。尔后撤出省城，进入新民厅，清廷调马队、神机营、洋枪队等围堵。马傻子等所部四五千人再犯朝阳，合另一股马贼于十一月二十六日（1866年1月12日）取昌图厅。十二月初七日（1866年1月23日），盛京承德县等三百余名囚犯越狱，恩合捕杀二百名，余都投马贼。清军围剿，马傻子等入松嫩平原，过松花江，十二月二十九日（1866年2月14日），袭取伯都讷，将官吏缚车上，劫狱开库。因恩合剿办马贼不利，被革职，由西安将军都兴阿接任。

太平天国革命亲历记　本书原名为《太平天国：太平天国革命的历史、包括作者亲身经历的叙述》（Ti-Ping Tien Kwoh: The History of the Ti-ping Revolution, including A Narrative of the

1865	同治四年	**汇丰银行**在上海成立。
1865	同治四年	李鸿章于南京设**金陵机器制造局**。
1865	同治四年	英国人杜德（John Dodd）在台湾淡水鼓励种茶，自是台湾茶业大兴。
1865	同治四年	伦敦长老会派牧师至台湾府传教。

Author's Personal Adventures. London, Day & Sons, 1866），英人呤唎著，1866年（同治四年十二月），由伦敦Day & Sons出版公司发行。作者称系受太平天国领导人的嘱托而写，对太平军之作战、阵法、婚姻、税收、法庭等方面及太平天国的人物群像，均有记载，并录有英国官方文件，以与亲身经历见闻互相印证，但富于传奇色彩，史实记述有不实之处。

汇丰银行（Hongkong & Shanghai Banking Corporation） 亦称“香港上海银行”。同治三年（1864），在香港设总行；次年营业，并设分行于上海，由在华之太古、旗昌、沙逊、禅臣等十大洋行中英、美、德等国商人共同发起，后逐渐成英国银行。额定资本为五百万港元，本年吸收存款即达三百余万港元。伦敦委员会是其最高决策机构。该行在中国经营范围极广，如汇兑、存款、贷款及发行货币等，并在中国其它城市及日本、东南亚等地设分支机构，成为在华最大外国银行。

金陵机器制造局 李鸿章于同治元年（1862）在松江设立弹药厂；次年，迁苏州。同治四年，李任两江总督，迁南京雨花台，称“金陵机器制造局”，由英国人马格里掌握实权，制造西洋武

1865	同治四年	英国传教士**傅兰雅**任上海新创办之英华书馆校长。
1866	同治五年	正月初六日，总理衙门据赫德建议，奏请准前山西知县**斌椿**率官生赴外国游历。
1866	同治五年	正月二十二日，新疆**叛军攻陷伊犁**。

器，在中法战争和中日甲午战争后都曾扩建。1928年（民国十七年），被并入上海兵工厂，改称“上海兵工厂金陵分厂”；次年，又改称“金陵兵工厂”。

傅兰雅（John Fryer，1839—1928）　英国传教士。咸丰十一年（1861），被英国圣公会派至香港担任圣保罗书院校长。同治二年（1863），清政府聘其为北京同文馆英文教习。同治四年，受上海教会召请出任英华学堂校长。同治七年，受聘为上海江南制造局编译，达二十八年之久，翻译英文原著一百四十三种，是在华传教士翻译西方科学技术著作最多的一人。晚年任美国加利福尼亚大学中国学教授，卒于美国。

斌椿　前任山西襄陵县知县，时年六十三岁，系内务府正白旗汉军善禄管领下人，因病呈请回旗。同治三年（1864）五月，经赫德延请办理文案，襄办年余，深得信任。同治五年正月初六日（1866年2月20日），恭亲王奕䜣奏请，赏斌椿三品衔，作为总理衙门之副总办官，率其在总理衙门任笔帖式之子，并考取八九品官之同文馆学生，与赫德一同赴美，由赫德先垫川资，回国后由总理衙门照数发给。获准。

叛军攻陷伊犁　叛军缠回围困伊犁日久，城内军民饿冻而毙者难以数计，岌岌孤城，危在旦夕。

1866	同治五年	正月二十四日，新疆叛军攻占绥定城伊犁将军衙门。
1866	同治五年	正月二十六日，**曾国荃复出**。
1866	同治五年	正月二十八日，刘铭传于湖北黄陂大败赖文光，赖回河南。
1866	同治五年	正月，**马贼连克吉林数城**。
1866	同治五年	二月初一日，左宗棠奏，为预备北上剿捻，请缓撤江闽各军。
1866	同治五年	二月初三日，命潮州人丁日昌赴广东处理英人入潮州事件。

同治五年正月二十二日（1866年3月8日），缠回以地道破城，前任将军常清、叶尔羌参赞大臣额腾额、巴彦岱领队大臣富勒敦泰、锡伯营领队大臣乌勒德春、绥定城总兵沈玉桂等均死之。将军明绪退守绥定城衙门。二十四日（1866年3月10日），城陷，明绪、领队大臣崇熙以下官民数万均死之，伊犁、绥定、广仁、瞻德、塔尔奇四城相继降于缠回。惟拱宸坚守。四月，粮尽而陷，兵民被屠。伊犁河谷于此后十七年中不复有清军。

曾国荃复出　曾国荃自攻克金陵，散伍归农，养病湘乡，为避清廷猜忌，已历一年半。前命为山西巡抚，未赴任，因捻军未剿，清廷于同治五年正月二十六日（1866年3月12日）调其为湖北巡抚，促彼募旧部赴鄂剿捻。

马贼连克吉林数城　同治五年正月初五日（1866年2月19日），马贼扑向吉林双城堡，击溃清军，

1866	同治五年	二月初七日，新疆叛军阿浑伊玛母及哈萨克叛军攻陷塔尔巴哈台军盘。
1866	同治五年	二月初七日，赫德及斌椿率同文馆学生自上海赴欧洲。
1866	同治五年	二月初八日，曾国藩奏结微山、昭阳两**湖团讼案**。
1866	同治五年	二月十二日，英船到朝鲜通商被拒绝。
1866	同治五年	二月十九日，曾国藩自徐州抵山东济宁。
1866	同治五年	二月二十三日，张宗禹自河南入山东。

踞城十余日，焚署劫狱，未扰百姓。初九日（1866年2月23日），数千马贼自双城围攻阿勒楚喀城，清兵无斗志，城遂下。又连克拉林、五常。另一股马贼由奉天（今沈阳）围场奔吉林，省城震动，商人歇业。王起、马傻子率五千人攻占省城北门，将军德英死守，相持中，马傻子未及纠合各股，即匆忙强攻吉林城，两度为清军所败。王起身死，马贼复分散，黄、黑两旗攻热河，马傻子等率红、白等旗南渡松花江，逼长春。

湖团讼案　咸丰年间，黄河泛滥，山东曹州之民避水南徙，占据江苏徐州府属铜山、沛县境内微山、昭阳两湖干涸露地之区，后来者络绎不绝，众至数万，占田浸广，地方官乃按亩征税充饷，号曰“湖团”。和当地居民屡有争讼械斗之案，该地为捻军重点活动地区，曾国藩为攻捻，乃勒令与捻关系较深之王、刁两

1866	同治五年	二月二十六日，**左郭龃龉**。
1866	同治五年	二月二十七日，英使阿礼国照会总理衙门，建议废止**凌迟**。
1866	同治五年	三月初六日，张宗禹于山东郓城败淮军潘鼎新、李昭庆。
1866	同治五年	三月十五日，赖文光、任桂自河南兰考入山东曹州，与张宗禹会合。
1866	同治五年	三月十六日，清廷批准总理衙门奏，外国人

湖团全数返回山东原籍，所余六团约六万多人准其留居徐州境内，以断与捻联系。

左郭龃龉　左宗棠、郭嵩焘均湖南湘阴人，相交几三十年，前左构陷湖南，郭曾力救之。郭经曾国藩举荐，署广东巡抚近三年。时左任闽浙总督，兼领赣、闽、粤三省军务，以郭不能筹饷，四疏参奏，最后一折专劾其潮州厘务，表示郭“厘务捐办理不善，不问可知”，建议以蒋益澧代郭为广东巡抚，清廷允准，以蒋代郭。郭不但指左言诬，并论其心太酷，而后朋友之义亦绝。后左授两江总督，赴任前回湘探亲，曾主动登门拜访郭，然郭终不免耿耿于怀，认为左忘恩负义。曾国藩兄弟等颇袒护郭嵩焘。

凌迟　亦称脔割、剐、寸磔，即用刀将活人肉一块一块从骨头上割光。成为死刑始于五代，宋代应用渐多，元、明、清载于法典刑律，专以对付谋反大逆、政敌等“罪在十恶”之人，无非使受刑人死得更痛苦不堪，是谓“肌肉已尽而气息未绝，肝心联络而视听犹存”，以凶暴来震

		所交人犯不用凌迟，至斩决为止。
1866	同治五年	三月二十一日，宁夏**马化龙投诚**。
1866	同治五年	三月二十五日，斌椿到巴黎。
1866	同治五年	三月二十七日，刘铭传、潘鼎新等于山东**荷泽连败赖、张**。
1866	同治五年	三月二十九日，命李鸿藻在军机大臣上行走。
1866	同治五年	春，英美通过《**上海公共租界地皮章程**》。

慑人心。凌迟时割三千六百刀，十刀一歇一喝，每刀割肉如大指甲片，三日割完。光绪三十一年（1905），据沈家本奏请，废止。

马化龙投诚 宁夏回首马化龙投诚，同治五年三月二十一日（1866年5月5日）诏准，并命赴各路开导回民，立功自赎。旋宁夏将军穆图善派兵进驻灵州城，委知县尹泗代理知州。马化龙捐助清军大批粮饷、米面，且改名马朝清，以示忠心，永不再反，此为马化龙第三次受抚。然回军之健马、良械并未上缴，堡垒山寨亦仍由回军占据。

荷泽连败赖、张 同治五年（1866）三月中旬，捻军赖文光部自兰封、考城入山东曹州，北走开州；时张宗禹已于上月入山东，于郓城败按察使潘鼎新及淮军李昭庆，得炸炮、洋枪。赖张会合。淮军刘铭传、潘鼎新等于山东巨野、荷泽连败赖、张，捻军复分为二，去河南归德。

上海公共租界地皮章程 亦作《上海洋泾滨北首租界章程》，乃继咸丰四年（1854）土地章程后所作之一次大修改，成为此后

1866	同治五年	四月初三日，**马傻子被杀**。
1866	同治五年	四月初五日，斌椿到伦敦。
1866	同治五年	四月初七日，曾国藩**运河堵捻**。
1866	同治五年	四月二十日，英舰往朝鲜，强迫通商。
1866	同治五年	四月二十三日，法国政府派特拉格来（Doudart de Lagrée, ？ — 1868）、安邺自越南西贡北上探湄公江路，为侵略越南作准备。
1866	同治五年	四月二十六日，总兵萧德扬肃清陕西汧陇之

工部局统治租界之法律依据。其主要内容为：扩大租地人会议为纳税西人会，使之成为洋泾滨北首外国租界主要议决机构。赋予工部局更大权力。法国租界未参加，而单独公布《上海法租界公董局组织章程》。上述两章程均未经清廷或两江总督批准，亦未与上海道台协商，有损中国主权。

马傻子被杀　同治五年二月初四日（1866年3月20日），马傻子所部于中阳堡与清军激战；次日，再战朝阳坡；是夜，于新河口战斗，马贼损伤惨重，落水淹毙者不计其数，余部以车辆骡马填河而逃，存者仅十之二三。清军参战者为京营精锐马队及洋枪队。马傻子在开原、铁岭、朝阳复败于清军，向文祥部乞降，于四月初三日（1866年5月16日）被杀。南路马贼三月于牛庄失败，马傻子起义覆亡。

运河堵捻　同治五年四月初七日（1866年5月20日），曾国藩会同山东巡抚阎敬铭由济宁沿运河北上，至黄河北岸之张秋镇止，

		回民义军。
1866	同治五年	春，福建**斋教起义**。
1866	同治五年	五月初四日，俄使强迫欲在中国黑龙江内地通商，清廷命做好军事准备。
1866	同治五年	五月初八日，赖文光、任柱入徐州，与张宗禹会合，旋分兵。
1866	同治五年	五月十七日，以伊犁为叛军所占，命西安将军库克吉泰督办新疆北路军务，德兴阿帮办，**荣全**署伊犁**将军**。

查勘运河，拟于沿河增筑高墙深濠，沙地民圩酌立木栅，以为阻截之界，防捻再次东渡运河。初九日（1866年5月22日），曾、阎于申家口运河舟中会直隶总督刘长佑，商议分段扼守运河之策。

斋教起义　斋教亦称老官斋教，为白莲教一支派，崇奉弥勒佛，以“天国普有”为宗旨，自明朝起即在闽、浙、苏、湘、黔等省流传。同治五年（1866）二月，斋教在福建崇安起义，旋占崇安、建阳，活动在武夷山地区，首领为陈顺光、杨维忠、安亲德等，参加者多为当地农民及茶农，头裹白巾、红巾和绿巾，口号为“戒杀、放生、消灾、避劫”。闽浙总督左宗棠调兵围攻，斋教军失败，退至江西上饶、铅山境内，陈顺光被俘就义，起义军千余被杀，此次起义仅数十日即失败。

荣全（？—1879）　满洲正黄旗人，关佳氏。咸丰元年（1851），袭一等威勇侯爵。十一年后，任塔尔巴哈台领队大臣、伊犁参赞

1866	同治五年	五月二十六日，汕头英领事至潮州，**潮州进城问题解决**。
1866	同治五年	五月二十九日，法国照会总理衙门，称南京、安庆教士被虐，威胁将派兵舰保护。
1866	同治五年	五月，左宗棠奏请于福建设**船政学堂**。
1866	同治五年	六月初三日，准左宗棠奏，设**福州船厂**，试

大臣等职，奉命与沙俄会商，签订《中俄勘分西北界约记》。同治五年（1866），任镶红旗蒙古副都统兼署伊犁将军。次年，调任乌里雅苏台参赞大臣。同治八年，签订《乌里雅苏台界约》。同治十三年，击败白彦虎。光绪二年（1876），因功入京升护军统领、右翼前锋统领等职。

将军　清代将军有三种：一为宗室爵号之一，如镇国将军、辅国将军等。二为驻防各地的八旗最高长官，专由满族人充任；内地各省将军掌驻防军事及旗籍民事；边疆地区的将军即为全区的最高军事和行政长官。光绪年间，新疆与东三省先后建省，设总督、巡抚，始有改变。三为临时出征的统帅，如扬威将军、靖逆将军。

潮州进城问题解决　同治四年（1865），潮州市民阻英人入城。后丁日昌请李鸿章转奏条陈潮州交涉洋务事宜，建议三条：一、立威宜留余地，督臣不必亲往，只须传潮州得力绅士到省开导即可；二、劝谕宜曲通民志也；三、绅士宜德才并用也。清廷认为“立论俱切中机要”。派广东布政使李福泰及前任潮阳知县冒澄说服潮州绅民，并于潮州城内设十三局以约束市民。同治

		造轮船。
1866	同治五年	六月初三日，法照会总理衙门，称朝鲜杀害法国教士，以派兵问罪相胁，清廷答应查询。
1866	同治五年	六月初七日，汕头英领事离潮州。
1866	同治五年	六月初十日，巴里坤总兵何琯、哈密帮办大臣亲王伯锡尔大败叛军，收复哈密。

五年五月二十六日（1866年7月8日），英驻汕头领事入潮州城，英人入潮州问题得以解决。

船政学堂 亦称“求是堂艺局”，中国最早的海军学校。同治五年五月十三日（1866年6月25日），清廷批准闽浙总督左宗棠奏请，在福州创办，为福州船政局的一部分。招收十六岁以下学生，分前学堂（造船班）、后学堂（驾驶班），教育体制悉按英、法海军学校成规，由英、法教员主持。学习期限五年，毕业后授以水师官职或派充监工、船主。光绪二年（1876），沈葆桢、李鸿章奏准选派船政学堂学生赴英、法留学，乃我国第一批海军留学生。1913年（民国二年），前学堂改为福州海军制造学校，后学堂改为海军学校。

福州船厂 亦称福州船政局、马尾船政局。同治五年六月初三日（1866年7月14日），清廷批准左宗棠奏请，在福州马尾建船厂，是清政府经营的最大新式船厂。初期由法人日意格和德克碑经办，分任正、副监督，总揽一切船政事务，并雇用几十名法国技师和工头，经费由闽海关拨给。船厂主要由铁厂、船厂和学堂组织。中法战争中，船厂遭到严重破坏，从同治五年到光绪三十三

1866	同治五年	六月十四日，法国照会总理衙门，以各地教案迁延未办为由，要求罢骆秉章、李鸿章职。
1866	同治五年	六月十五日，曾国藩由济宁拨舟南下，阅勘桃源、宿迁一带运河堤墙。
1866	同治五年	六月二十二日，以**贝勒奕劻**为镶黄旗汉军**都统**。
1866	同治五年	六月二十二日，乌里雅苏台将军明谊因病解职，调绥远城将军德勒克多尔济接任。
1866	同治五年	七月初八日，**上谕**准广东巡抚蒋益澧奏，在沿海各省建铁厂，造轮船，令左宗棠筹办。

年（1866—1907），共造船四十艘。民国时期，改称“海军造船所”。

亲王 爵位名。清代宗室封爵第一级称和硕亲王，主要用以封皇子，蒙古贵族亦有封亲王者。

贝勒 爵位名，满语。原为满族贵族的称号，复数为“贝子”。后以贝勒、贝子为清代宗室封爵的两个等级，贝勒为第三级，称“多罗贝勒”。

奕劻（1836—1918） 爱新觉罗氏，乾隆帝第十七子永璘之孙。光绪十年（1884），任总理各国事务大臣。光绪二十年，封庆亲王。光绪二十六年，八国联军侵入北京，慈禧西逃，他留北京，与李鸿章同任全权大臣；次年，签订《辛丑条约》。改总理衙门为外务部，任总理大臣。光绪二十九年，任军机大臣；光绪三十三年，兼管陆军部。宣统三年（1911），任内阁总理大臣。为人贪鄙昏庸，结私揽权。曾深得慈

1866	同治五年	七月初十日，日意格到福州，与左宗棠议建船厂事。
1866	同治五年	七月十一日，斌椿自法国马赛回国。
1866	同治五年	七月十六日，曾国藩抵安徽临淮驻营。
1866	同治五年	七月十九日，法使伯洛内以教案未办为由，威胁对华用兵。
1866	同治五年	七月二十四日，美船到朝鲜平洋河强行通商，被朝击退。
1866	同治五年	七月二十七日，命湖北巡抚曾国荃帮办钦差大臣官文军务。

禧信任，他与袁世凯相互勾结利用。清帝退位后在天津病死。

都统 清代八旗组织中每旗的最高长官。八旗制度，每旗置“固山额真”一人，左、右“梅勒额真”（后改为“梅勒章京”）各一人。顺治十七年（1660），定“固山额真”汉名为“都统”。定“梅勒章京”汉名为“副都统”。清在各省建置驻防八旗，设将军或都统为长官，二者不并置，凡设将军，下置副都统。还有的地区，都统即为最高行政长官，如热河都统、察哈尔都统。

上谕 亦称“谕旨”、“圣旨”，清代特有的皇帝专用之命令文书。“谕”是指皇帝主动颁发的指示性命令，“旨”是皇帝根据大臣的奏请而颁发的答复性指示，但清代并无严格区别，上谕适用这两种情况，成为以皇帝名义颁发日常政令的基本形式。雍正年间，设军机处后，上谕由军机处官员撰拟，经皇帝同意，

1866	同治五年	八月初二日，**乔松年**为陕西巡抚，英翰为安徽巡抚。
1866	同治五年	八月初三日，张宗禹、赖文光、任柱会合于河南禹州。
1866	同治五年	八月初九日，**曾国藩防河战略失败**。
1866	同治五年	八月十二日，贵州苗民义军于水城厅向清廷

传达下去。

乔松年（1815－1875）　字健侯，号鹤侪，山西徐沟人，道光进士。咸丰三年（1853），任江苏松江、苏州知府，镇压太平军。咸丰九年，任两淮盐运使，兼办江北粮台；次年，督办江南江北粮台。同治二年（1863），任江宁布政使，旋授安徽巡抚，在皖北同太平军、捻军作战。同治五年，调任陕西巡抚，在灞桥败于张宗禹。同治七年，因病回籍；九年，任仓场侍郎；次年，任东河河道总督。

曾国藩防河战略失败　同治五年（1866）四月，张宗禹由鲁南进逼徐州，东走宿迁，扑攻运河堤防失败，西北走徐州。五月，赖文光部由豫东入徐州境，与张宗禹会合。旋，张西走，赖南走。曾国藩时由济宁南下，于八月初九日（1866年9月17日），抵河南周家口，实施其防河剿捻计划。数月中，清军虽有小胜，然终未给捻以大杀伤。八月初三日（1866年9月11日），张、赖会合于河南禹州，合兵东趋，至十六日（1866年9月24日），冲破封锁，四天后，再由河南兰封、考城（今合为兰考县）入山东曹县、荷泽境，扑山东运河堤墙，曾国藩防河战略失败。

左宗棠任陕甘总督　左宗棠曾荐杨岳斌“才堪督抚”，清廷遂令

		归降。
1866	同治五年	八月十六日，赖文光、张宗禹、任柱破开封卫河堤，经陈留东走。
1866	同治五年	八月十七日，**左宗棠任陕甘总督**，瑞麟为两广总督，**张之万**为**漕运总督**。

杨为陕甘总督，然陕甘回军愈炽，杨“人地不甚相宜，办理未能有效”。同治五年七月二十日（1866年8月29日），杨进至通渭，督剿陕甘间回军，平凉回军闻清军进迫，乃退出张家川，平凉一带回势稍弱，然于大局无补。杨劳师日久而功微，早为清廷不满，七月二十二日（1866年8月31日），曾因事被革职留任，降为三品顶带。八月十七日（1866年9月25日），以病为由，将杨免职，谕左宗棠代杨岳斌为陕甘总督。

张之万（1811－1897） 字子青，直隶南皮人，道光进士。咸丰二年（1852），任河南学政，累迁内阁学士。同治元年（1862），擢礼部侍郎，兼署工部，参与编纂历代垂帘听政可法戒者之《治平宝鉴》，以讨好慈禧。后任河南巡抚督师剿捻。同治四年，迁河道总督；次年，任漕运总督，固守苏北里下河，防堵捻军。同治九年后，任江苏巡抚，迁浙闽总督。光绪八年（1882），任兵部尚书，调刑部；光绪十年，任军机大臣。

漕运总督 官名。明代始设，驻淮安，管理漕粮的取齐、上缴和监押运输，兼巡抚安徽凤阳等处。清代相沿明制，以便督促江南各省通过运河向京城输送粮食，所属有督粮道、管粮同知、通判等官。咸丰十年（1860），

1866	同治五年	八月二十日，赖文光、张宗禹由河南兰考入山东曹县、荷泽。
1866	同治五年	八月二十日，总理衙门拒绝法国照会，不准外国轮船在中国内河航行。
1866	同治五年	八月二十三日，曾国藩奏请令李鸿章往徐州，曾国荃往襄阳，围剿捻军。
1866	同治五年	八月二十四日，从郭嵩焘请，聘**邹伯奇**、**李**

令节制江北镇道各官。光绪三十年（1904），因河运已废，改为江淮巡抚。

邹伯奇（1819—1869）　字一鹗，又字特夫、征君。广东南海人。通晓天文、数学、物理、地理、仪器制造等学问，曾任上海机器制造局附设书院教习。将数学应用于实际，总结我国有关几何光学方面的经验，发展了沈括在《梦溪笔谈》中"格术"的理论，写成比较完整的几何光学著作《格术补》；并用数学方法表述了关于反射镜、透镜及眼镜、望远镜、显微镜的原理；还著有《甲宣恒星表》、《赤道星图黄道星图》等。尤其创造了摄影器，留下了自己久未脱色的照片，与欧洲发明银版照相几乎同时。还设计了"七政仪"等天文仪器。有《邹征君遗书》传世。

李善兰（1813—1884）　字壬叔，号秋纫，浙江海宁人。少学数学，用力尤深，自谓"精到处不让西人"。后居上海，与英人伟烈亚力（Alexander Wylie, 1815—1887）合译《几何原本》后九卷，他对尖锥求积术、三角函数与对数的幂级数展开式、高阶等差级数求和等，皆有研究，其尖锥求积术已有初步的积分思想。同治七年（1868），任同文

		善兰于同文馆教算学。
1866	同治五年	八月二十五日，严缉白莲教首**杨文政**。
1866	同治五年	八月二十八日，令崇厚筹办**天津机器局**。
1866	同治五年	九月初一日，张宗禹、赖文光、任柱攻山东运河堤墙失利，折而西走。
1866	同治五年	九月初四日，七艘**法兵舰进攻朝鲜**。

馆算学总教习。著有《则古昔斋算学》十三种二十四卷等。所译《谈天》正确介绍了哥白尼学说。

杨文政 系白莲教首。杨文政传习白莲教时，分往各省集合部下暗中潜入京城会合，希图起事。杨又冒充钦差职官在湖北活动，被当阳知县抓获，致事泄失败。

天津机器局 全称“天津机器制造局”，清政府经营的近代军用企业。同治六年（1867），三口通商大臣崇厚奉命在天津创办，由英商兼充丹麦领事密妥士（John Armstrong Taylor Meadows, 1817—1875）筹办，主要技师系英人，规模仅次于江南制造局。同治九年，天津教案后，由直隶总督李鸿章接办，始称“天津机器制造局”。分东、西两局，东局以制造火药、枪炮、子弹和水雷为主；西局以制造军需器具、物资和开花子弹为主。此外，东局还附设有水师、水雷、电报学堂。光绪十九年（1893），又建炼钢厂。光绪二十一年，改称“北洋机器制造局”，光绪二十六年，遭八国联军焚毁。

法兵舰进攻朝鲜 朝鲜国王李熙年幼，其生父大院君执国政，恶西教，下令严禁，虐待天主教徒。同治五年六月初三日（1866

1866	同治五年	九月初九日，**李鸿章北上剿捻**。
1866	同治五年	九月十二日，捻军在河南陈留分为赖文光之东捻与张宗禹之西捻。
1866	同治五年	九月十八日，**斌椿使欧**抵京。
1866	同治五年	九月十八日，曾国藩命刘铭传、潘鼎新、刘秉璋、刘松山剿西捻。

年7月14日），法驻华公使以朝鲜杀害法国传教士十一人，照会总理衙门，派兵舰相威胁。九月初四日（1866年10月12日），法兵舰七艘破江华岛，入汉江，抵汉城，毁一炮台而去。旋法使将对朝用兵事通知总理衙门。总理衙门再劝法勿对朝用兵，法谓中国包庇朝鲜。十月，法舰再抵江华岛，攻陷其城，掠银十九万法郎，朝鲜募猎虎手八百名袭之，乃遁。恭亲王奕䜣令朝鲜国王自行与法妥定章程。

李鸿章北上剿捻　同治五年八月二十九日（1866年10月7日），清廷以捻军东入山东，曾国藩驻周口，距济宁、徐州较远，难以兼顾为由，命李鸿章迅赴徐州，就近调度湘淮各军，保卫淮徐以东各路。九月初九日（1866年10月17日），李鸿章自金陵抵徐州。时赖文光东北走，是为东捻；张宗禹西南走，是为西捻。自此二捻再未会合。李鸿章令刘铭传、潘鼎新截击西捻，张走荷泽，从曹县入河南考城；张谋决黄河，为宋庆率豫军及水师却之。

斌椿使欧　斌椿一行，于同治五年三月十八日（1866年5月2日），抵法国马赛港；四月初三日（1866年5月16日），离法；初四日（1866年5月17日），抵英国；五

1866	同治五年	九月二十七日，总理衙门照会法国，劝其勿对朝鲜用兵。
1866	同治五年	九月，李善兰撰《**重学·自序**》。
1866	同治五年	十月初三日，张宗禹**率西捻入陕西**华阴县。
1866	同治五年	十月十二日，法军退出朝鲜江华府，兵舰离去。

月十二日（1866年6月24日），离英；又相继至荷兰、汉堡、丹麦、瑞典、芬兰、俄国、普鲁士、汉诺威、比利时，至六月二十二日（1866年8月2日），返法；七月初十日（1866年8月19日），离马赛港回国。著有《乘槎笔记》，写在欧见闻近二万字，对外国无深切了解，多记海程及宴会，但也写了西洋机器等科技成就。李善兰为该书作“序”。

重学·自序　李善兰于咸丰初年在上海译欧几里得之《几何原本》及英国物理学家惠威尔之《重学》（物理学），雕版印刷后，毁于战火。李鸿章署两江总督，出资为之重刻，至是成。李善兰于自序中云：“异日人人习算，制器日精，以感海外各国，令震慑，奉朝贡，则是书之刻，其功岂浅鲜哉！”

西捻入陕西　张宗禹率西捻由许州掠洛阳走陕州（今三门峡市）。同治五年（1866）九月底，渡河入晋，为山西按察使陈湜所阻，乃西走阌乡（今属灵宝市），于十月初三日（1866年11月9日）入陕西华阴境。浙江提督鲍超等督军追至洛阳，以张宗禹等已入陕，未及接仗即折回。督办陕西军务，原湘军将领刘蓉大不悦，致书曾国藩曰：“鲍军无意西来，所

1866	同治五年	十月十三日，沈葆桢总司福建船政事务。
1866	同治五年	十月十三日，曾国藩以患病及剿捻无效为由，请辞一切封爵职务。
1866	同治五年	十月十六日，命汪元方在军机大臣上行走。
1866	同治五年	十月二十日，准曾国藩一个月假，李鸿章代管湘淮军剿捻。
1866	同治五年	十月二十五日，法照会总理衙门，威胁派兵舰入川催办酉阳教案。
1866	同治五年	十月二十六日，**刘铭传大败赖文光**。
1866	同治五年	十月三十日，曾国藩于河南陈州围堵赖文光。
1866	同治五年	十月，**"黄崖事变"**结束。

过又多残暴，诚不愿其复至……请改派刘廉访（秉璋）、杨（鼎勋）、刘两镇之军"入陕。

刘铭传大败赖文光 赖文光率东捻抵山东嘉祥、郓城，猛攻运河堤墙，图东渡，为刘铭传、潘鼎新军所败，东南走，复为刘铭传、张树珊军破于江苏丰县，赖文光乃东走沛县湖团，旋又入山东。同治五年十月二十六日（1866年12月2日），刘铭传等破东捻后，赖文光等遂南走河南，攻归德府，越三日，赖文光等自太康进抵陈州，曾国藩周家口行营戒严，调亲军出队堵截。

黄崖事变 咸丰六年（1856），太谷学派学者江苏仪征人张积中，以扬州战乱，江北大营骚乱

1866	同治五年	十一月初一日，曾国藩仍任两江总督，李鸿章为剿捻钦差。
1866	同治五年	十一月初五日，准恭亲王奕䜣奏，于同文馆添设天文算学馆。
1866	同治五年	十一月初七日，总理衙门令赫德拨银八万两为天津机器局购买机器。
1866	同治五年	十一月初八日，西捻张宗禹逼近西安，复经蓝田往渭南。
1866	同治五年	十一月初九日，新疆叛军复陷哈密，俘札萨克郡王伯锡尔。
1866	同治五年	十一月初十日，总理衙门令赫德拨款为**神机营**购买洋枪。

不堪，携眷北上，避居肥城、长清间之黄崖山，讲学授徒，从者甚众。咸丰十一年，逃难山中之民众达八千余家。张积中命其徒购置武器，修筑山寨，引起清吏怀疑。山东巡抚阎敬铭命张积中“出山投案对质”，张恐地方官加害，拒绝出山，阎派大军万余包围山寨，张率全寨顽强抵抗。同治五年（1866）十月，清军攻破山寨，寨中人员全体死难。

神机营　清代禁卫军之一。设于咸丰十一年（1861），由署步军统领文祥创立，使用新式洋枪，守卫紫禁城及离宫，并扈从皇帝巡行，选八旗满洲、蒙古、汉军及前锋、护军、步军、火器、健锐诸营精锐为营兵。其后逐渐腐

1866	同治五年	十一月十四日，恭亲王奕䜣奏，令朝鲜自行与法妥定章程。
1866	同治五年	十一月十六日，东捻赖文光自河南入湖北麻城。
1866	同治五年	十一月二十二日，曾国荃奏参湖广总督官文贪庸跻蹇，清廷撤官文职，以谭廷襄接任。
1866	同治五年	十一月二十三日，李鸿章在徐州接任剿捻钦差大臣。
1866	同治五年	十一月二十四日，以日意格、德克碑为福建船政局正副监督，**沈葆桢**专心经理。

败，遂废。

沈葆桢（1820—1879） 字幼丹，福建侯官（今闽侯）人，道光进士。咸丰五年底（1856），任江西九江知府，随曾国藩管营务；次年，署广信知府，同太平军作战。十一年，经曾国藩举荐任江西巡抚。同治五年（1866），由左宗棠推荐，继任福建船政大臣，专主福州船政局。同治十三年，日军侵台，办理台湾海防，率舰队赴台，部署防务。日军撤后，购买机器并采基隆煤矿。光绪元年（1875），升两江总督兼南洋通商大臣，督办南洋海防，大力扩充南洋水师，与李鸿章同为晚清筹建新式水师的主持者。有《沈文肃公政书》刊行。

东捻大败郭松林 同治五年（1866）十一月，东捻赖文光部自河南陈州攻信阳州城，为总兵周盛波、宋庆军所败，旋于商城复为皖军总兵张得胜、黄秉钧所败，乃占湖北麻城。二十日（1866年12月26日），逼省城，

1866	同治五年	十一月二十五日，湖北巡抚曾国荃进驻德安府剿捻。
1867	同治五年	十二月初六日，**东捻大败郭松林**。
1867	同治五年	十二月初八日，《文宗显皇帝**实录**》编成。
1867	同治五年	十二月初九日，曾国藩复请开两江总督、协办大学士缺，温旨慰留。
1867	同治五年	十二月十七日，清军克广西泗城，败天地会**吴亚忠**，擒黄晚。

西走孝感，旋占旋失。提督郭松林在湖北锺祥一带连败于东捻。十二月初三日（1867年1月8日），东捻于锺祥以南之旧口、董家集、薛家潭再败郭松林，总兵张凤鸣等战死；初六日（1867年1月11日），郭松林于罗家集为东捻俘获，以伤足委于道，逢旧部俘者负逃以免，其弟郭芳钤亦战死。

实录 编年史的一种体裁，专记某一皇帝在位的大事。最早的是南朝梁武帝的《梁皇帝实录》，自唐初以后，每一皇帝死后，继嗣之君必敕史臣撰修实录，历朝成为定制，至清末光绪朝止，历代实录共有一百一十余部，绝大多数已佚，较完整的为明、清各朝实录。《文宗显皇帝实录》亦称《咸丰朝实录》。

吴亚忠（？—1869） 即吴亚终，广西新宁人。其父吴凌云于咸丰二年（1852）在新宁起义；咸丰十一年，建“延陵国”，自称延陵王；同治二年（1863），兵败战死。吴亚忠出逃，走至右江，重整队伍，与广东灵山起义

1867	同治五年	十二月十八日，张宗禹**西捻围西安**，**刘蓉**兵败。
1867	同治五年	十二月十八日，美舰到朝鲜调查美船被毁事件。
1867	同治五年	十二月十八日，俄兵舰至朝鲜元山，逼迫通商，被拒。
1867	同治五年	十二月二十日，马如龙督师于云南大理进剿杜文秀。
1867	同治五年	十二月二十一日，**曾国荃兵败德安**。
1867	同治五年	十二月二十一日，曾国藩遵旨回两江总督本任。

军小张三会合，曾一度受招安，不久复起。同治七年，在清军冯子材部进攻下，小张三战死，吴入越南；八年，被冯子材击败，举家殉难，起义失败。

西捻围西安　西捻入陕，于华州东之敷水败汉中镇总兵萧德扬。同治五年十二月初（1867年1月），西捻自渭南进抵灞桥，逼西安，陕西巡抚刘蓉率湘军来救，西捻经蓝田东下，刘蓉仓惶东追，西捻复回渭南，围攻临潼新丰。刘蓉率三十余营湘军回救西安，至灞桥十字坡，被张宗禹马队包围，会值风雨交加，清军火药不燃，张宗禹大败清总兵刘厚基，斩萧德扬等，包围西安。

刘蓉（1816—1873）　字孟蓉，号霞仙，湖南湘乡人，诸生出身。咸丰四年（1854），随曾国藩在江西与太平军作战；次年，回援湖北；十年，随骆秉章入川。次年，署四川布政使，在任整饬吏治，倡办厘捐。同治元年（1862），与

1867	同治五年	十二月二十三日，准恭亲王奕䜣奏，派翰林院编修、庶吉士等官入同文馆学习天文算学，并推广招收进士出身之五品以下京外各官。
1867	同治五年	十二月二十三日，奕䜣等又奏《同文馆学习天文算学章程》。
1867	同治五年	十二月二十六日，**左宗棠湖北剿捻**。
1867	同治五年	十二月二十七日，福建船政局监督日意格至巴黎，招雇造船工匠。

石达开作战，石兵败自投清营，刘槛送成都，将石杀害。同治二年，调升陕西巡抚，督办陕西军务。同治五年底，败于张宗禹，被革职回籍。著《养晦堂诗文集》十四卷及《思辨录疑义》。

曾国荃兵败德安　赖文光率东捻挟锺祥之役胜利余威，东攻湖北巡抚曾国荃督师驻营地德安。同治五年十二月十一日（1867年1月16日），于安陆府激战，双方伤亡甚重。二十一日（1867年1月26日），于德安府之杨家河再战，清军大败，右江镇总兵张树珊被斩。时浙江提督鲍超自南阳进援鄂北，直隶提督刘铭传、江苏按察使刘秉璋亦自信阳增援，均赶之未及，东捻兵威大张。

左宗棠湖北剿捻　原湖广总督官文因贪庸被罢，清廷命左宗棠为钦差大臣、湖广总督。左审讯官文一案，簿责颇色，并驻军汉口后湖，以集各军，围剿捻军。

1867	同治五年	十二月三十日，严谕曾国藩、李鸿章催鲍超、刘松山兼程赴陕，解西安之围。
1866	同治五年	**阿古柏肆虐四城**。
1866	同治五年	是年，改**五口通商大臣**为**南洋通商大臣**。
1866	同治五年	是年，**上海首次金融风暴**发生。

阿古柏肆虐四城 同治五年（1866）初，新疆热西丁和卓派东征军头目伊斯哈克进兵叶尔羌，秋，伊斯哈克率数千回军攻占叶尔羌新旧两城，乃库车兵第三次攻取该城，时阿古柏攻占巴尔楚克城，切断叶尔羌和阿克苏联系，伊斯哈克慑于阿古柏之炮火威力，将叶尔羌献于阿古柏；十一月初，阿古柏至叶尔羌，假借布素鲁克名义请和阗哈比布拉允许其参拜该城，哈比布拉信以为真，出城相迎，即被阿古柏逮捕，阿古柏进和阗杀掠五万余人；至此，南疆喀什噶尔、英吉沙尔、叶尔羌、和阗四城为阿古柏占。

五口通商大臣 第一次鸦片战争后，广州、厦门、福州、宁波和上海五口通商，清廷在五口设置办理外交和通商事务的钦差大臣，由两江总督耆英兼任。道光二十四年（1844），耆英调两广总督，仍兼五口通商大臣。咸丰八年底（1859年初），清廷命两江总督何桂清为钦差大臣，办理外交、商务，遂又改回由两江总督兼任。咸丰十一年，设总理衙门，五口通商大臣隶其属下。至同治五年（1866），改为南洋通商大臣。

南洋通商大臣 简称“南洋大臣”。第二次鸦片战争后，通商口岸增多，设立总理衙门时，又设“钦差大臣管理东南沿海及长江沿岸各口的通商、交涉事务”，虽仍用五口通商大臣旧

1866	同治五年	是年，总理衙门初定“**大清国旗**”样式，乃中国最早之国旗。
1866	同治五年	是年，总税务司署设邮政办事处，办理邮政业务，海关兼办邮递，为中国近代邮政之雏形。

称，实即南洋通商大臣。江苏巡抚薛焕、李鸿章相继兼任。同治四年（1865），李鸿章调署两江总督，兼任南洋大臣，但至同治十二年才成定制。同治五年，曾国藩回任两江总督后，湘系集团曾国藩、曾国荃、左宗棠、沈葆桢、刘坤一等专任南洋大臣几达四十年之久，除办外交通商，还兼督海防、洋务、训练海陆军等。

上海首次金融风暴 道光二十八年（1848），英国丽如银行（Oriental Banking Corporation）（即东方银行）在上海设分行，是为中国首家外资银行，此后欧洲各大银行纷至而来。同治初，美国内战导致欧洲棉花短缺，投机事业波及中国口岸，上海成为中国棉花出口之主要口岸。同治三年（1864），上海各银行股票均利市三倍，汇率变化莫测，金融市场无日安宁，一片虚假繁荣。同治五年，美国内战结束，棉业复苏，中国棉业危机，上海金融业迅告恐慌。时伦敦、孟买等地金融风暴波及上海，银行纷纷倒闭，股票大肆贬值，上海仅剩东方等五家外资银行，金融风暴殃及外贸、建筑、房地产工厂等行业。

大清国旗 同治五年（1866），总理衙门根据西洋各国惯例，奏准制定大清国旗，所设计的国旗为斜幅，底色为正黄色，四周镶边为蓝色，中绘一青色巨龙，左上角有一赤色珠，人称黄龙旗，

1866	同治五年	是年，英舰“鲁雾号”至台湾琅峤，为高山族人击退。
1866	同治五年	是年，方举赞在上海办“发昌号”机器厂，为近代中国首家民营企业。
1867	同治六年	正月初一日，命左宗棠署陕甘总督，督办陕甘军务。
1867	同治六年	正月初六日，提督成禄于肃州败回军元师**马文禄**。
1867	同治六年	正月初六日，清军刘松山、张锡荣部于西安西大败回军。

乃中国最早之国旗。

马文禄（？—1873） 本名马四，又名马忠良，甘肃河州人（今临夏），回族。原为低级军官，同治四年（1865）春，在肃州（今酒泉）领导回民起义，渭南、金积堡、西宁、河州等地溃败之回军，纷纷投奔而来，肃州成为回民反清最后基地。同治十一年，左宗棠部进攻肃州；次年十月，他战败降清，立即被杀。

左宗棠剿捻战略 左宗棠过黄州时，邀蛰居监利之老友王柏心于汉口会面，左询以用兵战略，王云：捻军“飘忽弛突、兼善用骑”，应以先灭捻为急务。左纳其言，于同治六年元月初十日（1867年2月14日），在汉口奏曰“剿捻宜急，剿回宜缓”，“欲靖西陲，必先清腹地”，以及在西北“开设屯田总局”、“汰遣陕甘各营”的建议。

官文革职 官文自恃满洲贵族，渺视曾国藩、胡林翼，相互攻

1867	同治六年	正月初九日，陕西回军马生彦、杨文治在甘肃半个城降于宁夏将军穆图善，旋又叛。
1867	同治六年	正月初十日，**左宗棠剿捻战略**。
1867	同治六年	正月十一日，将**官文革职**，以江苏巡抚李鸿章为湖广总督。
1867	同治六年	正月十五日，**尹漋河激战**。
1867	同治六年	正月十七日，云贵总督劳崇光卒。
1867	同治六年	正月十八日，授陕甘总督左宗棠为钦差大臣，督办陕甘军务，以刘典三品卿衔帮办军务。

讦。同治五年（1866），曾国荃参劾官文“贪庸骄蹇，欺罔徇私，宠任家丁，贻误军政”，清廷解除其湖广总督职，仍保留文华殿大学士、伯爵之位，召还京管理刑部。湘军大快。

尹漋河激战 同治六年（1867）初，赖文光率东捻至湖北安陆（今锺祥市）尹漋河。元月十五日（1867年2月19日），湘军鲍超经襄、樊，淮军刘铭传率淮军经随、枣，会于安陆，定于十五日辰时夹击。刘铭传贪功心切，冀独得首攻，提前抢攻。东捻以步队正面阻击，千余马队绕袭刘部后路，击毙总兵唐殿魁、田履安等，刘及其部被包围，危在旦夕，适鲍超践约而至，击东捻侧背，赖文光仓促应战，战死二万余，被鲍超俘八千余，东捻西进受挫，湘淮矛盾表面化，鲍超坚绝辞退。

行走 入值办事之意。清制，保持原来官职而调充其它职务，

1867	同治六年	正月二十一日，命徐继畬充总管同文馆事务大臣，仍在总理衙门**行走**。
1867	同治六年	正月二十九日，山东道监察御史张盛藻奏驳设天文算学馆议，诏毋庸议。
1867	同治六年	二月初七日，京城时疫流行，命**太医院**拟方，发五城药饵。
1867	同治六年	二月初七日，美船罗发号（Rover）在台湾琅峤触礁，船长汉特（Hunt）等十三人被土著杀害。
1867	同治六年	二月初九日，赖文光攻占湖北黄梅。
1867	同治六年	二月十二日，李鸿章自徐州抵河南周家口，围剿捻军。
1867	同治六年	二月十五日，大学士倭仁奏，反对设立天文

即称在某处或某官上行走，如军机大臣上行走、南书房行走、总理各国事务衙门行走等。派往某处学习办事，亦称行走。北洋军阀政府，对额外派充之官称为行走，如参事上行走、秘书上行走等。

太医院　秦汉宫廷设太医令，隋唐有太医署，宋有医官院，金代始设太医院，明清相沿。清制特简王大臣管理院事，长官称为院使、院判，下设御医、吏目、医士等数十人，分大方脉、小方脉、伤寒、妇人、针灸、口齿等科，主要为宫廷服务，偶或奉旨为王公重臣诊治。清代又于其中设教

		算学馆。
1867	同治六年	二月十五日，恭亲王等奏，新闻纸载，日本有与朝鲜寻衅之说，其患较法国为尤甚，请命朝鲜预防。
1867	同治六年	二月十八日，赖文光部自皖鄂交界折回，于蕲水大败湘军。
1867	同治六年	二月二十一日，英舰到台湾琅峤，调查美国水手被难事。
1867	同治六年	二月二十四日，左宗棠自汉口启行，取道襄阳赴陕。
1867	同治六年	二月二十五日，哈密回苏布尔格杀帮办大臣札萨克郡王伯锡尔，弃城走。
1867	同治六年	二月二十六日，授**丁宝桢**山东巡抚。

习厅，以培养宫廷医务人员。

丁宝桢（1820—1886） 字稚璜，贵州平远人，咸丰进士。咸丰四年至六年（1854—1856），在贵州镇压教军和苗军；十年，授湖南岳州知府，后调长沙知府。同治二年（1863），迁山东按察使；次年，任布政使；六年，升山东巡抚，镇压捻军。以杀慈禧太后宠信太监安得海，有名于时。光绪元年（1875），在济南建山东机器局；次年，任四川总督，整顿吏治，修都江堰，创四川机器局；光绪十一年，英国侵占缅甸，威胁云南、西藏，曾筹划西南防务。有《丁文诚公

1867	同治六年	二月，阿古柏自称“巴达吾来特阿孜”（洪福之王）。
1867	同治六年	二月，清军刘松山于陕西凤翔大败捻军，捻军东奔，与清军战于扶风、岐山。
1867	同治六年	三月初一日，清军刘松山于陕西鄠县大败捻军。
1867	同治六年	三月初二日，恭亲王奕䜣等奏陈自强之策，再论天文算学之重要，驳倭仁**天文算学馆之争**。
1867	同治六年	三月初六日，曾国藩自徐州回抵江宁。
1867	同治六年	三月初八日，倭仁奏：“无论不可奉夷为师，免失人心，无裨政体人才。”
1867	同治六年	三月十四日，美驻厦门领事李仙得（Charles William Legendre, 1829 — 1899）率“阿树罗号”军舰进攻台湾琅峤以图报复，被击退。

奏稿》。

天文算学馆之争 同治六年元月二十九日（1867年3月5日），山东道监察御史张盛藻上疏驳设天文算学馆议，奏称：“朝廷命官必用科甲正途者，为其读孔孟之书，学尧舜之道”，何必“专明制造轮船、洋炮之理？”清廷未予理睬。二月十五日（1867年3月20日），大学士倭仁上奏反对设立天文算学馆，说“天文、算学为益甚微，西人教习正途，所损甚大……倘延夷人为师，祸患无穷，甚至亡国灭种”。三月初二

1867	同治六年	三月十五日，总兵刘松山克陕西扶风临平镇，张宗禹合回军走武功、咸阳。
1867	同治六年	三月十八日，捻军、回军联合逼近西安。
1867	同治六年	三月十九日，恭亲王奕䜣复上折驳倭仁谓设同文馆“以不行为是”。
1867	同治六年	三月十九日，美使蒲安臣为美水兵在台湾遇害，照会总理衙门查办。
1867	同治六年	三月二十日，刘松山等于陕西泾阳败张宗禹，捻回退走三原、富平。
1867	同治六年	三月二十一日，命大学士倭仁在总理衙门行走。
1867	同治六年	三月二十四日，倭仁辞总理衙门行走，不允。旋准其除大学士外，辞去一切职务。
1867	同治六年	三月二十五日，命恩麟为驻藏帮办大臣。

日（1867年4月6日），恭亲王奕䜣等奏陈自强之策，驳倭仁之议，称“仅以忠信为甲胄，礼义为干橹”与洋人“可折冲樽俎，足以制敌之命，臣等实未敢信”。初八日（1867年4月12日），倭仁再奏，反对“夷人教习算法”；十九日（1867年4月23日），奕䜣奏驳倭仁曰“倭仁倡议以来，谣言四起，煽惑人心”，希望“酌保数员，择地另设”天文算学馆，“以观其成”。清廷批准奕䜣建议，倭仁以辞职相挟，清廷仅保留其大学士一职。

1867	同治六年	三月二十五日，准陕甘总督左宗棠奏，借上海洋商银一百二十万两。
1867	同治六年	三月二十七日，崇实奏，建议同文馆“于聘外人教授之时，另由沿海保举精通西学之中国人来馆任教”。
1867	同治六年	三月二十八日，准杨岳斌奏，诏命各省于军营中严查“哥弟会”成员。
1867	同治六年	三月二十九日，西捻与回军东抵陕西朝邑同州。
1867	同治六年	四月初四日，清廷允琉球国子弟入**国子监**读书。
1867	同治六年	四月初五日，大学士**周祖培**卒。
1867	同治六年	四月初六日，广东续购英国兵轮二只。

国子监　封建王朝的中央教育机构。西晋建国子学，为教育五品以上官僚子弟的贵族学校。至唐代改称国子监，后均沿用。明代设北京国子监、南京国子监。清沿明制，在地方设府州县学，在京师设国学，以监为学，选入学者称国子监生。明清还有琉球、高丽、暹罗（今泰国）、安南（今越南）等国官生在此留学。光绪三十二年（1906），并入学部。

周祖培（1793－1867）　字芝台，河南商城人，嘉庆进士，历任礼部、工部、刑部侍郎。咸丰元年（1851），迁刑部尚书；四年，升左都御史、兵部尚书，兼管顺天府尹。同治帝即位初，疏言慈禧的政敌，怡亲王载垣等所

1867	同治六年	四月初七日，命贾桢任武英殿总裁，官文管理刑部事务。
1867	同治六年	四月初七日，法国公使兰盟（Marie Charles Henri Albert Comte de Lallemand, 1822 —？）到达北京。
1867	同治六年	四月十三日，鲍超以尹漋河之役李鸿章袒刘铭传，咎己误期，愤而求去，至是归。
1867	同治六年	四月十五日，令穆图善接任陕甘总督，杨岳斌解任。
1867	同治六年	四月十九日，东捻赖文光、任柱自湖北枣阳入河南。
1867	同治六年	四月二十一日，广西**提督冯子材**克广西归顺州，毙天地会吴亚终部小张三。

拟年号“祺祥”二字意义重复，请改“同治”，寓意“两宫同治”，受到慈禧太后嘉奖和信用。自道光二十四年（1844）以来，他历任会试、复试阅卷大臣六次，乡试复试阅卷大臣三次，以及荫生教习、拔贡优贡等考试多次。

提督　全称“提督军务总兵”，初为明代驻防京师的京营设有提督，清代为一省绿营兵高级武官，受总督或巡抚节制，属下为镇、协、营、汛，直接统辖之兵称提标，沿江沿海设水师提督。因衔多职少，湘淮军官立战功而无实职可授，称记名提督，乃虚衔，实际上多降充末弁。北洋海军亦置提督一人，统领全军。宣

1867	同治六年	四月二十三日，调伊犁参赞大臣荣全为乌里雅苏台参赞大臣。
1867	同治六年	四月二十四日，西捻张宗禹扑攻西安，将军德兴阿、总兵刘松山、郭宝昌却之。
1867	同治六年	四月二十五日，左宗棠奏请将所借外债百二十万两由协饷各省速发印票向洋商兑取现银，由**胡光墉**经办。
1867	同治六年	四月二十六日，天津机器局开工。
1867	同治六年	四月二十九日，云南回军杜义、马应良于大姚府大败清军。
1867	同治六年	五月初四日，法政府接驻香港法国水师提督

统初设海军提督。此外，提督还为领导监督之通称，如清代学政全衔为“提督某省学政”、总督官衔中有提督军务、粮饷之语等。

冯子材（1818—1903） 字南干，号萃亭，广东钦州（今属广西）人，行伍出身，曾随向荣与太平军作战。同治元年（1862），任广西提督，其间曾调任贵州提督。光绪十年（1884），法军入侵滇桂边境，他率兵抗战。次年元月，新任两广总督张之洞任他为广西关外军务帮办，守镇南关，大胜法军，追至谅山，法军司令重伤。光绪十二年，授云南提督；中日甲午战争中，奉命守镇江。光绪二十六年，防守北京；次年，调任贵州提督。

胡光墉（1823—1885） 字雪岩，安徽绩溪人。初在杭州设银号，经理官库银务，为左宗棠筹银粮，熟谙洋务，从上海运军火

		查核，中国已简派大臣督办船政，允日意格雇用工匠。
1867	同治六年	五月初六日，鲍源深奏，因江苏等省藏书毁于兵火，请饬刊刻书籍颁发各学，**拯救江南古籍**。
1867	同治六年	五月初九日，命协办大学士、两江总督曾国藩为大学士，四川总督骆秉章为协办大学士。
1867	同治六年	五月初九日，东捻赖文光、任柱自河南考城入山东曹州，摆脱清军尾追。
1867	同治六年	五月十二日，赖文光等自山东郓城突破运河长墙进至东平。

粮米接济杭州被围湘军，并为左宗棠操办“常捷军”。同治五年（1866），主持福州船政局。左宗棠任陕甘总督，胡在上海主持采运局，为左办理采运军火粮饷。依仗湘军，在江、浙、湘、鄂等地开当铺二十余处，在各省设阜康银号，在杭州开胡庆余中药店，并经营出口丝茶业。光绪十年（1884），受洋商及李鸿章淮系势力排挤而破产。

拯救江南古籍　江南各省因多年战火，各府州县学中旧藏书籍大半散佚，经史版片亦皆毁失无存。现在地方已就肃清，亟应振兴文教，但士子有志读书，而载籍艰于购觅，其何以资讲贯而惠艺林？同治六年五月初六日（1867年6月7日），鲍源深奏请饬刊刻书籍颁发各学。清廷谕令各直省督抚转饬所属将旧存学中书籍广为购补，并将各朝钦定经

1867	同治六年	五月十二日，美国派两艘军舰入侵台湾。
1867	同治六年	五月十三日，左宗棠兵分三路入陕。
1867	同治六年	五月十五日，江西巡抚刘坤一奏，拿获义宁州起事之红莲教徒。
1867	同治六年	五月十五日，奕䜣等就英法俄美**天津条约**将届修订之期，奏陈应对之策。
1867	同治六年	五月十六日，御史锺佩贤以“天时亢旱”为由，奏请允许廷臣“直言极谏”，其意放言攻讦天文算学馆。
1867	同治六年	五月十八日，贝尔奈普（Belknap）率美军在台湾琅峤上岸，**高山族人击退美军**，打死副舰长迈坎兹尔（Mckenzie）。
1867	同治六年	五月十九至二十三日，法国合并下交趾永隆、安江、仙和三州。

史各书，先行重刊颁发各学，并准书肆刷印以广流传。

天津条约 咸丰八年（1858），清政府被迫签订的《中俄天津条约》、《中美天津条约》、《中英天津条约》、《中法天津条约》之总称。

高山族人击退美军 同治六年五月十二日（1867年6月13日），美国派海军将领贝尔奈普率军舰两艘入侵台湾；十八日（1867年6月19日），其海军陆战队一百八十

1867	同治六年	五月二十一日，以东捻入山东泰安、宁阳境，将山东巡抚丁宝桢、湖北巡抚曾国荃、河南巡抚李鹤年交部议处。
1867	同治六年	五月二十一日，令钦差大臣李鸿章戴罪立功围剿东捻。
1867	同治六年	五月二十二日，李鸿章自周家口至归德，直隶总督刘长佑抵河间，围剿东捻。
1867	同治六年	五月二十二日，直隶**知州**杨廷熙以“久旱不雨、天象示警、人言浮动”为由，奏请撤销同文馆。
1867	同治六年	五月二十三日，俄使照会总理衙门，敦促中国尽快肃清叛乱，表示沙俄“绝无坐视之理”。
1867	同治六年	五月二十六日，同文馆天文算学馆录取学生三十一名。时有七十二人应试，**正途**出身者不多。本日复试。

余人于琅峤登陆，高山族人熟悉地形，灵活作战，击退美军，打死副舰长迈坎兹尔。

知州 宋代派朝臣为州一级的地方行政长官，称“权知某军州事”，简称知州，意为暂行主持本军本州岛事务。明清以知州为州的长官名称。清代知州有两种，一为直隶州知州，其地位稍低于知府；另一种为其它属州（府辖的州）的知州，实际上等于知县。辛亥革命后废除。

1867	同治六年	五月二十七日，东捻经山东潍县，趋平度、莱阳。
1867	同治六年	五月二十九日，东捻逼烟台，英法军却之。
1867	同治六年	五月二十九日，因杨廷熙诋同文馆，下诏斥之，并及倭仁，命即到总理衙门之任。天文算学馆之争遂结。
1867	同治六年	五月二十九日，法使照会总理衙门，称所有教案未结省份，法舰到处，每日供费一千两。
1867	同治六年	五月二十九日，李鸿章抵济宁，分兵三路，

正途 清制官吏出身有正途、异途之分。进士、举人出身者谓之科甲，与恩贡、拔贡、副贡、岁贡、优贡、荫生均为正途。若由捐纳或议叙而得官的，称为杂途或异途出身。

杜文秀东征 同治六年（1867）初，云贵总督劳崇光病故，清军涣散；新任总督张凯嵩托病滞留四川；新任云南巡抚刘岳昭在贵州，布政使岑毓英在贵州镇压苗军，守昆明马如龙仅有一万五千余败军。杜文秀以女儿蔡杜氏为帅，发兵十万分四路东征，包围昆明。

哥老会 天地会的支派，亦称“哥弟会”，清代民间秘密团体之一。其首领称为老大哥或大爷，互称“袍哥”。最初以“反清复明”为宗旨，参加者多为手工业工人、破产农民、遣散军人和游民，也有地主分子入会。太平天国失败后，不少会众参加农民斗争和反洋教斗争，也有些会

		“兜截而前”，欲逼东捻入登州、莱阳绝境。
1867	同治六年	五月，云南回首**杜文秀东征**昆明。
1867	同治六年	五月，江陵、兴山大水，甘肃大饥，浏阳大雨水。
1867	同治六年	六月初一日，东捻由莱阳至海阳，西走即墨，欲向洋人购洋炮。
1867	同治六年	六月初一日，命湖南巡抚刘昆访拿**哥老会**众。
1867	同治六年	六月初二日，派**六部九卿**会同总理衙门筹议沙俄窥伺新疆事。

众被黑社会势力利用。辛亥革命时期，有些会众接受革命党领导，多次参加武装起义，反抗清王朝，但因其有黑社会性质，故历届政府多对其采取取缔政策。

六部 中央行政机构，自隋唐开始设置，吏、户、礼、兵、刑、工各部的总称，以六部比附《周礼》的六官。元代六部改属中书省。明太祖时废宰相，六部直接对皇帝负责，地位更加提高，清代仍之。光绪二十七年（1901），改总理各国事务衙门为外务部，以后又增设巡警（改民政）、学、商（改农工商）、邮传等部，六部之名遂废。

九卿 秦汉时为中央各行政机构的总称。隋行六部之制，重要行政事务多归各部，又设寺、监等机构，太常等九寺的长官称卿。唐宋沿袭。明清有大小九卿，六部与都察院、通政司、大理寺为大九卿；詹事府、太常寺、光禄寺、太仆寺、顺天府、鸿胪寺、

1867	同治六年	六月初四日，**御史**崔穆之奏请严禁各省州县浮收漕粮。
1867	同治六年	六月初六日，曾国藩于沿江张贴告示，解散哥老会党。
1867	同治六年	六月初九日，二千余枭匪扰直隶蠡县，抢掠焚杀三十余村庄。
1867	同治六年	六月十二日，准倭仁开去一切差使，仍以大学士在弘德殿行走。
1867	同治六年	六月十七日，沈葆桢接任总理福建船政大臣。
1867	同治六年	六月十八日，**左宗棠入陕剿捻**，按“先捻后回”、“先秦后陇”之策，围剿西捻。
1867	同治六年	六月十九日，**黔西北苗军失败**。

国子监、翰林院、尚宝司为小九卿。清代谕旨中常以“六部九卿”并称，一般不将六部尚书计算在九卿之内，九卿究指某几种官，并无明文规定，记载亦不一。

御史　秦以前本为史官，汉御史因职务不同，有侍御史、符玺御史、治书御史、监军御史等。魏晋南北朝时，有督军粮御史、禁防御史、监察御史等，都随事而立。唐代有侍御史、殿中侍御史和监察御史三种，至明清仅存监察御史，分道行使纠察各衙门事务之责。

左宗棠入陕剿捻　左宗棠率军分三路入陕，自率一万一千余众自樊城北上，于同治六年六月十八日（1867年7月19日）抵潼关，

1867	同治六年	六月二十日，李鸿章奏调鄂浙各军分守运河堤墙与胶莱河，使东捻不得出登莱，命刘铭传总领各军，渐次兜剿。
1867	同治六年	六月二十六日，云南回军杜义、马良应占定远。
1867	同治六年	六月，沙俄以“西疆不靖，有妨通商”为由，照会总理衙门责问。
1867	同治六年	六月，第一次酉阳教案结案。
1867	同治六年	七月初一日，赖文光率东捻自即墨向胶莱河南麻湾口攻击未果，挥兵北上。
1867	同治六年	七月初三日，各省水旱欠收，准总理衙门奏请，采买洋米。

以防西捻东返河南，是为北路；帮办军务刘典到蓝田，防西捻南下湖北，是为中路；提督高连升溯汉水而西，出陕西洵阳蜀河口防西捻入川，是为南路。左宗棠策略为：以一军凭渭水立营，阻截各处偷渡之路，并联络刘松山等湘军，截断西捻北上，形成合围之势，即将西捻围困于渭水以北，泾、洛两水以东，北山以南，黄河以西之狭长区域内。

黔西北苗军失败　同治六年六月十九日（1867年7月20日）晨，云南布政使岑毓英督军，乘苗军哨兵吃饭之时，大举进攻，苗军死伤甚众，首领石达开部将陶新春等力尽被俘，清军攻占猪拱箐，杀苗民二万余人。旋，海马姑亦

1867	同治六年	七月初五日，贵州提督赵德光为苗军所败，死于安平。
1867	同治六年	七月初九日，福州将军**英桂**兼署闽浙总督，原任吴棠赴粤办案。
1867	同治六年	七月初九日，命沿海各省严查捻军购买洋人军火。
1867	同治六年	七月初九日，京师永定河复决口。
1867	同治六年	七月十二日，调上海捕盗轮船驶赴烟台，防捻入海。
1867	同治六年	七月十六日，恭亲王奕䜣奏请邹伯奇、李善兰入同文馆教习，获准。
1867	同治六年	七月十七日，以直隶枭匪未能迅速殄除，总督刘长佑革职留任，令出省督剿。

失，苗军首领张项七战死，陶三春被俘，黔西北苗军起义失败。

英桂（1789—1879） 字香岩，满洲正蓝旗人，赫舍里氏，原隶包衣（奴隶），以翻译举人考取内阁中书。咸丰三年（1853），升河南巡抚，在南阳防太平军，又督办皖、苏、豫三省军务以剿捻。咸丰八年，调山西巡抚；同治五年（1866），署闽浙总督；七年，兼署福建巡抚，会同船政大臣沈葆桢筹建水师，特开算学科，培养洋务人才。同治十一年起，任兵部尚书兼总管内务

1867	同治六年	七月十八日，总兵刘厚基于陕西甘泉斩回首张福满。
1867	同治六年	七月二十日，**赖文光突破胶莱河防线**，西走潍县。
1867	同治六年	七月二十日，直隶枭匪于山东馆陶败官军，毙总兵刘云鹤。
1867	同治六年	七月二十一日，伊犁将军荣全至斜米，与沙俄议办收揽索伦人众。
1867	同治六年	七月二十四日，提督刘松山败西捻张宗禹于陕西渭南，西捻走三原、泾阳、咸阳。
1867	同治六年	七月二十六日，李鸿章自济宁抵济南，加紧围剿东捻。
1867	同治六年	七月二十九日，东捻由山东日照入江苏赣榆境。

府大臣、镶红旗汉军都统、吏部尚书兼步军统领；光绪三年（1877），授体仁阁大学士；次年，以病乞休。

赖文光突破胶莱河防线　东捻侦知山东胶莱河北段入海处沙滩无兵驻守，潍河北段自下营至海口一段，只有已革山东总兵王心安部二千人驻防，赖文光遂于同治六年七月二十日（1867年8月19日），集中兵力从此段进攻，歼王心安部，进入潍县、昌乐，疾驰南走，李鸿章费尽心机策划“扼守胶莱之策”顿成画饼。

1867	同治六年	七月，西宁、河、狄各回目皆赴省城兰州降，穆图善遣官前往经理，众回皆与订约。
1867	同治六年	七月，台湾府属噶玛兰地方台风陡起，倒塌民房，伤毙人口。
1867	同治六年	八月初三日，陕西回军万余围攻米脂。
1867	同治六年	八月初八日，英国外务部征求英国商会对中英修约意见。
1867	同治六年	八月十一日，李鸿章抵山东台儿庄，布置运河防务。
1867	同治六年	八月十一日，台湾总兵刘明灯往琅峤查办美船员被害事，美驻厦门领事**李仙得**随行。
1867	同治六年	八月十六日，甘肃河州回军分三路攻省城，穆图善御之，提督周保和等战死。
1867	同治六年	八月二十日，甘肃河州回军负云梯昼夜攻兰州城三日，败退。

旋，李鸿章、潘鼎新被交部议处，丁宝桢革职留任。

李仙得（Charles William Legendre, 1829—1899） 同治五年（1866），任美驻厦门领事；次年，美舰侵略台湾，他借口与高山族领袖谈判，到台湾收集台湾的海军、港口以及内地军事情报。同治十一年，任日本外务省顾问；次年，随日本外相访华，参加对清廷讹诈。同治十三年，参与日本侵台，后在朝鲜任

1867	同治六年	八月二十日，赖文光率东捻扑攻江苏宿迁运防不下。
1867	同治六年	八月二十二日，**李鸿章坚欲扼运河防捻**。
1867	同治六年	八月二十六日，陕甘总督左宗棠等上《拿获会匪正法片》强调哥老会之危害。
1867	同治六年	九月初二日，左宗棠奏，拿获哥老会游击马福喜等正法，请饬严办，诏通谕各省督抚、各路统兵大臣认真查察。
1867	同治六年	九月初九日，日意格率同所雇洋员洋匠自法国至福州马尾。
1867	同治六年	九月十一日，东捻自江苏邳州复入山东郯城、峄山。
1867	同治六年	九月十二日，厦门美领事李仙得于台湾琅峤火山与高山族头目卓杞笃面议和约，嗣后中外遭风失事商船，均由该族救护。

外交顾问，死在汉城。

李鸿章坚欲扼运河防捻 东捻突破胶莱河防线，清将多对防守运河无信心，丁宝桢反对尤甚，曾国藩亦持此见，清廷亦饬令“河防不可恃”。李鸿章不为所动，并加固河防。于同治六年七月二十二日（1867年8月21日）上奏曰：“捻军正急欲出远，若先撤运防，是示贼以弱也……忽令守，又忽令不守，是使军心惶惑也。”因而坚欲扼运河防捻。

1867	同治六年	九月十四日，云南**道员**蔡锦青克贵州平远州牛场屯苗巢，擒潘先森。
1867	同治六年	九月十五日，奕䜣等奏请就修约事以及请觐、遣使等项密函各将军、督抚大臣悉心筹划。
1867	同治六年	九月十七日，甘肃肃州（酒泉）回军马文禄败清军，毙总兵黄祖淦，提督成禄遂统其军。
1867	同治六年	九月二十一日，**法国探测队来华**。到云南思茅活动，嗣经四川顺流东下至上海。
1867	同治六年	九月二十二日，谕整顿山西盐务：如各州县有任意需索等情，即行从严参办，并将侵课行贿之商人一并查办。

道员　亦称道台。明初布政、按察二司下设道员。清乾隆时，专设分守、分巡道，多兼兵备衔，管辖府、州，成为省以下府、州以上的高级行政长官。其类别有二，一类专司一事，如粮道、河道、盐法道，清末又加巡警道、劝业道；一类为分守分巡道，如浙江杭嘉湖道、山东登莱青道等，也有兼水利、驿传、关务、屯垦的。北洋政府时曾分一省为数道，设置道尹，国民政府时废除。

法国探测队来华　法国军方屡欲经湄公河进入中国，其海军部多次派人查勘，以寻求沟通中国四川及越南西贡之途径。同治四年（1865），法“探测队”以“探测”湄公河上游澜沧江水源为名，侦察沿途各口。次年四月二

1867	同治六年	九月二十四日，即将离任之美使蒲安臣代表美政府将一幅华盛顿画像送给总理衙门。
1867	同治六年	九月二十七日，西捻张宗禹突破包围北走陕西白水、洛川。
1867	同治六年	九月，李善兰所著《**则古昔斋算学**》刻印问世，善兰自为之序，云“于算学用心极深，其精到处，自谓不让西人”。
1867	同治六年	十月初七日，张宗禹攻陕西鄜州，提督刘厚基御之。
1867	同治六年	十月初七日，命苏、浙、粤、鄂等省协甘饷银，按月如数拨解。

十三日（1866年6月5日），“探测队”在法海军中校特拉格来舰长和帮办安邺带领下，自西贡出发，沿湄公河而上，水陆兼程，于同治六年九月二十一日（1867年10月18日）到云南思茅，嗣经四川顺流东下至上海，证明法国拟溯湄公河北航进入中国无法实现。

则古昔斋算学 该书为李善兰一生数学研究成果论文汇编，共有《方圆阐幽》、《弧矢启秘》、《对数探源》、《垛积比类》、《四元解》、《麟得术解》、《椭圆正术解》、《椭圆新术解》、《椭圆拾遗》、《火器真诀》、《尖锥变法解》、《级数回求》、《天算或问》等十三种共二十四卷，此部巨著代表中国传统数学发展之最高水平。其

1867	同治六年	十月十一日，回军占陕西宝鸡。
1867	同治六年	十月十二日，福建船政局总监工到达福州。
1867	同治六年	十月十三日，英公使致函各国公使及英国政府，主延期修约，以待中国秩序之恢复。
1867	同治六年	十月十四日，命谭廷襄补授**都察院**左都御史，前山西巡抚沈桂芬在军机大臣上学习行走。
1867	同治六年	十月十四日，回军捻军合攻陕西同官。
1867	同治六年	十月十七日，刘铭传大败赖文光、任柱于山东安邱、潍县之交，东捻精锐损失殆尽，赖文光等绕高密、诸城南走。
1867	同治六年	十月十七日，命郭柏荫代曾国荃任湖北巡抚，苏凤文任广西巡抚。
1867	同治六年	十月十七日，福建船政大臣沈宝桢奏，洋员

时，研习天文算学之人无不家备一册，奉为准则。

都察院 汉以后历代均设御史台，明初改设都察院，长官为左、右都御史，下设副都御史、佥都御史。又分十三道，设置监察御史，巡按州县，考察官吏。清顺治元年（1644），以左都御史、左副都御史为主官，右都御史、右副都御史、右佥都御史为外省督抚的加衔。雍正元年（1723），以六科给事中并入，合称科道，成为最高的监察、弹劾及建议机关。

任柱（？—1867） 亦称任化邦，安徽蒙城人。咸丰元年

		日意格回国采办器具，俱已齐备，诏命与闽督吴棠和衷共济。
1867	同治六年	十月十七日，丁日昌与意使在上海互换中意条约。
1867	同治六年	十月二十二日，张宗禹率西捻破陕西延川，攻清涧、绥德。
1867	同治六年	十月二十三日，恭亲王奕䜣、文祥与美使蒲安臣连日晤商，蒲安臣允任中国出使各国大臣，以英人柏卓安（John McLeavy Brown, 1842 — 1926）、法人德善（Emile de Champs）随同前往。
1867	同治六年	十月二十四日，刘铭传败东捻于江苏赣榆，**任柱**为部下潘贵升枪杀，赖文光折回山东，东捻元气大伤。

（1851），在家乡与叔父任干结捻聚义；七年，随张乐行渡淮南征，为蓝旗将领；九年，任干战死，他统领其军。同治二年（1863），随张宗禹在鄂、豫、陕交界地区转战，他捕杀苗沛霖侄天庆并收其部，实力大增。同治五年，与赖文光合统东捻；次年，尹潆河战役大败刘铭传部，此后东捻南队赖文光为首，北队他为首。六年十月，被李鸿章困于黄河以南、六塘河以北、运河以东、胶莱河以西地区。十月二十四日（1867年11月19日），被密降于清的部将潘贵升枪杀。任柱部为东捻战斗力最强的一支，

1867	同治六年	十月二十四日，直隶枭匪扰保定迤西，旋由容城东北走。
1867	同治六年	十月二十五日，左宗棠奏筹修约事宜，请觐、遣使可行；铁路、电线、贩盐、挖煤、传教及内地设栈、内河驶轮均不可行。
1867	同治六年	十月二十六日，准总理衙门奏，命前美使蒲安臣赴有约各国充办理各国中外交涉事务大臣。
1867	同治六年	十月二十七日，张宗禹率西捻合陕西回军攻占绥德州城。
1867	同治六年	十月二十九日，杜文秀连占云南武定、禄劝。
1867	同治六年	十月三十日，蒲安臣离京赴津。
1867	同治六年	十月三十日，赖文光、李允等自江苏折回山

李鸿章屡吃败仗后，亦赞任柱为当代第一流骑兵将领。

同治帝（1856—1875） 名爱新觉罗·载淳，咸丰帝子，庙号穆宗，年号同治。咸丰十一年（1861），继位，年仅六岁，由慈安、慈禧两太后“垂帘听政”，实则其生母慈禧太后掌权。同治十二年（1873），亲政，无所作为，一介傀儡皇帝。同治十三年底（1875年1月），病死。

宗人府 管理皇室宗族事务的机构。明初设大宗正院，不久改称宗人府，以亲王任宗人令，其后事权归于礼部。清承明制，长官改称宗令、左右宗正、左右宗

		东日照。
1867	同治六年	十月，“江夏火药局灾，凡燔药三十万斤，伤人千百计，房屋震倒无算”。
1867	同治六年	十一月初一日，船政提调道员胡光墉至福州任事。旋以兼办陕甘转运局务，请假北去。
1867	同治六年	十一月初六日，**同治帝**诣乾清宫东暖阁。**宗人府**呈进新修**玉牒**，令送寿皇殿东西室珍藏。
1867	同治六年	十一月十三日，刘铭传等于山东潍县、寿光间再败东捻。
1867	同治六年	十一月十七日，协办大学士四川总督骆秉章卒，年七十五岁。
1867	同治六年	十一月二十日，郭松林、潘鼎新大败东捻于山东胶州。

人，以亲王以下皇族充任，其事务长称府丞、理事官，由汉人担任。清末宗室人数达八千余人，闲散者多，疏通推广宗室“升途”成为宗人府的难题，直到清亡未得解决。

玉牒 中国古代皇帝族谱之称，起于唐。清制，每十年纂修一次玉牒，以宗人府宗令、宗正充总裁官，按每年黄册（宗室户籍簿）、红册（觉罗户籍簿）所记，汇入玉牒，以帝系为统，以长幼为序，现存者用朱笔书写，已故者用墨笔书写，每次修成，缮写两部，分储皇史宬与盛京敬典阁。凡清室皇族，自兴祖以迄

1867	同治六年	十一月二十一日，杜文秀占云南楚雄。
1867	同治六年	十一月二十一日，沈葆桢奏修约事宜：“请觐应待皇上亲政，遣使可行，电线、铁路可商，挖煤可先试办，内地设栈、内河驶轮均不可行。”
1867	同治六年	十一月二十二日，张宗禹率西捻由陕北宜川壶口踏冰渡河，突破清军黄河防线，直入晋冀。
1867	同治六年	十一月二十三日，曾国藩奏筹修约事宜：“请觐、遣使、开矿可行；内地设栈，内河驶轮，及铁路、电线均不可行。”
1867	同治六年	十一月二十三日，杜文秀攻占楚雄，扼滇西全境。

清末溥仪，爱新觉罗氏一族男女，其生卒年月、嫡庶名分、封爵官职、妻妾子女等，均记入玉牒。

本纪 历代帝王的传记。在纪传体史书中，因其备见一代史事概要，为全书纲领。以司马迁所写《禹本纪》为最古。《世本》记述“帝系”，也或称为“本纪”。司马迁撰《史记》即用“本纪”记述帝王，按年月排比大事，成为纪传体史书内容之一，后来的“正史”都沿用这个名称，也有简称“纪”的。

刘铭传寿光大捷 赣榆战后，东捻北上，徘徊于山东寿光、昌邑、潍县，避敌就粮。刘铭传、

1867	同治六年	十一月二十六日，刘松山自陕西渡河克山西吉州，张宗禹走河津。
1867	同治六年	十一月二十八日，修《文宗显皇帝本纪》告成。
1867	同治六年	十一月二十九日，**刘铭传寿光大捷**。
1867	同治六年	十一月二十九日，总理衙门奏，拟给蒲安臣**咨会**，所有颁给各国国书，均交其国大臣代递，凡有碍国体事，不必举行。
1867	同治六年	十二月初六日，李鸿章奏论预筹修约事宜：自办铁路、电报、轮船，允外使入觐，继续派使出洋，反对外人在内地设栈、内河驶船。
1867	同治六年	十二月初六日，赖文光自山东诸城、日照入江苏，扑攻运防失利。

郭松林、潘鼎新追至，东捻屡败。同治六年十一月二十九日（1867年12月24日），东捻在寿光与清军背水一战，遭惨败，首王范汝增、列王徐昌光战死，精锐丧失殆尽，伤亡近三万，器械、马匹、辎重一战而尽。

咨会　亦称“移会”，始于春秋，为各国官吏或国与国之间的公务来往文书，汉代开始成为官吏或机关之间的平行文书。清代在京各衙门间，各部院与各省总督、巡抚、将军、都统之间，总督与巡抚之间，司道之间等，以及地方文武衙门之间，如总督、巡抚与提督、巡抚、司、道与总

1867	同治六年	十二月初六日，以西捻入山西，钦差大臣左宗棠等革职留任。
1868	同治六年	十二月初八日，英使向总理衙门递交修约节略，要求洋货免**厘金**，改正关税，内河行驶轮船，长江添开码头，海关设立官栈五事。
1868	同治六年	十二月初八日，张宗禹率西捻由山西垣曲入河南济源。
1868	同治六年	十二月十一日，赖文光于江苏扬州瓦窑铺为清军所俘,五日后被杀于扬州,东捻至此失败。
1868	同治六年	十二月十八日,调闽浙总督吴棠为四川总督,以浙江巡抚马新贻为闽浙总督；调**李瀚章**为浙江巡抚，郭柏荫为湖广总督，丁日昌为江

兵、布政使、按察使与参将、游击之间，凡平行机关往来文件，均称“咨会”。

厘金　晚清对商品征收的捐税。太平天国时清廷征收赋税大为减少，最先在扬州地区捐厘助饷。咸丰四年（1854），在河南、江苏等地推行；次年，在全国展开。厘金本是在赋税外多征的款项，用于战时，属临时性措施，但太平天国失败后继续征收，直到1931年（民国二十年）起，始裁撤。

李瀚章（？－约1888）　字筱泉，安徽合肥人，李鸿章之兄，参加镇压太平军，由知县升至湖南巡抚，平定贵州苗军。同治六年（1867），授江苏巡抚，未任，旋署湖广总督；七年，任浙江巡抚，再署湖广总督。光绪

		苏巡抚。
1868	同治六年	十二月二十二日，以东捻平，赏大学士、两江总督曾国藩一云骑尉世职，钦差大臣、湖广总督李鸿章一骑都尉世职，直隶提督刘铭传三等轻车都尉世职，福建提督郭松林骑都尉世职。
1868	同治六年	十二月二十二日，准左宗棠奏，再借洋款二百万两，以济陕甘军需。
1868	同治六年	十二月二十二日，法人**安邺**率领之“探测队”自越南抵云南东川。
1868	同治六年	十二月二十三日，左宗棠自潼关渡河入山西，督剿西捻。

元年（1875），任四川总督；次年，回任湖广。因丁母忧，居家守孝六年。后任漕运总督，未几调两广总督。他为筹军饷，主张循旧例不变，为世人不满，寻藉疾告归，几年后，病故原籍。

安邺（Marie Joseph François Garnier, 1839－1873） 法海军军官，参加1860年至1862年（咸丰十年至同治元年）侵华战争，1862年至1866年为越南西贡监察安境事务都司（中校）。1866年，参加“探测队”溯湄公河入云南，队长特拉格来病死途中，他接任队长。曾参加普法战争，1873年9月，至越南北部强求红河通航，为越南拒绝。11月，他攻占河内等城，12月，刘永福率黑旗军于河内郊外将其击毙。著有《印度支那探险记》

1868	同治六年	十二月二十四日，福建船厂正式开工。
1867	同治六年	是年，公理会在北京通州设立潞河书院，后发展为华北协和大学。
1868	同治七年	正月初八日，张宗禹自河南入直隶，抵保定，军锋至卢沟桥，京师震动。
1868	同治七年	正月初十日，令李鸿章驰赴直隶，相机截剿西捻。并将李鸿章、李鹤年交部严加议处。
1868	同治七年	正月十二日，以西捻入直隶，**清廷惩处重臣**。
1868	同治七年	正月十三日，谕令驻藏大臣景纹妥为照料**达赖喇嘛下山诵经**。

（Voyage d'Exploration en Indo-Chine Pendant Les Annèes, 1866—1867—1868）等。

清廷惩处重臣　因张宗禹率西捻北进直隶衡水、定州，同治七年元月初八日（1868年2月1日），军锋直抵卢沟桥，京师震动，谕令将署直隶总督官文、陕甘总督左宗棠交部严议；钦差大臣李鸿章拔去双眼花翎，并褫去黄马褂，革骑都尉世职；河南巡抚李鹤年革去头品顶带。寻官文、左宗棠均着革职留任。

达赖喇嘛下山诵经　据驻藏大臣景纹奏，西藏连年丰收，僧俗人众吁请达赖喇嘛下山，念诵真经，为国祈福。同治七年元月十三日（1868年2月6日），谕令景纹妥为照料，并赐给达赖喇嘛黄哈达一个，银曼达一个，铃杵一分，嘎巴拉念珠一串，石碗一个，玉盘一个，黄缎二卷。

1868	同治七年	正月十三日，山东巡抚丁宝桢由德州北上赴援。
1868	同治七年	正月十四日，甘肃土寇**董福祥**破陕西怀远，东北攻榆林府。
1868	同治七年	正月十五日，以西捻入京畿，谕令京师戒严，命恭亲王奕䜣会同神机营王大臣办理巡防事宜。
1868	同治七年	正月二十二日，左宗棠自山西抵直隶获鹿。
1868	同治七年	正月二十四日，大学士贾桢致仕，以协办大学士、吏部尚书朱凤标为**翰林院**掌院学士，并充**国史馆**总裁官。

董福祥 字星五，宁夏固原人。同治元年（1862），于甘肃庆阳集众起兵，骚扰陕、甘十余州县，号称十万兵马，后向左宗棠投降，所部编为董字三营。八年，随刘锦棠打败回军，升提督。光绪二年（1876），随左宗棠入新疆平叛；十二年，为阿克苏镇总兵，驻防喀什噶尔；二十一年，率甘军镇压甘南回军；次年，为甘肃提督，进军西宁，镇压当地回军；二十三年，调防北京，受荣禄管辖；二十六年，义和团运动，被荣禄、刚毅指使，鼓动甘军制造杀死日本公使馆书记生杉山彬事件，旋参与围攻各国使馆，乘机劫掠市民。八国联军侵入北京，随慈禧西逃；议和后，八国联军指他为“首凶”，清廷以董福祥握有甘军实力，防“激变”，仅革职，复病死。

翰林院 始于唐代，本为各种文

1868	同治七年	正月二十六日，云南大理杜文秀连占富民、安宁，进围省城。
1868	同治七年	二月初二日，以福建开办船厂出力，赏日意格、德克碑等提督及花翎职衔有差。
1868	同治七年	二月初三日，蒲安臣、志刚、孙家榖自上海赴美。
1868	同治七年	二月初五日，直隶军务紧要，谕令各路统兵大臣及各督抚均归恭亲王奕䜣节制。
1868	同治七年	二月初七日，左宗棠抵保定，围剿西捻。
1868	同治七年	二月十一日，蒲安臣一行抵日本横滨，四日后东赴美国。

艺技术内廷供奉之处，宋称翰林学士院，元代称翰林兼国史馆，明代始将修史、著作、图书等事务并归翰林院，正式成为外朝官署。清初，翰林院之职属于内三院。顺治元年（1644），依明制设翰林院，掌编修国史、草拟有关典礼的文件，编纂起居注册、进讲经史。长官为掌院学士。新进士中，状元授修撰，榜眼、探花授编修，以下再选一部分为庶吉士；皆在翰林院。翰林院为“储才之地”，职务清闲，易于升迁，荣誉很高。

国史馆 清代所设监修清史的机构，属翰林院。设国史馆总裁、副总裁。辛亥革命后改称清史馆，《清史稿》完成后，即告撤废。又，北洋政府设有修撰中华民国史的国史馆，1916年（民国五年），改为国史编纂处，国民政府时期设立国史馆。

1868	同治七年	二月十五日，抚恤琉球国遭风难民如例。
1868	同治七年	二月十七日，杜文秀东征南路军屡获胜捷，包围昆明。
1868	同治七年	二月二十三日，清军于饶阳败西捻，幼沃王**张禹爵**、淮王**邱远才**等战死。
1868	同治七年	二月二十四日，郭松林、刘松山等于直隶安平败西捻，张宗禹南走。
1868	同治七年	三月初七日，左宗棠自直隶抵河南彰德，进击张宗禹。
1868	同治七年	三月初十日，李鸿章抵直隶大名。
1868	同治七年	三月十九日，台湾**凤山教案**发生。

张禹爵（？—1868）　本名张五孩，安徽亳州雉河集人，张乐行侄。乐行殉难后，袭爵为太平天国幼沃王，是捻军中最年轻的将领，在西捻中仅次于张宗禹。张宗禹善谋，他善战。同治六年（1867），西捻从陕西宜川壶口渡黄河，乘夜踏冰桥而过，他领队首先抢渡黄河，进入山西；七年，在冀中饶阳战死。

邱远才（？—1868）　即邱朝贵，广西人，在太平军陈玉成属下，以战功封淮王。同治元年（1862），奉陈玉成命联合捻军，后与西北太平军陈得才、赖文光汇合。同治五年，加入西捻，与张宗禹入陕。他作战英勇，人称“邱老虎”。七年，在冀中饶阳作战中阵亡。（另一传说他于山东济阳降清，似可能性不大。）

凤山教案　同治七年三月十六日（1868年4月8日），台湾府西班

1868	同治七年	三月二十日，张宗禹于河南滑县击败淮军，打开进入运河东岸之路，李鸿章未能于太行山麓围歼西捻。
1868	同治七年	三月二十三日，命礼部右侍郎沈桂芬在军机大臣上行走。
1868	同治七年	三月二十五日，张宗禹抵山东东昌府，渡运河东走。
1868	同治七年	三月三十日，以西捻入山东，命李鸿章总统山东前敌各军。并令左宗棠于直隶、山东交界处扼要驻扎。
1868	同治七年	四月初五日，西捻攻静海，逼天津，法舰及洋枪队总教官英人布朗（Brown）御之。左宗棠、李鸿章尾追落后，调度无方，降二级留任。

牙教堂被毁。旋在凤山县传闻有教民用药迷毒妇女情事，激起公愤，乡民聚众将北门外英国教堂拆毁，法国教堂相继被毁。四月初二日（1868年4月24日），凤山县教民庄清风为乡人殴毙，十几日后，凤山县西班牙教堂亦被毁。

英国提出修约要求 同治七年四月十二日（1868年5月4日），英国驻华使臣阿礼国据各地英商之备忘录，再向总理衙门递节略，提出修约二十九节：增加内地设货栈，退还洋货厘金，准许外盐进口，长江增埠十处，沿海开放温州，在华开采煤矿，自由贩运台湾食糖、大米、樟脑等新要求。

策试 科举制度中皇帝对会试取录的贡士，在紫禁城内保和殿

1868	同治七年	四月初七日，张宗禹等自天津静海南走，进山东。
1868	同治七年	四月初十日，谕令左宗棠严防直、晋交界，李鸿章严防直、东交界，已到皖、豫各军均归李鸿章调度。
1868	同治七年	四月初十日，准丁日昌请禁毁传奇小说之奏，江苏所禁书目达二百六十九种，《水浒传》、《红楼梦》均在其列。
1868	同治七年	四月十二日，**英国提出修约要求**。
1868	同治七年	四月十九日，李鸿章会同各军分防运河。
1868	同治七年	四月二十一日，**策试**天下**贡士**于保和殿，倭仁、单懋谦、全庆等八人为**殿试**读卷官。

亲发策问的考试，亦称殿试、廷试。起于唐武则天时，历朝相沿。清制，策试在会试后一个月举行，初在三月，乾隆时改在四月，以朝臣进士出身者为读卷官，拟定名次呈皇帝核定。录取者分三甲，一甲限三名，赐进士及第，第一名通称状元，授修撰；二、三名通称榜眼、探花，授编修。二甲均赐进士出身，第一名通称传胪。三甲均赐同进士出身。二、三甲进士分选授庶吉士、主事直到知县等官。

贡士　古代向国君荐举人员的制度。《礼记·射义》：“诸侯岁献，贡士于天子。”《后汉书·左雄传》：“郡国孝廉，古之贡士。”清制，会试考中为贡

1868	同治七年	四月二十四日，同治帝至养心殿，阅定进呈十卷**甲第**。
1868	同治七年	四月二十四日，授曾国藩武英殿大学士，朱凤标体仁阁大学士。
1868	同治七年	四月二十四日，限李鸿章、左宗棠一个月内肃平东捻。
1868	同治七年	四月二十五日，同治帝赴太和殿**传胪**，赐一甲洪钧、黄自元、王文在三人进士及第。
1868	同治七年	四月二十九日，左宗棠、李鸿章于山东德州会商剿捻事宜。
1868	同治七年	闰四月初二日，抚恤朝鲜国遭风难民如例。

士，殿试赐出身为进士，但习惯上因贡士于殿试中例无黜落，每于会试考中后即称为进士。

殿试 参见“策试”条。

甲第 唐制，进士有甲乙科，后世因称科举为科甲，经科举考试录取者称为科甲出身。科举考中者又称及第，列榜有甲乙次第，明清时只殿试一甲一、二、三名赐进士及第，故称甲第，余称进士或同进士出身，不称甲第或及第。

传胪 科举制度中，在殿试后由皇帝宣布登第进士名次的典礼。古代以上传语告下为胪，即唱名之意。状元、榜眼、探花以下，其第四名，即进士二甲之第一名，通称为传胪。

张宗禹复南返山东 同治七年（1868）闰四月初，张宗禹率西捻拟从山东临清、东昌处抢渡运河，为驻防清军所败，遂东进海

1868	同治七年	闰四月初八日，**张宗禹复南返山东**。
1868	同治七年	闰四月初八日，免琉球国贡船随带货物税银。
1868	同治七年	闰四月初十日，曾国藩至上海，驻铁厂，查阅洋炮、轮船工程。
1868	同治七年	闰四月十六日，蒲安臣初二日抵纽约，本日受美总统约翰逊（Andraw Johnson, 1808—1875）接见。蒲安臣演讲，称中国正采取西方学术从事建设，已入进步之途。
1868	同治七年	闰四月二十日，准总理衙门**奏筹收回澳门**，并委西班牙驻华公使代办。

丰。初八日（1868年5月29日），西捻疾驰至东光下口镇，拟再次抢渡运河，因无隙可乘，复南返山东。

奏筹收回澳门　同治七年闰四月二十日（1868年6月10日），总理衙门上奏曰：前明嘉靖三十二年（1553），佛郎机（法兰西）“暗据”澳门，至清初，“已尽易葡萄牙人”，“彼时定议，改岁课为地租，仅令输银五百两，按年完纳，载入《赋役全书》，盖明其为中国地方，可租而不可占也。雍正九年（1731），设县丞驻之；乾隆八年（1743），设同知防之。迨至道光二十九年（1849），大西洋（葡萄牙）头目率兵钉关门、逐丁役，而岁租银五百两，从此抗不肯交”。建议“拟给大西洋国银一百万两，作为撤退洋兵及交出炮台等项经费”收回澳门。清廷允准。未果。

1868	同治七年	闰四月二十二日，法国探测队自云南经四川，顺江东下到上海，旋至西贡，历时二年。
1868	同治七年	闰四月二十四日，以一月限满，东捻未平，左宗棠、李鸿章均谕令交部严议，寻吏部议以降三级留任，不准抵销。
1868	同治七年	闰四月二十四日，命盛京将军**都兴阿**管理神机营事务，授钦差大臣，驰赴天津平东捻。又以三口通商大臣、兵部左侍郎崇厚帮办军务，兼筹粮饷、军火。
1868	同治七年	闰四月二十四日，从曾国藩奏，令泊上海之福建轮船“华福宝”号驶往天津，以杜洋人接济捻军。
1868	同治七年	五月初七日，从总理衙门奏，与葡萄牙国书，收回澳门事宜交税务司金登干（James

都兴阿（？－1875）　字直夫，满洲正白旗人，达虎里郭贝尔氏。咸丰三年（1853），从僧格林沁赴天津阻击太平天国北伐军；五年，随官文在武汉同太平军作战；次年，擢江宁将军；八年，调荆州将军；十年，赴扬州督办江北军务，在长江下游作战；次年，任江宁将军，参加合围天京。同治三年（1864），任西安将军，督办甘肃军务并署陕甘总督，围攻宁夏回军；四年，调盛京将军，移师进攻马贼；七年，奉命赴京管神机营，任钦差大臣，捻军败后，回奉天（今沈阳）。

第二次酉阳教案　法国教士李国

		Duncan Campbell, 1833 — 1907）帮同办理。
1868	同治七年	五月十四日，云南新任巡抚岑毓英进入回军围困之昆明。
1868	同治七年	五月二十日，四川**第二次酉阳教案爆发**。
1868	同治七年	五月二十六日，总理衙门照会英、法、美、俄、普等国，禁止洋人私挖金矿。
1868	同治七年	六月初四日，江南机器制造总局造出中国自制第一艘木壳兵船，载重六百吨，马力三百九十二匹，配炮九门，名“恬吉号”。
1868	同治七年	六月初八日，上海西报主张强行开采中国沿海矿产。
1868	同治七年	六月初八日，广西提督冯子材攻占归顺州，天地会首领吴亚终走越南。

安（Jean François Rigaud, 1834—1869）在天主教川东主教范若瑟的纵容下，于四川酉阳组织洋枪武装，修筑寨堡，包庇作恶多端的教民龙秀元，激起公愤，同治七年五月二十日（1868年7月9日），何彩率民团冲入教堂，杀死李国安，双方各死伤几十人。知州田秀粟下令收缴民团武器，民团正欲离去，然教堂突然开枪，双方激战，华人教士覃辅臣乘机率教堂武装杀死民众一百四十五人，伤七百余人。事发后，法驻华公使罗淑亚（Comte de Louis Jules Emilien Rochechouart, 1831—1879）同法驻华海军司令

1868	同治七年	六月初九日，蒲安臣代表清廷与美国务卿西华德订立《**天津条约续约**》。
1868	同治七年	六月十一日，台湾凤山英国教堂复被毁。
1868	同治七年	六月十一日，四川秀山教堂被毁。
1868	同治七年	六月十三日，**西捻再败济阳**。
1868	同治七年	六月十三日，恭亲王奕䜣等奏报处理朝鲜国王禀告美、俄入侵事。
1868	同治七年	六月十六日，张宗禹率残部数千人突围至德州，过运河未成。

率舰入川恫吓，清廷命湖广总督李鸿章处理此事，李杀何彩，赔银三万两结案。

天津条约续约 又称中美《续增条约》或《蒲安臣条约》，主要内容为：别国与美国失和，该国官兵不得在中国洋面或外国人住地与美国人争战；中国可派领事驻美国通商口岸；中美两国民人在彼此国家不得以异教而苛待；两国人民可自由往来，强迫带往者将治罪；美国不干预中国内治，中国自欲制造各项机法，美国愿推荐精练工师前往。

西捻再败济阳 张宗禹率西捻抢渡运河不成，同治七年五月十三日（1868年7月2日），败于临邑，至是阴雨弥月，黄汛陡涨，且直隶、山东各地立民团、修堡寨，捻军食宿颇难，一败于海丰，再败于吴桥。六月初七日（1868年7月26日），大战于商河东北沙河镇，损失三、四千人；十二日（1868年7月31日），又于济阳玉

1868	同治七年	六月二十六日，英国就教堂被毁、英商被殴，派兵舰往台湾。
1868	同治七年	六月二十八日，刘铭传、郭松林、潘鼎新等于山东茌平真镇围歼捻军，张宗禹不知所终，至此捻军失败。
1868	同治七年	六月二十八日，清军唐炯攻占贵州平越尚大坪，白莲教“白号”首领**刘义顺**被擒杀。
1868	同治七年	七月初五日，扬州百姓毁英国传教士戴得生（James Hudson Taylor, 1832 — 1905）住所，焚烧传教书籍，爆发**扬州教案**。

材镇鏖战，西捻军阵亡六、七千人，主力覆没，辎重遗尽。

刘义顺（1778—1868）　湖南宝庆人，三十七岁参加白莲教，法号依元子，后秘密传教各地。咸丰七年（1858），七十九岁时在贵州思南起义，义军分红号、黄号、白号等，他为总首领。同治三年（1864），拥朱明月称帝，建号“嗣统”，他被推为大丞相；七年，号军起义失败，他出走至杨保河被俘，在成都就义，年九十岁。

扬州教案　同治七年（1868），英国传教士戴得生于扬州琼花观巷内赁屋传教，时法国育婴堂内死婴不断，百姓诉诸官府，欲驱教士。七月初一日（1868年8月18日），秀才葛寿春率童生参加府考；初五日（1868年8月22日），发现婴尸十余具，百姓聚至数百，由葛寿春率赴教堂，傍晚至戴得生处，砸坏门窗、家具，焚烧传教书籍，戴得生赴府衙求庇

1868	同治七年	七月初十日，以平捻功赏李鸿章**太子太保**衔、湖广总督、协办大学士，左宗棠太子太保衔，丁宝桢、英翰加太子少保衔，李鹤年赏戴花翎，崇厚加太子少保衔、头品顶戴、赏双眼花翎，刘铭传晋一等男，余皆有封赏。
1868	同治七年	七月十一日，谕令左宗棠部由晋渡河入陕，扫荡回军；李鸿章部撤黄河以南。
1868	同治七年	七月十一日，命左宗棠、李鸿章来京陛见。
1868	同治七年	七月十六日，镇江百姓阻教士戴得生租房。
1868	同治七年	七月十九日，《教会新报》于上海刊行，主笔**林乐知**，后改为《**万国公报**》。
1868	同治七年	七月十九日，因扬州教案，英兵舰到镇江。

护，扬州知府孙思寿率兵驱散人群，捕四人。

太子太保　为辅导太子的师傅，仅是一种荣誉上的称呼。西晋设太子太师、太傅、太保，太子少师、少傅、少保，称为“三师”、“三少”，隋以后历代不改。明清以朝臣兼任，三师三少成为虚衔。

林乐知（Young John Allen，1836—1907）　美国传教士。咸丰九年（1859），来华，在上海、杭州传教。同治二年（1863），任上海广方言馆教习，又任上海公共租界工部局译员；七年至十年，任上海《字林西报》中文版《上海新报》编辑；七年八月，在上海办《教

1868	同治七年	七月二十日，曾国藩为直隶总督，马新贻为两江总督，英桂为闽浙总督。
1868	同治七年	七月二十二日，命彭玉麟会筹长江水师事宜。
1868	同治七年	七月二十五日，英驻上海领事到南京晤曾国藩，交涉扬州教案。
1868	同治七年	八月初四日，蒲安臣一行自纽约抵伦敦。
1868	同治七年	八月初五日，命两江总督马新贻充办理通商事务大臣，江苏巡抚丁日昌帮办。
1868	同治七年	八月初七日，法照会总理衙门，威胁派兵舰往台湾查办教案。
1868	同治七年	八月十三日，中国第一艘自制轮船“恬吉号”驶至南京下关，曾国藩登船至采石矶。

会新报》，十三年，改称《万国公报》；还在上海开设中西书院，在苏州开设博习书院、中西书院，并于光绪二十七年（1901），将以上三校合并为东吴大学。提出将基督教义与儒家思想结合的设想。译著有《中东战纪本末》、《文学兴国策》、《中西关系略论》等。

万国公报 原名《教会新报》，同治七年（1868），在上海由基督教会创办，林乐知主编，周刊。因专言宗教，销路不广；十三年，更名《万国公报》，成为以时事为主的综合性刊物，多载时事论文及中外重大事件，在中日甲午战争和戊戌变法中影响很大；光绪三十三年（1907），停刊。

1868	同治七年	八月十五日，同治帝、两宫太后召见左宗棠，询西征事。
1868	同治七年	八月十六日，蒲安臣晤英外交大臣司丹立（Lord Stanley）。
1868	同治七年	八月十七日，台湾淡水民人与英商又起冲突。
1868	同治七年	八月十八日，从总理衙门奏，命各省将军督抚对外交密旨要格外慎密。
1868	同治七年	八月十九日，左宗棠出京西征。
1868	同治七年	八月二十三日，美新任驻华公使劳文罗斯（J. Ross Browne, 1821 — 1875）到京上任。
1868	同治七年	九月初二日，江南制造局设翻译学馆，为第一所官办译书机构。
1868	同治七年	九月十七日，曾国藩奏，新造轮船工竣，并陈筹办上海机器局及添设翻译学馆。谕令择优请奖。
1868	同治七年	九月二十四日，因英使屡催，令各省督抚迅

英舰入侵安平港　同治七年十月十二日（1868年11月25日）下午，英军借口凤山教案，派军舰侵入台湾安平港开炮，掳去澎湖协副将小艇一艘及管驾、水勇共三人。次日凌晨，英驻台领事吉必勋（John Gibson, ？—1869）率兵舰于安平港登陆，突入安平

		结教案。
1868	同治七年	九月二十五日，英舰无理扣留“恬吉号”轮船，曾国藩、马新贻完全接受英国解决扬州教案要求。
1868	同治七年	九月二十五日，英使照会总理衙门，要求内地贸易权利。
1868	同治七年	十月初二日，英军到扬州武力干涉教案事。
1868	同治七年	十月初四日，总理衙门奏，美国赠送农事机器、地理、五谷书籍，愿交换中国书籍。
1868	同治七年	十月初七日，蒲安臣一行觐见英国维多利亚女王（Queen Victoria, 1819 — 1901）。
1868	同治七年	十月十三日，**英舰入侵安平港**。
1868	同治七年	十月十三日，扬州教案以惩凶赔款、立碑而议结。
1868	同治七年	十月二十六日，李鸿章过金陵晤曾国藩，商裁遣淮勇事。

协署，副将江国珍受伤后自刎，清军伤亡二十余人，军装及火药局库被毁。台湾绅商交英舰银四万元，方允息战。十二月初四日（1869年1月16日），总理衙门照会英使，抗议吉必勋擅自攻占台湾安平协署；十六日（1869年1月28日），英驻华公使阿礼国照覆

1868	同治七年	十月，新疆阿古柏之代表沙迪莫扎（Shadi Mirza）到沙俄圣彼得堡寻求支持。
1869	同治七年	十一月二十日，四川酉阳教堂被毁，教士李国安被杀。
1869	同治七年	十一月二十八日，命总理衙门向英使交涉台湾安平事件。
1869	同治七年	十二月初四日，总理衙门照会英使，抗议英军入侵台湾，杀害台湾官民。
1869	同治七年	十二月十二日，蒲安臣一行觐见法皇拿破仑三世（Napoleon III, 1808 — 1873）。
1869	同治七年	十二月十四日，曾国藩自金陵抵北京觐见。
1869	同治七年	十二月十六日，英使就吉必勋入侵台湾事向总理衙门致歉。
1869	同治七年	十二月十七日，**潮州事件**爆发。
1869	同治七年	十二月十八日，西北回军头目董福祥之父董

总理衙门，不得不承认领事吉必勋行为不当，并已令解任，另咨舰队司令前往办理。

潮州事件 同治七年十二月初八日（1869年1月20日），英国海军与潮州鸥汀乡民冲突，乡民死十人，重伤千余，英海军亦有四名水手受伤；十七日（1869年1月29日），英海军竟于汕头登岸，焚掠潮州鸥汀、浮陇等乡，杀毙乡民六十九人，烧民房四百四十五间，且捕去百姓多人。

		世友战败降清。
1869	同治七年	十二月二十四日，**董福祥降清**。
1869	同治七年	十二月二十九日，同治帝至保和殿筵宴外藩及朝鲜王公使臣。
1868	同治七年	是年，福建船政局三座船台建造完成，可容龙骨长一百公尺、排水量二千五百吨轮船之建造。
1869	同治八年	正月初一日，福州船政局铁厂开工。
1869	同治八年	正月初三日，醇亲王奕谖奏筹修约，谓驾驭夷人应示以真诚，施以权术；并请摒除洋货，严查京城洋人出入等六事。
1869	同治八年	正月初七日，奕谖、倭仁等奏修约事，谓讲和与设备，二者不可偏废。
1869	同治八年	正月初十日，同治帝御紫光阁，赠蒙古王公、朝鲜使臣宴。

董福祥降清　同治七年十二月初（1869年1月），董福祥率回军聚陕西榆林西南怀远县之大、小理川，初四日（1869年1月16日），提督刘松山率老湘军追至绥德；初八日（1869年1月20日），到小理川；十一日至十三日（1869年1月23日至1月25日），杀回军万余，俘五千，获牲口四千五百余头。十八日（1869年1月30日），刘松山进攻董福祥巢穴靖远镇靖堡，其父董世友投降。二十四日

1869	同治八年	正月十四日，恭亲王奕䜣等奏，羁縻不可常恃，应专务自强力争上游。
1869	同治八年	正月十七日，令刘铭传所部万余人长作拱卫畿辅之师。
1869	同治八年	正月十八日，法国署理公使罗淑亚为酉阳教案，谓总理衙门派员会同法国派人前往办理。总理衙门拒之。
1869	同治八年	正月二十一日，**法使要求限期完结酉阳教案**。
1869	同治八年	正月二十七日，援黔湘军布政使席宝田、按察使黄润昌败贵州苗军，克镇远府卫二府。
1869	同治八年	正月二十九日，法商堵布益（Jean Dupuis, 1829 – 1912）自汉口到昆明，游说岑毓英、马如龙购军火。
1869	同治八年	正月三十日，法署使罗淑亚面告总理衙门大臣，如不照办，即行回国，一切俱由其水师提督自行主张。

（1869年2月5日），董福祥率十万人至延川降于刘松山，榆绥悉定。

法使要求限期完结酉阳教案 法驻华公使罗淑亚于同治八年元月二十一日（1869年3月3日），就酉阳教案事向总理衙门要求四事：“一、应将该处犯人，按照中国律例惩办……二、凡范主教所指积惯作恶不法之徒，应定发遣离境。三、天主堂及教民所失之物，均令赔补。四、应将和约条款，按范主教所管教务之处，

1869	同治八年	二月初一日，罗淑亚要求钦派大员查办酉阳教案，并将川督吴棠调京审问。
1869	同治八年	二月初二日，曾国藩于保定接直隶总督任。
1869	同治八年	二月初四日，按成例抚恤朝鲜、琉球二国遭风难之民。
1869	同治八年	二月初八日，命成都将军崇实、四川总督吴棠迅结酉阳教案。
1869	同治八年	二月十三日，四川**酉阳教士纠党报复**，杀平民十八人。
1869	同治八年	二月二十七日，清军攻占陕甘回军重要基地董志原，回军死二万余，陕西回军投奔宁夏之马化龙。
1869	同治八年	二月三十日，左宗棠奏，甘肃董志原回军所有洋枪、洋药、战马，均由马化龙自归化城一带贩来销售。

俱要张贴。”并限期办结。

酉阳教士纠党报复 同治八年二月二十六日至三月初七日（1869年4月7日至4月18日），四川酉阳纸房溪教士谭纯卿纠集张添兴等二千余人，寻杀团民，杀死魏世宗等八人，肢解秦心元等六人，轮奸赵杨氏等三人致死，将团民黄老万灌油点灯。初九日（1869年4月20日），谭纯卿率教民至核桃园、三岔坝屠杀团民，有尸可寻者即一百三十三人，尚有数

1869	同治八年	二月，**老湘军、楚军相继哗变**。
1869	同治八年	三月初七日，四川酉阳纸房溪传教士纠众再杀平民百余人。
1869	同治八年	三月初九日，上海英、美、德领事公布《**洋泾滨设官会审章程**》，“会审公廨”成立。
1869	同治八年	三月初十日，俄使倭良嘎哩回国，由布策（Eugéne de Butzow）代理。

十具尸体已为教堂毁弃。

老湘军、楚军相继哗变 刘松山率老湘军往绥德，哥老会遂阑入军中，相煽为变。同治八年二月十三日（1869年3月25日），哗变者入袭绥德州城，刘松山闻变，疾由陕北瓦窑堡折南至清涧，遣部将曹义胜先入绥德，乘夜杀百余人，其事遂定。十九日（1869年3月31日），甘肃提督成禄、总兵黄有才部相继哗变。驻甘肃庆阳之楚军提督高连升部老湘军亦告变，高部三个营在哥老会策动下同时哗变；二十日（1869年4月1日），杀高连升及总兵、副将；次日，哗变者攻城不下，清军追击，杀反者数百人，先后降者二千余。左宗棠从重治罪，磔诛者五，斩首七十二，各营亦斩者以千计，改编高连升部。朝野震骇。

洋泾滨设官会审章程 外国列强在上海租界内管辖中国人并无规章可循，民事诉讼由同业公会仲裁，中外混合诉讼案件由外国领事裁决，此仅为临时措施。同治三年五月初一日（1864年6月4日），上海租界成立“会审理事衙门”，即“会审公廨”，衙门由租界派员与上海知县之代表组成。凡中国人案件中，有外国人受害者，或涉外国人之刑事案

1869	同治八年	三月二十三日，苏凤文、冯子材奏，太平军余部吴亚忠由越南分股回国，为冯子材击退。
1869	同治八年	四月初二日，江西庐陵**生童**焚毁教堂。
1869	同治八年	五月初一日，福建船政局所制第一号轮船**万年清轮**下水。
1869	同治八年	五月初五日，贵州**遵义民教冲突**。

件，却无当事人本国之领事，则由一领事馆派陪审官。本《章程》规定，由苏松太道派代表开庭，凡有关外国人利益之案件，均应有陪审员陪审；如原告、被告均为中国人，则由苏松太道代表单独审讯之；刑事案件依法有死罪或遣戍处分者，由上海县审讯。

生童 亦称文童、童生。明清科举制度，凡应考生员（秀才）之试者，不论年龄大小，皆称儒童，习惯上称为生童或童生。

万年清轮 该船自同治六年十二月二十四日（1868年1月18日）开工建造，至八年五月初一日（1869年6月10日）下水，为福建船政局建造之第一艘近代轮船。该船为一艘木壳暗轮、单缸往复机之蒸汽运输船，排水量为一千三百七十吨，功率为一百五十马力，船上主机由国外进口，船体则为自造，该船排水量大于同治元年日本仿造之蒸汽船“千代田”号近十倍。其下水之法则用我国古代滑道下水之良方，又以牛油作滑剂。船政局首次试验轮船下水，且用土法，获得成功。

遵义民教冲突 同治五年（1866），法国传教士开始在贵州遵义传教；六年，建造一座教堂，当地无赖杨希伯等纷纷受洗入教，且以教会为靠山，无恶不作。八年五月初五日（1869年

1869	同治八年	五月十一日，福建**罗源教案**发生。
1869	同治八年	五月十七日，总理衙门致函英使，论教案起因，主力妥定传教章程，将传教士归地方官管辖。
1869	同治八年	五月二十日，命李鸿章赴四川查办总督吴棠被参案。
1869	同治八年	五月二十五日，总理衙门奏，已备书籍一百三十套及五谷果子十六种，答送美国。
1869	同治八年	五月，左宗棠兵分三路，进取**金积堡**，围剿西北回军。

6月14日），正值端午，遵义百姓至炎帝庙打醮，欲驱疾疫，祭醮首人杨树勋与杨希伯素不睦，杨希伯阻止其进香不果，遂率教徒百余人冲入炎帝庙，毁坏器物，数千市民拥至教堂，捣毁房室，教士逃散，地方官将传教士送县署保护。次日，百姓复拥入教堂，砸毁器物，捣毁教堂所设药店，流传“端阳五月五，瘟祖打天主”之谚。越一日，群众拿获杨希伯，扭送至县衙，请求治罪。

罗源教案　同治八年五月十一日（1869年6月20日），福建罗源英国教堂礼拜，乡民多往观看，教民薛声扬因闻乡民有议论奉教之非者，遂将一王姓乡民抓去跪审。适逢社庙演剧，有教民故意将神烛倒燃，乡民群起而哗，齐往教堂论是非，知县闻讯赶至，教堂已被挤坍，薛声扬之房屋亦被毁，众人散去。事后英方提出中方应赔偿六千一百八十四元，

1869	同治八年	六月初九日，俄船入松花江，抵呼兰河口，要求通商，被拒。
1869	同治八年	六月十九日，乌里雅苏台议界大臣、伊犁将军荣全在唐努乌梁海与俄人分立地界。
1869	同治八年	六月二十日，夜间紫禁城西华门内武英殿不慎失火，延烧至三十余间，被扑灭。
1869	同治八年	六月二十四日，湖北天门县天主堂被毁。
1869	同治八年	七月初一日，**洋人在台湾私自伐木垦荒**，交通当地土人，诏命闽浙总督查办。

缉拿滋事各犯。闽浙总督英桂以为“教民有违民俗，提人跪审致酿衅端，民教启衅不呈官办而毁教堂，双方均难辞其咎”。

金积堡 金积堡在宁夏灵州（今灵武）以南，今属吴忠县。同治二年（1863），回教白山派教主马化龙在此起义反清，控制灵州及附近各县，成为西北回民起义重要基地。同治八年，左宗棠部将刘松山率老湘军到达金积堡外围吴忠堡，马化龙准备投降；同治九年初，刘松山前去受降，被回军开枪打死，清军战败。后刘松山侄刘锦棠率军长期包围金积堡，堡内回军誓死顽抗至粮尽援绝，马化龙降清，即被左宗棠处死。

洋人在台湾私自伐木垦荒 普鲁士商人美利士（Milisch）及英人康（Horn）等未经允许即在台湾大南澳地方伐木垦荒、私贩军火。总理衙门遂照会英、普两国驻华使臣，将由中国自行拿办。

1869	同治八年	七月初二日，李鸿章自武昌入川，查办酉阳教案。
1869	同治八年	七月初六日，中俄订立科布多边界博约志。
1869	同治八年	七月十四日，总理衙门照会英使，希英方令传教士交出罗源教案启衅之教民薛声扬，由中国地方审办。
1869	同治八年	七月二十四日，英使致函总理衙门，要求改修条约，总理衙门不允，谓“必再俟十年方可议修”。
1869	同治八年	七月二十八日，中俄订立**乌里雅苏台边界牌**

英自知理亏，命康撤回；普国使臣只命美利士“暂行停办”，意存袒护。同治八年七月初一日（1869年8月8日），谕军机大臣：洋人“如果不遵条约，任性妄为，自应由该督抚查拿惩办。惟事关中外交涉，必须有明干大员随时斟酌办理。”

乌里雅苏台边界牌博约志 同治八年四月二十八日至二十九日（1869年6月8日—6月9日），中俄双方代表于中国新疆科布多西面乌克克卡伦会齐，欲树立两国西部疆界界牌。按会议协议，双方先于赛留格木岭树立首块界牌，俄方代表不愿按原图红线划分，并引同治三年界约第六条规定，寻找水源为建立界牌标志，以侵占一部分中国领土。清方代表据理力争曰：“原图既有红线，原约又有条款，应当顺此山岭，方为平允。”辩论三个月后，俄方理屈词穷，始允按红线办理。然清方代表伊犁将军荣全竟擅自同意将中国唐努乌梁海之大片游牧区划入俄国版图；在科布多南

		博约志。
1869	同治八年	八月初一日，命总理衙门阻俄船入吉林黑龙江内河通商，禁军民私与贸易。并谕令严禁俄国官商滥行越境。
1869	同治八年	八月初七日，**太监安德海伏法**。
1869	同治八年	八月十一日，命总管内务大臣饬总管太监，嗣后将所管太监严加约束，并通谕各省，遇有太监冒称奉差等事，立即锁拿。
1869	同治八年	八月十九日，英美法俄等国公使批准《**上海洋泾滨北首租界章程**》。

段，将中国布克图尔玛盆地亦划归俄国。七月初六日（1869年8月13日），中俄订立科布多边界博约志；二十八日（1869年9月4日），又订立乌里雅苏台边界牌博约志。

太监安德海伏法 咸丰十年（1860），英法联军逼京，太监安德海随咸丰帝逃往热河；次年，咸丰帝死，在慈禧太后与肃顺集团的夺权斗争中，安德海为慈禧向奕䜣传递消息，慈禧政变成功，宠任安德海。安飞扬跋扈，忘忽所已，同治八年（1869），竟违犯“宦官不许擅自出宫”的祖制，在慈禧授意下，往苏州采办龙袍，一路招摇，行至山东泰安，山东巡抚丁宝桢奉同治帝旨将安拿获；八月初六日（1869年9月11日），将其就地正法，天下交口称颂。

上海洋泾滨北首租界章程 咸丰四年（1854），订《上海英法美租界租地章程》，因小刀会起义，太平军攻上海，未得实施。英、美、法、德、俄为扩大工部局权力，于同治八年八月十九

1869	同治八年	八月二十九日，法使罗淑亚为遵义教案致函总理衙门，坚持撤调审讯贵州巡抚。
1869	同治八年	八月，进入越南之天地会首吴鲲受铳伤服孔雀血死，部众降于冯子材。
1869	同治八年	九月初一日，江南制造局第三号轮船竣工。
1869	同治八年	九月初二日，英使照会总理衙门，要求准予各国公使觐见清帝。
1869	同治八年	九月初三日，马化龙以战败，屡遣人诡向刘松山代陕回乞降。
1869	同治八年	九月初五日，命李鸿章将遵义教案一并查办。
1869	同治八年	九月初七日，法使为遵义教案事再次要求将贵州巡抚撤调来京查问，威胁要“自筹办法”。

日（1869年9月24日），将原章程修改，定现名。本章程凡二十九款，对租界立法、行政机构的组织方法作全面规定，使工部局成为拥有广泛权力的殖民统治机构。中国政府始终未批准此章程，各国领事仅于事后将公使团的批准通知上海道台，列强将其作为工务局统治租界之“法律依据”达七十余年。

奏折　清代高级官员及特准奏事之中下级官员向皇帝奏陈重要公私事务的机密文书。始行于康熙中期，雍正之后成为臣工向皇帝反映情况的最重要文件。奏折由具折官员派人直接送到皇宫，皇帝亲自拆阅并用朱笔批示，称“朱批奏折”，发还具折人照

1869	同治八年	九月初八日，雷正绾于甘肃固原黑城子破陕、甘回军。
1869	同治八年	九月初十日，法使就遵义教案再提强硬照会，竟自缮**奏折**，请总理衙门代递。
1869	同治八年	九月十三日，诏促李鸿章派员赴黔，迅速查办遵义教案。
1869	同治八年	九月十八日，李鸿章抵成都查办吴棠参案及酉阳教案。
1869	同治八年	九月十九日，中英于北京签订中英《**新定条约**》及《新修条约善后章程：新修税则》。
1869	同治八年	九月二十七日，派崇厚验收福建新造第一号轮船。

办，再回缴宫中。雍正时，军机处成立，复规定朱批奏折发还具奏人之前，先由军机处抄录副本存档，为“录副奏折”。法驻华公使无权上奏折，有事只能通过外交照会。

新定条约 同治八年九月十九日（1869年10月23日），总理衙门大臣奕䜣与英国驻华公使阿礼国在北京签订，《新定条约》在英文本称“1858年《天津条约附约》”，又因英国由阿礼国签字，在英国通称《阿礼国协约》；因在北京签订，也称《北京协约》；并同时签订《新修条约善后章程：新修税则》对所定条约加以说明。此二条约略曰：开放温州、芜湖为通商口岸，英

1869	同治八年	九月二十七日，冯子材击毙天地会吴忠于越南北宁。
1869	同治八年	九月二十九日，法使照会总理衙门，以各教案未结为由，威胁派兵舰入川。
1869	同治八年	九月三十日，**安庆教案**爆发。
1869	同治八年	十月初二日，提督唐友耕等败滇回李本忠，克鲁甸厅。
1869	同治八年	十月初二日，福州船政局所造第一号轮船“万年清”到天津。
1869	同治八年	十月初三日，法使罗淑亚与法兵舰赴赣、鄂、川查办教案，清廷命各地按约接待。
1869	同治八年	十月初三日，命李鸿章及川督吴棠、黔抚曾璧光迅结酉阳、遵义教案；命马新贻等迅结江南、江西、湖北等案。

国运往中国之棉、麻及毛织物在各口岸免税，英商可用中国式样船只行驶内河等特权。

安庆教案　同治六年（1867）九月，法国传教士在安庆建教堂；八年六月，英国亦在安庆传教。八年秋，正值安庆县考及府院考试，文武生童及送考人员云集城内，而湖南反洋教揭帖亦传入安庆，云“教匪猖獗，与考童为难，兹订于（十月）初二日拆毁仁爱堂”。九月三十日（1869年11月3日），英国教士遂入安庐道署，请求保护，时道署内外，

1869	同治八年	十月初六日，左宗棠于泾州接陕甘总督任。
1869	同治八年	十月初七日，刘松山破甘回于灵州秦渠，斩马福等，马化龙再乞降。
1869	同治八年	十月初九日，工部尚书**毛昶熙**、都察院左都御史沈桂芬均令在总理衙门行走。
1869	同治八年	十月十四日，总理衙门函李鸿章，速结川黔教案。
1869	同治八年	十月二十三日，美人丁韪良就任同文馆总教习。
1869	同治八年	十月二十九日，蒲安臣一行觐见德皇威廉一世（Wilhelm I, 1797 — 1888）。
1869	同治八年	十月二十九日，威妥玛任英国驻华公使。
1869	同治八年	十一月初四日，福州船政局第二号轮船“湄云”号下水。

安庆武举王奎甲率生童云集，呼“杀洋子”！府县旋护送英法教士及其眷属赴九江。英教士在九江向领事夸大其词，声称教堂遭匪攻击，全被拆毁，“官长置之不问”，交涉遂起。

毛昶熙（？—1882） 字旭初，河南武陟人，道光进士。咸丰十年（1860），在河南办团练攻捻；次年，任内阁学士。同治元年（1862），同僧格林沁在鲁、豫、鄂、皖剿捻，因军功授礼部侍郎。同治四年，僧格林沁战死，他以督战不力被革职，后任

1869	同治八年	十一月初七日，李鸿章自成都抵重庆，查办酉阳教案。
1869	同治八年	十一月十一日，以礼部尚书全庆兼署吏部尚书，以奕劻兼署镶白旗满洲都统。
1869	同治八年	十一月十三日，刘松山、雷正绾与马化龙力战金积堡。
1869	同治八年	十一月十五日，杜文秀失守昆明西土堆，东征失败。
1869	同治八年	十一月二十一日，法使罗淑亚带兵舰四只自上海到南京，晤两江总督马新贻。
1870	同治八年	十一月三十日，**酉阳教案了结**。
1870	同治八年	十二月初三日，蒲安臣等晤德相俾斯麦

左都御史，兼署工部尚书；八年，任总理衙门大臣，又任翰林院学士、兵部尚书等职。

酉阳教案了结 同治八年十一月初七日（1869年12月9日），李鸿章抵重庆，先后逮捕参与打教之酉阳民团头目何彩等人，何彩被押至重庆，李鸿章亲自提讯，至三十日（1870年1月1日）将其斩首，其它打教人犯一人拟绞刑，三人充军，并赔银一万八千两作修教堂之用，酉阳教案了结。

杨昌濬（？—1897） 湖南湘乡人。咸丰二年（1852），随湘军在两湖、江西对抗太平军；同治元年（1862），随左宗棠入浙作战；三年，占杭州，累迁至浙江布政使；八年，署浙江巡抚，曾

		（Otto von Bismarck Schönhausen, 1815 —1898）。
1870	同治八年	十二月初七日，命李鸿章驰往贵州督办军务，并办遵义教案。李以饷运困难，迟迟未行。
1870	同治八年	十二月初七日，命李瀚章署湖广总督，**杨昌濬**署浙江巡抚。
1870	同治八年	十二月初九日，法使罗淑亚至南昌交涉江西各教案。
1870	同治八年	十二月十五日，德相俾斯麦宣布**德对华政策**。
1870	同治八年	十二月十七日，傅兰雅受江南制造局之托向英国定购四十种英文书籍。

在宁波办海防。因错断“杨乃武与小白菜案”被革职。光绪四年（1878），任甘肃布政使；九年，授漕运总督；中法战起，任闽浙总督；十一年，兼福建巡抚，于台湾防务多所建议；十四年，调陕甘总督；二十一年，因甘肃回军抗清，被革职，旋开缺回籍。

德对华政策 同治八年十二月初三日（1870年1月4日），中国使团团长蒲安臣晤德国首相俾斯麦；十五日（1870年1月16日），俾斯麦致函蒲安臣宣布德国对华政策：“北德联盟经常准备使其立场同那个因为国威不振、缺乏强大力量以致后果不可设想之当局所要求相一致，不过这样做一定会对西方国家

1870	同治八年	十二月二十二日，刘松山于金积堡连破陕回陈霖。
1870	同治八年	十二月二十六日，李鸿章自重庆回抵武昌，会法使罗淑亚。
1869	同治八年	是年，左宗棠办西安机器局。
1869	同治八年	是年，**张之洞**在武昌办经心书院，课通经博古之学，不习时文。
1870	同治九年	正月初三日，蒲安臣一行自柏林抵俄京圣彼得堡。

之利益在扩张商业和传布文化上之要求起相反作用。”

张之洞（1837—1909） 字孝达，号香涛，晚号抱冰，直隶南皮人，同治进士，历任翰林院侍讲学士、内阁学士等职。光绪十年（1884）中法战争时，由山西巡抚升两广总督，起用冯子材，击败法军。十五年，调湖广总督，开办汉阳铁厂和湖北枪炮厂，设织布、纺纱、缫丝、制麻四局，并筹办芦汉铁路，与李鸿章争夺权势。二十四年，发表《劝学篇》，提出“旧学为体，新学为用”。八国联军入侵北京，参与东南互保，镇压两湖反洋教斗争和唐才常自立军起事；三十三年，调军机大臣，掌管学部，有《张文襄公全集》。

李提摩太（Timothy Richard，1845—1919） 英国传教士。同治九年至光绪十三年（1870—1887），在山东、山西传教；十七年，到上海任同文书会（广学会）总干事，联合基督教各团体扩大传教活动，与李鸿章、张之

1870	同治九年	正月十二日，陕回马化龙于峡口大败提督雷正绾。
1870	同治九年	正月十三日，英传教士**李提摩太**到上海。
1870	同治九年	正月十五日，**刘松山**攻甘肃金积堡马五寨，中弹卒。
1870	同治九年	正月十七日，蒲安臣觐见沙皇。
1870	同治九年	正月二十日，法使罗淑亚强迫清廷三日内将贵州巡抚曾璧光撤职，为恭亲王奕䜣拒绝。
1870	同治九年	正月二十四日，**蒲安臣卒**于圣彼得堡。

洞来往密切。中日甲午战争后，著《新政策》，要求清政府设新政部，聘请英美等国四人主管新政。他和戊戌维新人士有联系，支持变法。二十七年，利用地方庚子赔款建山西大学堂。著有《留华四十五年纪》等。

刘松山（1833—1870） 字寿卿，湖南湘乡人。同治元年（1862），统率老湘军；四年，随曾国藩攻捻；五年，入陕攻捻、回，击败张宗禹与陕回；七年，从左宗棠在西北攻回；次年，哥老会策动老湘军哗变，他受革职留任处分。九年正月，率军攻宁夏金积堡；马化龙准备投降，他准备受降，忽有飞子击中左胸，伤重而亡，清廷诏赠其太子少保，加骑都尉，入祀京师昭忠祠，谥“忠壮”。

蒲安臣卒 同治九年（1870）初，蒲安臣称不适，随带中医生诊之，云病由肝郁兼受外邪，治宜清解和肝。然其妻延西医调治，不料病势有加无已，及至正月二十四日（1870年2月23日），

1870	同治九年	正月二十六日，马化龙于峡口大败清军，雷正绾突围而逃，回军攻占峡口。
1870	同治九年	正月三十日，以甘肃回军窜扰陕西，谕将左宗棠、刘典交部严加议处。
1870	同治九年	二月初二日，英使威妥玛照会总理衙门，抗议直隶大名府“讨英吉利公檄”。
1870	同治九年	二月初五日，谕将台湾洋案主谋**萧瑞芳等严拿正法**。
1870	同治九年	二月初七日，因各地教案多已解决，法使罗淑亚回京。
1870	同治九年	二月十六日，因甘肃回军入陕，恐左宗棠不支，命李鸿章赴陕剿回，再赴贵州督办军务。

卒于俄都圣彼得堡。

萧瑞芳等严拿正法 英国领事吉必勋率海军曾于同治七年（1868）十月入侵台湾安平港，经清廷官员调查，系廪生许建勋、副将萧瑞芳为之主谋。许建勋冒开洋行，私贩樟脑，日引洋人深入内山；萧瑞芳私造战船，希图出海。谕将萧瑞芳、许建勋先行斥革，福建巡抚英桂等密饬台湾道黎兆棠迅将该二犯一并严拿正法，以绝后患。

宋庆（1820—1902） 字祝三，山东蓬莱人。咸丰三年（1853），投军，旋入袁甲三麾下，镇压捻军。同治四年（1865），授南阳镇总兵；七年，升湖南提督；次年，从左宗棠赴陕甘剿回；十

1870	同治九年	二月二十日，命各省督抚遇有中外交涉事件，即认真查办，持平迅结，免外人借口要挟。
1870	同治九年	二月二十一日，刘锦棠等攻克回军堡垒金积山水沟。
1870	同治九年	二月二十三日，提督**宋庆**、总兵**马玉昆**于陕西神木败回。
1870	同治九年	二月，马化龙连遭败绩，率子乞降，清勒限其呈缴马械，不允退兵。
1870	同治九年	三月初一日，上年日本曾致书朝鲜，告以王政维新及愿与修好，朝鲜不答。本日日使抵釜山，求覆书。

三年，调四川提督。光绪六年（1880），会办奉天防务；八年，调防旅顺。中日甲午战争爆发，任前方各军统领，不久溃散；光绪二十一年，因弃营口，被革职留任。战后守旅顺、山海关，八国联军入侵，他自天津北仓败退，后病死。

马玉昆（？－1908）　字景山，安徽蒙城人。同治四年（1865），随宋庆剿捻；七年，调西北剿回；十三年，随左宗棠入新疆镇压阿古柏叛乱，在西北十余年，倡办屯垦，以兴地利。中日甲午战争初统毅军赴朝，守平壤南门外大同江东岸，继于营口等地与日军血战。八国联军入侵，守天津北仓，又护送慈禧逃往西安，返京

1870	同治九年	三月十一日，四川巴塘发生强烈地震，寺庙全部倒塌，喇嘛庙、土地庙石梯倒塌破坏。
1870	同治九年	三月十一日，回军扰蒙古达拉特旗。
1870	同治九年	三月十五日，援黔湘军席宝田等败苗张秀眉，克镇远府。
1870	同治九年	三月二十日，美使镂斐迪奉令调查美水手被朝鲜杀害事，并要求与朝鲜通商。
1870	同治九年	三月二十四日，李鸿章自汉口赴襄阳，入陕督师。
1870	同治九年	三月二十六日，志刚、孙家穀自俄经普鲁士到比利时。
1870	同治九年	三月三十日，英使威妥玛致函总理衙门，欲设**港沪水底电线**。
1870	同治九年	三月，新疆阿古柏进占库尔勒。
1870	同治九年	四月初三日，马如龙克新兴州，擒回首田庆余等。

加太子少保衔。

港沪水底电线 同治九年三月三十日（1870年4月30日），英使威妥玛函商总理衙门奕䜣，欲求由香港起沿海水底设海线，经汕头、厦门、福州、宁波至上海，惟线端不索引上岸，并援以条约中有关保全英人财产之规定，对

1870	同治九年	四月初三日，谕将前往朝鲜滋事人犯杨帼汰等处死。
1870	同治九年	四月初七日，恭亲王奕䜣覆函威妥玛，谓英商可以敷设香港至上海海底电线，惟线端不得上岸，中国不予保护。
1870	同治九年	四月初十日，志刚、孙家穀觐见比利时国王，呈递国书。
1870	同治九年	四月十三日，英国大东公司与丹麦大北公司订立合同，划分**中国南北海面电线界限**。
1870	同治九年	四月十五日，志刚、孙家穀自比利时经法国赴意大利。
1870	同治九年	四月，天津连发数起迷拐幼童事件。
1870	同治九年	五月初一日，福州船厂之第三号轮船“福星”号下水。
1870	同治九年	五月初五日，命成都将军崇实驰赴贵州，办理遵义教案。

设于通商口岸洋行屋内之线端，中国地方官应严加保护，如有损伤，应查拿惩办。

中国南北海面电线界限　本界限规定上海以北包括日本在内，归丹麦大北电报公司经营，香港以南为英国大东电报公司经营，香港、上海间则为双方共同经营之

1870	同治九年	五月初六日，谕英桂饬令台湾镇道妥为安插**彰化骚乱**胁从者。
1870	同治九年	五月初六日，**天津多处发现幼童尸体**。
1870	同治九年	五月初八日，天津拿获迷拐幼孩匪犯张拴、郭拐，讯明正法。
1870	同治九年	五月十一日，志刚、孙家穀觐见意大利国王。
1870	同治九年	五月十六日，李鸿章抵潼关，督办援陕事宜。周盛传、郭松林部亦奉调入陕。
1870	同治九年	五月二十日，天津捕获迷拐幼童匪犯武兰珍，自供系教民王三主使，并涉及教堂。

“中立区”，约定由大北电报公司出面兴办香港至上海水线，利益两公司平分。

彰化骚乱 福建在籍副将林文明强占民人林应源等田产，并占收入官叛产租谷。经福建巡抚英桂查明，饬令归还赔缴，林文明抗不遵依，声称欲与原告林应源对质，并率党羽闯入彰化县署，刃伤勇丁，形同叛逆。英桂派员将其拿获处死，以示警戒。至是，谕英桂饬令台湾镇道将胁从人员妥为安插，予以自新，毋令再生争端。

天津发现多处幼童尸体 同治九年（1870）五月初，天津法国望海楼天主教育婴堂收养婴孩死亡三四十人，育婴堂每夜将尸体运至河东义地坟场埋葬。初六日（1870年6月4日），坟土为野狗

1870	同治九年	五月二十一日，天津道周家勋向法领事交涉教堂勾结匪人迷拐幼童事。
1870	同治九年	五月二十一日，崇厚又命天津县知县刘杰与法领事协商，被拒，无果而返。
1870	同治九年	五月二十二日，崇厚亲诣法领事丰大业议商迷拐幼童事，丰推托不管。
1870	同治九年	五月二十三日，天津道周家勋、知府张光藻、知县刘杰带拐犯赴望海楼教堂对质。
1870	同治九年	五月二十三日，**天津教案**发生。
1870	同治九年	五月二十四日，俄、西、英、法、美、德、比、日等国公使联衔照会总理衙门，要求惩办天津教案凶犯。

扒开，棺中有两具婴儿尸体，百姓围观，天津镇中营游击左宝贵等亲往查看，天津道周家勋亦派员勘验，复挖出数小棺材，皆一棺数尸，浮言大起，称“洋人挖眼剖心”。

天津教案 天津接连发生迷拐幼童及婴尸之事，犯人供称“系天主堂主使”。同治九年五月二十三日（1870年6月21日），天津地方官吏带匪犯武兰珍抵法国天主教望海楼教堂对证，近万群众围观，法国驻天津领事丰大业要求三口通商大臣崇厚派兵驱逐群众，崇厚只派几名官兵，丰大业不满，带人冲入崇厚衙门，开枪恫吓，咆哮辱骂，捣毁衙门器物。出衙署，遇天津知县刘杰，开枪打死刘杰的随从高升，丰大业的秘书西蒙（Simon）亦鸣枪

1870	同治九年	五月二十五日，命直隶总督曾国藩赴天津查办教案。
1870	同治九年	五月二十七日，因天津教案，命将崇厚、周家勋、张光藻、刘杰先行交部议处。
1870	同治九年	五月二十九日，曾国藩奏，天津教案，立意不与开衅，当委曲求全。
1870	同治九年	五月三十日，命各省督抚严饬所属地方官将各处通商传教地方随时保护，毋任愚民藉端滋事。
1870	同治九年	五月三十日，命三口通商大臣崇厚为出使法国钦差大臣，赍国书驰赴法国赔礼道歉。
1870	同治九年	五月三十日，恭亲王奕䜣奏，各国公使以武力威胁中国严办教案。
1870	同治九年	五月，汉水成灾，淹宜昌、荆州。
1870	同治九年	六月初一日，醇亲王奕譞奏，目前急务有四：津民宜加抚循，地方官勿轻更动，海防应密筹，住京夷人宜密察。
1870	同治九年	六月初一日，英法军舰至塘沽海面示威，法舰向岸开炮二十七发。
1870	同治九年	六月初四日，法使罗淑亚要求总理衙门严办

		天津教案首从人犯。
1870	同治九年	六月初六日，曾国藩自保定启程赴天津办理教案。
1870	同治九年	六月初七日，命赏给西藏格巴都尔王衔。
1870	同治九年	六月初十日，曾国藩抵天津，晓谕士民查拿凶犯，修葺教堂。津人怨之，京中士大夫议讥纷起，斥其偏护洋人，责问之书日数至。
1870	同治九年	六月十一日，贵州苗军大败提督张文德，收复都匀府城。
1870	同治九年	六月十四日，命曾国藩布置海口，命彭玉麟整理长江水师。
1870	同治九年	六月十六日，谕令于京城严缉迷拐幼孩人犯。
1870	同治九年	六月十六日，天津知府张光藻、知县刘杰因教案撤任。
1870	同治九年	六月十六日，曾国藩咨覆总理衙门，力辩洋人挖眼剖心之诬。
1870	同治九年	六月十九日，法使罗淑亚抵津，于商署晤曾国藩。
1870	同治九年	六月二十日，以直隶永定河南岸漫溢，总督曾国藩下部议处。

1870	同治九年	六月二十二日，法使罗淑亚照会曾国藩，词气凶悍，谓如不将天津府县及提督陈国瑞抵命，即便宜行事。
1870	同治九年	六月二十三日，曾国藩将天津教案查办情形照覆罗淑亚，并驳诘之。
1870	同治九年	六月二十三日，**曾国藩奏报调查天津教案情由**。
1870	同治九年	六月二十四日，两宫皇太后在乾清宫西暖阁召集诸王及群臣会商津案处置方略，恭亲王奕䜣坚持如曾国藩所请，醇亲王奕譞等力言民心宜顺。
1870	同治九年	六月二十四日，罗淑亚再照会曾国藩，坚持将陈国瑞及天津府县先行正法。
1870	同治九年	六月二十五日，谕曾国藩“和局固宜保全，民心尤不可失”，又命沿江沿海各省整顿军备。
1870	同治九年	六月二十五日，罗淑亚派员面迫曾国藩接受其昨日要求。
1870	同治九年	六月二十六日，曾国藩旧症复发，呕吐大作，

威胁，群众怒不可遏，殴毙丰大业及西蒙，焚毁望海楼教堂、育婴堂、法领事馆及英、美教堂六所，打死洋人二十名。亦称“火烧望海楼事件”。

曾国藩奏报调查天津教案情由

		卧床不起。
1870	同治九年	六月二十六日，法国兵船驶入天津海河，限崇厚明日回信，威胁将撤退在京法人。
1870	同治九年	六月二十七日，谕曾国藩，张光藻、刘杰革职治罪已属过当，若将陈国瑞正法，万难允准。
1870	同治九年	六月二十七日，命刘铭传兼程赴直，统带军队，以备缓急。
1870	同治九年	六月二十七日，李鸿章抵西安。
1870	同治九年	六月二十七日，调东蒙古及吉林、黑龙江马队三千名赴古北口驻扎。
1870	同治九年	六月二十八日，以曾国藩病重，命江苏巡抚丁日昌星速赴津，协同办理教案，派工部尚书毛昶熙前往天津会办。
1870	同治九年	六月二十八日，命李鸿章酌带郭松林等军克日起程，驰赴近畿一带驻扎。又谕沿海沿江各省督抚严密设防。

曾国藩奉旨查办天津教案，奏称：传教堂“挖眼剖心，则全系谣传，毫无实据”。此次原因，教堂终年关闭，过于秘密，至谣言四起；教堂留病人医治，被疑“不见其出”；死人过多，夜间

1870	同治九年	六月二十八日，曾国藩奏："中国目前之力，断难遽启兵端，惟有委曲求全之一法。"
1870	同治九年	六月二十九日，哥老会首领杨竹客（玉春）于湖北宣思起事，旋平。
1870	同治九年	六月，川东、湖北、湖南水灾不断。
1870	同治九年	七月初五日，毛昶熙抵天津办理天津教案。
1870	同治九年	七月初五日，志刚、孙家穀自巴黎抵西班牙京城马德里。
1870	同治九年	七月初六日，崇厚照会天津俄领事，已逮捕五名凶手，允赔给死者恤银。
1870	同治九年	七月初七日，李鸿章自西安赴直隶，派周盛传、郭松林部先发。
1870	同治九年	七月初七日,天津被杀法人葬埋,崇厚等亲临。
1870	同治九年	七月初七日，毛昶熙等与法使罗淑亚、英使威妥玛等谈判不协。
1870	同治九年	七月初八日,比利时公使金德(Auguste T' Kint de Roodenbeke) 照会总理衙门，要求由各国

掩埋，有几尸共一棺者，是以猝成巨变。

钱鼎铭（1824—1875） 字新之，号调甫，江苏太仓人，举人出身。咸丰三年（1853），上海小刀会起义，他招募乡勇

		公使会审天津教案。
1870	同治九年	七月初九日，志刚、孙家穀觐见西班牙国王。
1870	同治九年	七月十一日，命直隶按察使**钱鼎铭**审询天津府县。
1870	同治九年	七月十一日，命刘铭传克日兼程北上。
1870	同治九年	七月十三日，以津案尚无头绪，谕命沿海沿江各省迅速筹防，以防洋人兵船驶至，占据口岸。
1870	同治九年	七月十四日，谕令李鸿章驻兵直隶边境。
1870	同治九年	七月十五日，贵州巡抚曾璧光奏，遵义等地九起教案，一律结案。
1870	同治九年	七月十五日，罗淑亚与总理衙门大臣晤，坚持将天津府县及提督陈国瑞抵命。
1870	同治九年	七月二十四日，丁日昌抵天津，协同曾国藩悬赏缉拿凶犯。
1870	同治九年	七月二十四日，雷正绾等克甘肃峡口，斩回首王大开、马化成等。

配合官军收复嘉定。同治元年（1862），前往安庆谒曾国藩，请援上海，遂筹饷雇外轮运淮军至上海。五年，助李鸿章剿捻；八年，任直隶按察使、布政使；十年，任河南巡抚，

1870	同治九年	七月二十六日，两江总督马新贻为张文祥刺杀，乃轰动晚清之“**张文祥刺马案**”。
1870	同治九年	七月二十六日，罗淑亚照会总理衙门，促早办津案，送交“天津滋事记”。
1870	同治九年	七月二十八日，总理衙门照覆法使，备述津案颇未及所不能办与所应办者。
1870	同治九年	七月，俄土尔克斯坦总督下令调军侵占我穆扎尔特山口，伊犁苏丹政权向沙俄抗议，责令俄军速自乌尔坚穆扎尔特河撤退，否则将以武力赶走。
1870	同治九年	八月初一日，志刚、孙家穀离法国东返。
1870	同治九年	八月初三日，调曾国藩任两江总督，李鸿章任直隶总督，李瀚章任湖广总督，杨昌濬任浙江巡抚。
1870	同治九年	八月初七日，按成例抚恤琉球国遭风难之民。

任内练新军，推行保甲制度。

张文祥刺马案　张文祥乃河南汝阳人，与曹二虎、石锦标同为捻军小头目。马新贻时为安徽庐州（今合肥）团练首领，马曾被张俘，以互相结好释去，马归后，招降张、曹、石三人，后马升为安徽布政史，张、曹、石在马手下供职。曹妻美，马占之，并以通捻罪名假他人手杀曹，张遁去，誓报仇。同治九年七月二十六日（1870年8月22日），时任

1870	同治九年	八月初八日，谕命江宁将军**魁玉**严审张文祥，务将行刺原由究出。
1870	同治九年	八月初九日，日本使臣外务权大丞柳原前光到上海，晤上海道徐宗瀛，说明修好通商之意。
1870	同治九年	八月初十日，命张之万驰赴江宁，会同魁玉审讯张文祥。
1870	同治九年	八月初十日，曾国藩辞两江总督，不许。
1870	同治九年	八月十一日，英使威妥玛照会总理衙门，指责办理津案迟延。
1870	同治九年	八月十五日，曾国藩奏，天津教案，确有证供应正法者七八人，略有证供应治罪者约二十余人。
1870	同治九年	八月十五日，毛昶熙回京，命李鸿章会同曾国藩查办津案。

两江总督的马新贻阅兵归，被张文祥刺死，张刺后不逃，直认不讳，被酷刑处死。另一说乃因湘军中帮会分子争斗之故。遂成晚清“四大奇案”之一。

魁玉（？—1884） 字时若，满洲镶红旗人，富察氏。咸丰三年（1853），任凉州副都统，镇压太平天国。十年，署江宁将军；次年，帮办镇江军务，参加围困天京，负责往天京派间谍、收买叛徒。同治四年（1865），升江

1870	同治九年	八月十五日，南昌吴城镇教堂被毁。
1870	同治九年	八月十九日，江西临川教堂被毁。
1870	同治九年	八月二十三日，曾国藩、丁日昌奏，经承办津案，共计可以正法者十五名，拟办充军流放者四人，拟办徒刑罪者十七人。
1870	同治九年	八月二十五日，李鸿章抵天津，接替曾国藩办理津案。
1870	同治九年	八月二十九日，俄、德、英、美四公使以中国所办津案情重刑轻，联衔照会抗议。
1870	同治九年	九月初二日，雷正绾、黄鼎克甘肃洪乐堡，回众悉退金积堡。
1870	同治九年	九月初七日，日本使臣柳原前光至天津，晤署三口通商大臣成林，商立约通商。
1870	同治九年	九月初九日，设立江南轮船操练局，命前台湾道吴大廷综理局务。
1870	同治九年	九月十一日，命将天津知府刘光藻、知县刘杰发往黑龙江効力，十五人正法，二十一人充军流放。

宁将军；九年，代署两江总督兼通商大臣；十年，调成都将军，任内镇压四川少数民族起义，后因病开缺。

拒绝日本立约要求　同治九年九月十九日（1870年10月13日），

1870	同治九年	九月十四日，总理衙门接到日本外务省书，请订立条约。
1870	同治九年	九月十五日，惩处津案第二批人犯，五人正法，四人发配。
1870	同治九年	九月十六日，曾国藩奏请选派聪颖子弟赴泰西（欧洲）军政、船政书院，分门学习。
1870	同治九年	九月十六日，毛昶熙奏请改三口通商大臣为钦差大臣，由直隶总督兼办。
1870	同治九年	九月十八日，天津教案所毁法国教堂、领事署、仁慈堂及财物合计二十一万两，抚恤银二十五万两；俄人恤银三万两。
1870	同治九年	九月十八日，日本再遣使赴朝鲜，仍不得要领。
1870	同治九年	九月十九日，**拒绝日本立约要求**。
1870	同治九年	九月二十一日，以左宗棠入甘后，金积堡日久未下，谕令克期蒇事。
1870	同治九年	九月二十四日，总理衙门奏，准日本通商，不必立约。

总理衙门照会日本，就日本提议立约事回复曰：“贵国既常来上海通商，嗣仍照前办理，彼此相信，似不必更立条约，古谓之大信不约也。”日本原意欲借此获在华特权，故力争缔结正式通商

1870	同治九年	九月二十四日，志刚、孙家穀回抵上海。
1870	同治九年	九月二十五日，**天津教案结案**。
1870	同治九年	九月二十五日，金积堡回窜扰陕西米脂，提督宋庆进剿。
1870	同治九年	九月二十五日，曾国藩自天津抵北京。
1870	同治九年	九月二十五日，湖南湘潭哥老会起事，戕县丞葛志平，据凤凰山莲花寨。
1870	同治九年	九月二十八日，谕令各省，民教交涉案件，应处处持平，不可专顾一面。
1870	同治九年	十月初一日，刘锦棠炮轰金积堡，马化龙受伤。
1870	同治九年	十月初二日，崇厚自北京启程往法国“乞情致歉”。
1870	同治九年	十月初四日，命前任直隶提督刘铭传督办陕西军务。

条约。

天津教案结案 李鸿章接办此案后，即于同治九年九月二十五日（1870年10月19日），处死冯瘸子等十六人。俄国因欲发展在华商务，不欲结怨华人，故指出砸死俄人之凶犯田二等四人，实系误杀，以误杀罪减刑，故不得死。将天津知府刘光藻、知县刘杰发往黑龙江军台效力。赔偿、抚恤

1870	同治九年	十月初五日，清军刘锦棠、雷正绾等三路会攻，克汉伯堡。
1870	同治九年	十月初八日，总理衙门奏，日使坚请立约，允明年派员再议。
1870	同治九年	十月十一日，总理衙门照会日本外务省，允与立约。
1870	同治九年	十月十二日，三口通商大臣崇厚等奏，天津机器局告成。
1870	同治九年	十月十三日，甘肃北路军刘锦棠、中路军雷正绾合克杨明堡，尽屠堡内回人。
1870	同治九年	十月十六日，新疆阿古柏攻占吐鲁番城，是役历半年，阿古柏损兵三万三千人。
1870	同治九年	十月二十日，准总理衙门奏，**裁撤三口通商大臣**。
1870	同治九年	十月二十日，日使柳原前光自天津回国。

银合计五十万三千四百八十八点一九两。天津教案至此结案。

裁撤三口通商大臣　谕准总理衙门奏，自同治九年十月二十日（1870年11月12日），裁撤三口通商大臣，所有洋务海防各事宜，均归直隶总督经管，颁给钦差大臣关防，辖山东之东海关，奉天之牛庄关。嗣后每年于海口春融开冻后，移扎天津，至冬令

1870	同治九年	十月二十日，曾国藩自北京抵金陵，接任两江总督。
1870	同治九年	十月二十二日，领赏王大臣及内廷翰林、各省将军都统督抚《**文宗显皇帝圣训**》各一部。
1870	同治九年	十月二十六日，出使大臣志刚、孙家穀一行回抵北京。
1870	同治九年	十月二十八日，添设津海关道，专管中外交涉各事件及新钞两关税务，命陈钦署理。
1870	同治九年	十月二十九日，阿古柏率缠头回（维吾尔族）会合徐学功围攻迪化（今乌鲁木齐）之妥明。
1870	同治九年	十月，湖南**湘潭哥老会起事**平息。
1870	同治九年	闰十月十三日，因乌里雅苏台形势危急，令

封河，再回省城保定，如天津遇有要事，亦不必拘定封河之制。

文宗显皇帝圣训　清朝历代皇帝令臣工将前代皇帝的谕旨选编成书，供后世子孙学习并遵守，是谓“圣训”。清代圣训起自太祖，终于穆宗，共有十帝（德宗圣训未及编纂，即清亡），世人称为《十朝圣训》。《文宗显皇帝圣训》即咸丰帝圣训，一百一十卷。

湘潭哥老会起事　同治九年（1870）九、十月间，湖南湘潭县南乡朱亭，有哥老会约众起事，县丞葛治平闻讯即驰往捉拿为首者何胜云等人，何等乃聚众

		刘铭传率所部，星速赴陕，于该省北路边内边外各要隘，分兵严守。
1870	同治九年	闰十月十四日，以漕运总督张之万为江苏巡抚。
1870	同治九年	十一月初一日，福州船厂第四号轮船“伏波”号下水。
1870	同治九年	十一月初二日，令派郑敦谨驰往江宁，会同曾国藩详审刺杀马新贻案，从严惩办。
1870	同治九年	十一月初二日，命杭州、江宁、苏州**织造**赶办同治帝大婚需用彩绸十万匹。
1870	同治九年	十一月初六日，阿古柏等于迪化恣意滥杀，仍令妥明为清真王，驻迪化，阿古柏白回吐鲁番。

至朱亭抢掠，葛治平带民团迎击，受伤殒命。会众焚掠朱亭，扰及旁乡，逼近湘乡、醴陵、攸县等处哥老会众亦有滋事之势，为防湘潭哥老会众闯入江西，湖南巡抚刘昆一面令道员李光燎待兵弹压，一面命朱云章于萍乡等处隘口严密布防。既而清军进击，哥老会众不敌，为首者被擒处死，其协从人众亦被解散，湘潭各境，渐就肃清。

织造　为了承办皇室及官署所需的缎纱绸绫及纺丝布匹等织物，清沿明制，于江宁（今南京）、苏州、杭州三处各派织造官一员，通称“江南三织造”，其人

1870	同治九年	十一月初七日，以曾国藩充办理南洋通商事务大臣。
1870	同治九年	十一月初九日，贵州提督刘士奇克都匀、败苗首金干干及黔南王柳添沈。
1871	同治九年	十一月十四日，陕西回军陈霖等降于刘锦棠。
1871	同治九年	十一月十六日，甘肃回首马化龙降于刘锦棠。
1871	同治九年	十一月十九日，“老湘军”总统道员刘锦棠收复金积堡。
1871	同治九年	十一月二十九日，贵州遵义教案结案，赔银七万两。
1871	同治九年	十二月初一日，李鸿章致函总理衙门，力主与日本订约。
1871	同治九年	十二月初五日，崇厚到法国马赛。

选统由皇帝从内务府郎中或员外郎内点派，作为一项临时差遣。他们的品级不高（郎中是五品官，员外郎是从五品官），明文规定的职权也有限，但系钦差官员，可专折奏事，故具有特殊的地位。

美拟派兵船前往朝鲜 美使镂斐迪请总理衙门代致朝鲜节使，谓美国船只往来由朝鲜洋面经过，未知该国人认识美国旗号否，明年拟派兵船前往该国商议。总理

1871	同治九年	十二月十一日，法商堵布益再来昆明谈购军火事。
1871	同治九年	十二月二十二日，**美拟派兵船前往朝鲜**，请总理衙门代转，被拒。
1870	同治九年	是年，在华欧籍天主教教士达二百五十人，各省皆有教堂。
1870	同治九年	是年，借赴天津协助处理教案之机，**容闳建议**曾国藩派遣幼童赴美留学。
1871	同治十年	正月初九日，越南匪扰谅山，谕命广西提督冯子材前往太平府进剿。
1871	同治十年	正月十二日，刘锦棠将马化龙、马耀邦、马成龙等凌迟处死。
1871	同治十年	正月十九日，总理衙门将文祥、沈桂芬所拟**传教章程**分致各国公使。

衙门告以朝鲜事隶礼部，难以代交，并力阻其前往。该使臣无言而去。

容闳建议 同治九年（1870），容闳借赴天津协助处理天津教案之机，向曾国藩建议派遣幼童赴美留学，其具体内容为：一、确定派送出洋名额；二、设立预备学校；三、筹备游学经费；四、酌定出洋游学年限。其议获曾国藩赞许。

传教章程 天津教案后，曾国藩

1871	同治十年	正月十九日，曾国藩奏，与日本立约，不可有利益均沾词。
1871	同治十年	二月初六日，命将刺杀马新贻凶犯**张文祥凌迟处死**。**刺马疑案**产生。
1871	同治十年	二月初六日，琉球国王尚泰遣使杨光裕等表贡方物，赏赉筵宴如例。
1871	同治十年	二月初八日，美使欲派驻朝鲜公使，乘兵舰前往，总理衙门告美国公使云：中国向不干涉朝鲜内政。
1871	同治十年	二月二十二日，安徽巡抚英翰在亳州之界沟集地方拿获宋景诗，谕令将宋即行正法。

建议立传教章程，清廷令总理衙门大臣文祥、沈桂芬拟就，略谓：一、裁撤外国育婴堂；二、中国妇女不准进入教堂，外国修女亦不准在中国传教；三、外国传教士需服从中国法令、习俗；四、中外相居，各照其例；五、到外地传教需办护照及纳税；六、传教收入需合法；七、传教士不得擅用关防印信送递照会；八、传教士不得致侵平民。同治十年正月十九日（1871年3月9日），总理衙门将此章程分致各国公使，各国均表反对而置之不理。

张文祥凌迟处死　曾国藩等酷刑审问张文祥后，于同治十年正月二十九日（1871年3月19日），联名上奏云：张文祥确系“江浙海盗”，受人唆使，积怨成仇，行刺报复，并无另有主使之人。并报请将张犯比照谋反叛逆罪凌迟处死。奏入，是日，清廷命曾

1871	同治十年	二月二十九日，香港上海间海底电线成，是为外国铺设至中国之首修电报水线，旋将电线接入租界。
1871	同治十年	三月初三日，意大利公使费三多（Count Alessandro Fé d' Ostiani）到北京。
1871	同治十年	三月初九日，日本派从二位大藏卿伊达宗城及从四位外务权大丞柳原前光为全权大臣，来华议约。
1871	同治十年	三月二十六日，**沙俄进犯伊犁**。
1871	同治十年	三月二十八日，法国政府代表热福理向崇厚重提天津教案及法使觐见清帝事，崇厚拒与商谈。

国藩处死张文祥。二月十一日（1871年3月31日），于江宁城北将张凌迟处死，摘其心以祭，子张长福并坐斩。

刺马疑案 张文祥刺杀马新贻之原由，诸家记载迥异，而曾国藩奏折又含糊其词，其说有三：一、为曹二虎复仇说，较可信，曾国藩为顾马新贻名节，掩盖马杀夫占妻之事；二、谓马乃伊斯兰教徒，与新疆某叛王勾结，张欲刺之泄愤；三、太常寺少卿王家璧以马与江苏巡抚丁日昌不和，疑乃丁指使所为，但清廷严斥王家璧"不得以传闻无据之词，率行具奏，致开诬讦之端"。

沙俄进犯伊犁 同治十年（1871）三月下旬，驻于伊犁西境之俄军，分两路向我新疆伊犁进犯，一路由博罗胡吉尔出动，沿伊犁河以北东犯马扎尔；一路由恰尔克迪苏出动，向东北进攻伊犁河南之克特

1871	同治十年	四月初九日，贵州总兵何世华斩苗军南黔王柳添沈，解都匀城围。
1871	同治十年	四月十二日，湖南哥老会攻破益阳。
1871	同治十年	四月十四日，美公使镂斐迪及美舰抵朝鲜江华，进入内港，被炮击。
1871	同治十年	四月十六日，**上海至伦敦海底电线架通**。
1871	同治十年	四月十六日，湖南哥老会攻陷龙阳。
1871	同治十年	四月十八日，清军收复湖南益阳、龙阳。
1871	同治十年	四月二十三日，美国军舰进攻朝鲜大同江，陷广城镇。
1871	同治十年	五月初一日，俄兵约三千人入侵伊犁。
1871	同治十年	五月初一日，福州船政局“安澜”号兵轮下水。
1871	同治十年	五月十三日，俄军败伊犁回军，侵占新疆拱宸、瞻德。
1871	同治十年	五月十四日，俄军侵占伊犁绥定。
1871	同治十年	五月十七日，俄军侵占伊犁苏丹政权驻地固

缅山口。五月十七日（1871年7月4日），沙俄侵占伊犁。

上海至伦敦海底电线架通 上海至香港之海底水线告竣后，英国大北公司擅自于长江口外之大戢山岛设立水线房，暗将电报线路

		尔扎，伊犁遂为沙俄侵占。
1871	同治十年	五月二十二日，命直隶总督李鸿章为全权大臣，办理日本通商条约事务。
1871	同治十年	五月二十六日，以镶红旗汉军都统奕劻为阅兵大臣。
1871	同治十年	六月初六日，李鸿章奏，五月中旬以来，连日大雨，永定河南岸漫溢成口三四丈宽。
1871	同治十年	六月初七日，日本使臣伊达宗城抵天津。
1871	同治十年	六月十一日，日本使臣伊达宗城晤李鸿章，要求按照“西人成例，一体订约”，索“一体均沾”之最惠国特权，为中国代表拒绝。
1871	同治十年	六月十一日，葡萄牙拟占领澳门附近岛屿。
1871	同治十年	六月十四日，日本使臣伊达宗城将所拟约稿送交李鸿章。
1871	同治十年	六月十五日，以永定河南岸漫溢，总督李鸿章交下部议处。
1871	同治十年	六月二十三日，左宗棠调集各军兵分三路进向河州剿回。

从海内起出，溯扬子江而上至吴淞口，于旗昌洋行线路终点以下一哩处，引线头上岸，于黄埔江右岸仓房头设立第二水线房，并将电线引至该公司设于租界之报房。至是，上海经旧金山至伦敦

1871	同治十年	六月二十三日，台湾台风成灾。
1871	同治十年	六月二十四日，暴雨兼旬，永定河南岸决口约宽四五十丈。
1871	同治十年	六月二十八日，醇郡王奕譞之子载湉（光绪帝）生。
1871	同治十年	七月初三日，曾国藩与李鸿章会奏，派聪颖子弟到泰西（欧洲）学习军政、船政，“师仿其意，精通其法”。
1871	同治十年	七月初八日，李鸿章与日使伊达宗城再次会议订约事宜。
1871	同治十年	七月十五日，福建古田天主教堂被毁。
1871	同治十年	七月十七日，以沙俄侵占伊犁，命伊犁将军荣全前往经理收复，命哈密帮办大臣景廉收复迪化，命刘铭传由甘肃出关，为克复新疆各城之计。

海底电线架通，大北公司水线始于上海通报。

幼童前赴泰西肄业章程 曾国藩、李鸿章于同治十年七月十九日（1871年9月3日），联衔奏请选派聪颖子弟赴泰西（欧洲）各国肄业技艺，并上章程十二条，略曰：一、经费由清廷支付；二、在上海设局选派幼童，出国前在该局训练；三、幼童年龄十三四岁至二十岁为至，每年三十名，驻洋肄业十五年；四、四月考验一次，归国后由政府录用；五、中西学兼习；六、经费由江海

1871	同治十年	七月十七日，总理衙门致各国，规定传教士须按执照指定地点传教，并服从中国法律。
1871	同治十年	七月十九日，曾国藩与李鸿章联衔奏请派聪颖子弟赴泰西各国肄习技艺，并上**幼童前赴泰西肄业章程**十二条。
1871	同治十年	七月二十七日，崇厚等自英国到美国纽约。
1871	同治十年	七月二十九日，李鸿章与日使伊达宗城在天津签订《**中日修好条规**》及《**通商章程：海关税则**》。
1871	同治十年	八月初一日，允准曾国藩、李鸿章拟选子弟赴泰西各国肄习技艺之奏请。
1871	同治十年	八月初二日，左宗棠自甘肃静宁抵安定。
1871	同治十年	八月初七日，刘铭传奏，暂难出关西征，并请离营养病。

关洋税项下指拨。（下略）

中日修好条规　共十八条，略曰：两国沿海各口岸，准听商民来往贸易；在口岸设理事官，各按己国律例约束己国商民；两国兵船往来指定各口；两国倘有与别国用兵情事，应防各口岸，暂停贸易及船只出入等等。

通商章程：海关税则　共三十款，略云：中日两国准通商各口为上海等十五个，日本横滨等八个；两国官民准在议定通商各口租赁地基；两国商船货物应纳税；两国兵船进出通商各口，无

1871	同治十年	八月十四日，日使伊达宗城到北京。
1871	同治十年	八月十七日，恭亲王奕䜣等在总理衙门接见日使伊达宗城。
1871	同治十年	八月二十一日，命伊犁将军荣全前往伊犁与俄国会商。
1871	同治十年	八月二十一日，崇厚再抵巴黎。
1871	同治十年	九月二十五日，天津教案正犯十六名斩决。
1871	同治十年	十月初八日，谕令湖南布政使**王文韶**署理湖南巡抚。
1871	同治十年	十月十一日，出使法国大臣崇厚为天津教案事向法总统帖尔（Thiers）谢罪。
1871	同治十年	十月十一日，曾国藩在吴淞口阅江南铁厂制四只轮船新阵。
1871	同治十年	十月十三日，驻藏大臣恩麟等奏报，访出灵异幼童。谕恩麟等会同达赖喇嘛敬谨掣定。

须报关候验等等。

王文韶（1830－1908）　字夔石，号耕娱，晚号退圃，浙江仁和（今杭州）人，咸丰进士。历官湖北按察使、湖南布政使。同治十年（1871），署湖南巡抚。光绪十五年（1889），授云贵总督；二十一年，调直隶总督、北洋大臣，列名强学会。曾疏陈统筹北洋海防，又开办金矿、煤矿，奏

1871	同治十年	十月十五日，以哈密帮办大臣景廉为乌鲁木齐都统，锡纶为哈密帮办大臣。
1871	同治十年	十月十五日，六十六名琉球船民自那霸归途遇风，船漂至台湾南部登陆，五十四人为台湾高山族居民误杀。令台湾镇认真查办。
1871	同治十年	十月二十五日，崇厚离巴黎返国。
1871	同治十年	十一月十三日，总理衙门照覆美使，美朝争执，中国只有从中排解，向不遥制。
1872	同治十年	十二月十六日，福州船政局“镇海”号兵轮下水。
1872	同治十年	十二月十七日,崇厚结束使法之任,返抵上海。
1872	同治十年	十二月十九日，英使威妥玛在北京遭旗丁全喜殴打。
1872	同治十年	十二月二十一日，驻藏大臣恩麟会同达赖喇嘛等，由金瓶掣出番民贡确策仁之子为小活佛。

设北洋大学堂、铁路学堂、育才馆、俄文馆，以造就人才；二十四年，以户部尚书、协办大学士入值军机处。戊戌变法时，受命办理矿务铁路总局，筹议铁路矿务等专门学堂。二十六年，八国联军入侵北京，随慈禧西逃，力主对外妥协。后任政务处大臣兼外务部会办大臣、督办路矿大臣，转文渊阁大学士，晋武英殿

1872	同治十年	十二月，王韬编成《普法战记》，所附《马赛曲》乃中国所译第一首外国歌曲。
1871	同治十年	是年，京师同文馆添设德文馆。
1871	同治十年	是年，容闳在上海设立留美学士预备学堂。
1871	同治十年	是年，美国圣公会在武昌设立文氏学堂，后改为文华学堂，是为华中大学之前身。
1871	同治十年	是年，美国监理会在苏州设立存养书院，后改名博习书院，是为东吴大学之前身。
1871	同治十年	是年，江南制造局译出《化学鉴原》（傅兰雅译、徐寿述），《化学分原》（傅兰雅译、徐建寅述），《金石识别》（玛高温译、华蘅芳述）等西方书籍十四种。
1872	同治十一年	正月十九日，曾国藩、李鸿章奏请派陈兰彬、容闳为出洋局正、副委员，刘瀚清管理幼童出国前之训练。

大学士。为官以圆滑著称。

侍郎 清代六部（吏、户、礼、兵、刑、工）的长官，尚书为正，侍郎为副，左侍郎二人为满族，右侍郎二人为汉族。

太常寺 官署名。太常之名始于西汉，北齐始称其官署为太常寺，掌宗庙祭祀事务。清代设管理寺事大臣，由满洲礼部尚书兼，次设卿、少卿等官。光绪三十二年（1906），并入礼部。

崇绮（？—1900） 字文山，原

1872	同治十一年	正月二十六日，命兵部侍郎崇厚、太常寺少卿夏家镐在总理衙门行走。
1872	同治十一年	正月，日本派宗义达出使朝鲜，朝鲜仍拒与谈判。
1872	同治十一年	正月，英人计划建造上海、吴淞间铁道。
1872	同治十一年	正月，新疆阿古柏率军至达板城。
1872	同治十一年	二月初一日，曾国藩令总理江南轮船提练事宜吴大廷筹议轮船招商事宜。
1872	同治十一年	二月初一日，英使威妥玛请求总理衙门改正“夷商”字样，并请删除禁教条文。
1872	同治十一年	二月初三日，立翰林院侍讲崇绮之女阿鲁特氏为皇后。
1872	同治十一年	二月初四日，曾国藩卒于金陵，年六十二岁。

籍蒙古正蓝旗，抬旗为满洲镶黄旗，阿鲁特氏，大学士赛尚阿之子。同治三年（1864），中状元，为清朝满、蒙人汉文考试的唯一夺魁者；十一年，其女被选为同治后；历任内阁学士、户部侍郎、吏部侍郎等职。光绪二年（1876），任会试副考官、镶黄旗汉军副都统；七年，迁盛京将军，十年，任户部尚书。慈禧立溥儁为大阿哥，被命为溥儁师傅，主张废光绪帝，故得到慈禧

1872	同治十一年	二月十二日，予曾国藩谥“文正”，由子**曾纪泽**袭侯爵。
1872	同治十一年	二月十二日，以**何璟**署两江总督通商大臣。
1872	同治十一年	二月十五日，命彭玉麟巡阅长江水师。
1872	同治十一年	三月十四日，命李鸿章、左宗棠、沈葆桢通盘筹划应否将闽、沪轮船厂局裁撤。
1872	同治十一年	三月十六日，福州船政局“扬武”号兵轮下水，排水量一千四百吨。

信任。八国联军入侵北京，随荣禄退走保定，自缢而死。

曾纪泽（1839—1890） 字劼刚，湖南湘乡人，曾国藩长子。光绪四年（1878），出任驻英、法大臣；六年，充驻俄大臣，谈判改《里瓦几亚条约》，签订《伊犁条约》，收回伊犁等地区。中法战争时，“与法人辩争，始终不挠，又疏筹备御六策”。十年，晋兵部右侍郎，与英国议定洋药税厘并征条约；次年，归国，帮办海军事务，旋命在总理衙门行走；四年，著《中国先睡后醒论》，主张“强兵”优先于“富国”，有《曾惠敏公全集》。

何璟（？—1888） 字小宋，广东香山人，道光进士。咸丰十一年（1861），入曾国藩军总办营务处。同治二年（1863），任安徽按察使，参与剿捻；九年，为福建巡抚。光绪二年（1876），任闽浙总督兼署福州将军；九年，中法紧张，奉命布置沿海及台湾防务；十年，中法战起，法袭击福建水师，他坐视战事发生，株守福州省城，准备逃走，马尾之战后，被劾去职。

1872	同治十一年	三月二十三日，英国人美查（Ernest Major）在上海创办《**申报**》。
1872	同治十一年	三月二十九日，日使柳原前光至天津，欲改上年条约。
1872	同治十一年	三月，太平天国石达开余部李文彩在贵州牛塘为清军击溃，乃**太平军最后失败**之一支。
1872	同治十一年	四月初一日，驻藏大臣恩麟等奏察看**转世灵童金瓶掣定**情形，朝廷赏赐灵童。

申报 英商美查于同治十一年（1872）在上海创办，中国近代历史最久的日报。宣统元年（1909），由本报华人经理席裕福收买。1912年（民国元年），转让于史量才，成为著名大报，批判袁世凯称帝。1932年，销数达十五万份；同年又创《申报月刊》，次年，出《申报年鉴》。1934年，史量才被暗杀；抗日战争时，在日伪控制下，抗战胜利后，被接收；1949年5月停刊。

太平军最后失败 太平天国翼王石达开部将李文彩率部于同治二年（1863）进入黔东南地区，屡败清军，攻占都匀、凯里等城镇。至十一年初，李文彩联合张秀眉在乌鸦坡同清军激战，失利。三月，李文彩于思州、镇远间之牛塘遇敌，激战失败，为太平军最后失败之一支，太平天国运动至此终结。

转世灵童 藏传佛教中各个活佛的传承是靠转世制度实现的。前世达赖、班禅圆寂（逝世）前，有时会留下遗嘱或征兆暗示，告以他将在何时何地转世；若无遗嘱或暗示，则要打卦占卜，请

1872	同治十一年	四月初六日，援黔湘军擒苗军大元帅，黔东战事遂息。
1872	同治十一年	四月初七日，左宗棠奏，福建轮船局有利无害，不可停止。
1872	同治十一年	四月初九日，日使柳原前光晤李鸿章，拟请修改条约，李鸿章拒之。
1872	同治十一年	四月十一日，俄兵入侵我塔尔巴哈台境。
1872	同治十一年	四月十二日，伊犁将军荣全与沙俄代表会议伊犁问题，沙俄拒绝交还伊犁。
1872	同治十一年	四月十八日，江南制造局第五号轮船“海安”号下水，排水量二千八百吨。
1872	同治十一年	四月二十日，沈葆桢奏，福建船政不可遽行停办，如虑用费过多，可间造商船。
1872	同治十一年	四月二十八日，福州船政局“飞云”号兵轮下水，排水量一千二百五十八吨。

神灵指示。然后按上述线索寻访灵童，若找到，则认为是活佛转世；若寻访两个以上，则让他们辨认活佛生前所用器物，错者淘汰，若两个以上辨认正确，就降神占卜，请护法神确认，或者金瓶掣签，最后由中央政府批准。

金瓶掣定 亦称金瓶掣签，金瓶即金本巴瓶，乾隆时制作两个，高三十四公分，纯金，一个放在北京雍和宫，确定西藏最高活佛达赖和班禅用；另一个放在西

1872	同治十一年	四月三十日，秘鲁船自澳门私运华工二百三十二人过横滨，日本扣留，华工获释。
1872	同治十一年	五月初三日，阿古柏与俄使考尔巴尔斯（Kaulbars）非法订立商约。
1872	同治十一年	五月十五日，李鸿章奏，制造轮船，未可裁撤。
1872	同治十一年	五月十七日，命李鸿章为大学士，仍留直隶总督任。
1872	同治十一年	五月十七日，李鸿章奏议招商购用机器采台湾等处煤矿，以绝洋煤。
1872	同治十一年	五月二十日，曾国藩灵柩由轮船运抵长沙，官绅大哗，反对轮船进入省境。
1872	同治十一年	五月二十三日，李鸿章覆日本外务卿副岛照会，正式拒绝其改约要求。
1872	同治十一年	五月二十五日，**张秀眉**于长沙遇害。

藏拉萨大昭寺，确定地方上活佛用。若选灵童两个以上，将其名字用满、汉、藏三种文字写在象牙签上，每人一签，放入金瓶内，抽中者即为转世灵童，最后经中央政府批准，主持坐床大典。

张秀眉（？—1872） 贵州台拱（今台江）人，苗族，曾为雇工。咸丰五年（1855），因反抗清吏擅自提高粮钱折合标准而起义，被推为元帅，以台拱为中心，占领数十州县，众至数十万

1872	同治十一年	五月二十九日，总理衙门照会沙俄，请早交还伊犁。
1872	同治十一年	六月初七日，德使照会总理衙门，要求修改咸丰十一年条约。
1872	同治十一年	六月十一日，授瑞麟为文华殿大学士，李鸿章授为武英殿大学士。
1872	同治十一年	六月十三日，沙俄覆函总理衙门，谓中国无力保护伊犁，暂不能交还。
1872	同治十一年	六月十九日，总理衙门再函俄使，商议交还伊犁事。
1872	同治十一年	六月二十八日，允总理衙门奏请继续办理福建船厂事。
1872	同治十一年	六月，乌鲁木齐回暴动，反抗阿古柏统治，阿古柏大杀回汉民，迁其余于南疆。
1872	同治十一年	七月初一日，新任法使热福理到北京。
1872	同治十一年	七月初八日，甘肃后路回军完全肃清。

人。同治九年（1870），清军猛攻，台拱失守；十一年三月，起义失败，张秀眉被俘，在长沙被害。

册封　古代皇帝以封爵授给属国之君主、少数民族首领、异姓王、宗族、妃嫔等，都经过一种仪式，在受封者面前，宣读授给封爵位号的册文，连同印玺一齐授给被封人，称为册封。例如明朝洪武五年（1372），太祖令杨

1872	同治十一年	七月初八日，首批三十名赴美留学幼童由陈兰彬、容闳率领自上海启程，乃中国选派留学生之始。
1872	同治十一年	七月十二日，总理衙门接李鸿章咨送拟定之轮船招商章程。
1872	同治十一年	七月十八日，福州船政局第九号兵轮“靖远”号下水。
1872	同治十一年	七月二十八日，日本鹿儿岛参事大山纲良以琉球人被杀案向台湾“兴师问罪”。
1872	同治十一年	八月十二日，日本**册封**琉球王尚泰为藩王。
1872	同治十一年	八月十六日，法使热福理要求修改《天津条约》。
1872	同治十一年	八月二十四日，总理衙门大臣再与俄使谈判伊犁问题，俄仍不允即行交还。
1872	同治十一年	八月，俄官来文，谓伊犁所属**土尔扈特**游牧地区均归俄国，中国拒之。

载携诏书到琉球，随后，琉球中山王派其弟泰期“奉表贡方物”来到明都南京，自此，琉球国王登基继位，皆要得到明清皇帝册封，直到日本吞并琉球。

土尔扈特　蒙古族厄鲁特部之一支，成吉思汗后裔，游牧在天山之北，阿尔泰山以南、巴尔喀什湖以东地区。十六世纪末，厄鲁特蒙古分为和硕特、准噶尔、

1872	同治十一年	九月初一日，按成例抚恤琉球国遭风难之民。
1872	同治十一年	九月初九日，恭亲王奕䜣与法使热福理商修约事。
1872	同治十一年	九月十五日，同治帝行大婚礼。
1872	同治十一年	九月十五日，各国公使要求入觐。
1872	同治十一年	九月十九日，命恭亲王奕䜣**世袭罔替**，**醇郡王**奕譞晋封亲王。
1872	同治十一年	九月二十日，太后懿旨宣布于明春正月内择吉行皇帝亲政典礼。
1872	同治十一年	九月二十一日，被贩卖至秘鲁之华工返回上海。
1872	同治十一年	九月二十三日，厦门美国领事李仙得到日本，由美使德朗（C. E. De Long）介晤副岛种臣，谈台湾情况。

杜尔伯特和土尔扈特部。十七世纪二十年代，土尔扈特部约二十万人放牧到沙俄尚未控制的伏尔加河下游，仍和清政府保持表贡关系。后沙俄势力扩张至此，土尔扈特部不堪忍受沙俄的欺凌，乾隆三十五年底（1771年1月5日），土部首领渥巴锡宣布起义，历经艰险，回到中国边境巴尔喀什湖一带，受到清廷欢迎。

世袭罔替　清制，凡封爵位者，后代袭封，小一代降一级，例某

1872	同治十一年	十月初一日，皇太后懿旨，定于明年正月二十六日举行皇帝亲政典礼。
1872	同治十一年	十月初五日，清军俘获金万照，攻入新城，残杀义军及家属，黔西南回民军败亡。
1872	同治十一年	十月初五日，总理衙门复函俄使，主一面交收伊犁，一面商议他事。
1872	同治十一年	十月初八日，加慈安皇太后徽号为慈安端裕皇太后，慈禧皇太后为慈禧端佑皇太后。
1872	同治十一年	十月十一日，申报馆附设月刊《瀛寰琐记》出版第一期，是为近代中国第一份以文学为主之通俗综合杂志。
1872	同治十一年	十月十九日，日本派外务大臣副岛种臣前来换约。
1872	同治十一年	十月二十八日，俄商赴玛纳斯贸易，中途被杀伤五十余人。

亲王，其子为某公，孙为某侯，重孙为某伯，依次降级。但对于有重大功绩者，则皇帝特准其子孙后代承袭爵位不降级，如某亲王，其世世代代永为亲王，是谓“世袭罔替”，俗称“铁帽子王”。

郡王 爵位名。其名始于西晋，唐宋以后，郡王皆为次于亲王一等的爵号。除皇室外，臣下亦得封郡王。清代宗室封爵第三级称为多罗郡王，简称郡王。

1872	同治十一年	十一月十一日，福州船政局第十号兵轮“振威”号下水。
1872	同治十一年	十一月十六日，从左宗棠之请，谕令陕甘地方严禁栽种罂粟。
1872	同治十一年	十一月二十五日，总兵杨玉科轰陷云南大理，杜文秀冲出大理禁城。
1872	同治十一年	十一月二十七日，杜文秀服孔雀胆汁毒药后赴清营，为云贵巡抚**岑毓英**杀害。
1872	同治十一年	十一月二十七日，李鸿章奏请试办**招商轮船局**，分运江浙**漕粮**。

岑毓英（1829－1889） 字彦卿，号匡国，广西西林人，秀才出身。咸丰六年（1856），率团练镇压云南回民起义。同治元年（1862），派往昆明谈判，马复初、马如龙投降，以功迁云南布政使；二年，攻杜文秀；五年，至贵州击败苗民陶新春和陶三春；七年，继续攻杜文秀，授云南巡抚；十一年，杀杜文秀；次年，兼署云贵总督。光绪五年（1879），为贵州巡抚；九年，为云贵总督；次年，参加中法战争；十二年，从越南撤兵回国，曾会勘边界，后病死。

招商轮船局 简称“招商局”，清末最早设立的轮船航运企业。同治十年（1872），李鸿章令朱其昂拟章试办；次年，重订章程，招商集股，正式成立，实为官商合办，第一期资金一百万两，总局设上海，分局设天津、牛庄、烟台、汉口、福州、广州、香港及国外横滨、神户、吕

1872	同治十一年	十二月初一日，清军攻占大理。
1873	同治十一年	十二月初四日，福州船政局第十一号兵轮“济安”号下水。
1873	同治十一年	十二月初四日，云南巡抚岑毓英至大理。
1873	同治十一年	十二月十一日，岑毓英诛大理降回大司卫杨荣等首领，杀回民三万余，大理回民起义最终失败。
1873	同治十一年	十二月十九日，轮船招商局成立，有“伊敦”、“福星”、“永靖”三只轮船，于上海、天津各立码头。

宋、新加坡等地。承运漕粮，兼揽商货。光绪三年（1877），以高价购进美商旗昌轮船公司旧设备，因管理腐败，难以维持。光绪十年，盛宣怀奉命整顿，仍亏损。宣统元年（1909），归邮传部管辖。1930年（民国十九年），改为国营，到1947年，共有船四百六十艘，三十三万余吨。

漕粮 “漕”原意为水运，古代王朝利用水运将征收到的粮食，运到京城或指定地点，谓之漕粮或漕运。明代从海路将在江南征收到的粮食运到天津，再从陆路运到北京；清代则通过大运河将江南漕粮运到北京。道光二十六年（1864），采用河海并运的方法。太平军占领江南，无法河运，江北几省漕粮改折征银，江南几省改为海运漕粮。招商局成立后，多用海运。光绪二十六年（1900），因北方粮食已不缺，下令“一律征银”，但每年仍从江浙征粮一百万石，走海运。直

1872	同治十一年	是年，**《钦定剿平捻匪方略》**书成。
1872	同治十一年	是年，**《钦定剿平粤匪方略》**书成。
1872	同治十一年	是年，江南制造局翻译出版西书十一种。
1873	同治十二年	正月二十六日，**同治帝亲政**。

到北洋政府，将漕粮改征银元，漕粮最终废除。

钦定剿平捻匪方略　书名。清奕䜣奉敕领衔，朱学勤等总撰，三百二十卷，汇编自咸丰元年六月十四日至同治七年十二月十三日（1851年7月12日－1869年1月25日），有关镇压捻军起义之皇帝谕旨、臣工奏题等等档案史料，按年月日排列。因其编纂目的系供最高统治者参考借鉴历史经验与教训，因而如实收录档案文件，不加删改，故较真实地反映了清军镇压捻军的作战策略及具体过程，记录了捻军自起义到失败的真实经历。

钦定剿平粤匪方略　书名。清奕䜣等奉敕修，朱学勤等总纂，四百二十卷，正文四百十四卷，收录自道光三十年五月至同治五年二月（1850年6月－1866年4月），清政府镇压太平天国之档案史料，按年月日排列。前有同治十一年（1872），御序，卷首二卷，为咸丰帝“圣制”，附录六卷。所收档案文件，以皇帝谕旨及臣僚章奏为主，基本如实反映了太平天国起义全过程，以及清廷镇压时的思考与决策过程，但书中亦存在美化朝廷及清吏“伟业”、“战功”等不实之词。本书乃迄今研究太平天国运动最重要的档案史料汇编。

同治帝亲政　清制，幼年皇帝，完婚之时，乃成熟标志，开始处理政务，是谓亲政，顺治、康

1873	同治十二年	正月二十七日，俄、德、美、英、法公使联衔照会总理衙门，**请准外使觐见**，面达庆忱。覆以俟文祥病愈面谈。
1873	同治十二年	二月初六日，谕令驻藏办事大臣恩麟前往布达拉山照料**达赖喇嘛**下山唪经，为国祈福，并有赏赐。

熙即如是。同治帝六岁继位，其生母慈禧太后垂帘听政，独揽大权。同治十一年（1872），载淳十七岁，于是年十月初一日（1872年11月1日），颁皇太后懿旨，定于十二年正月二十六日（1873年2月23日）举行亲政典礼。本日，王以下大学士、六部、九卿诣慈宁门行庆贺礼，同治帝至太和殿接受王以下文武大臣官员朝贺，并颁亲政谕旨。但亲政后他仍是个毫无作为的傀儡皇帝，政权始终紧紧地掌握在慈禧手中。

请准外使觐见　外国公使系各国元首之代表，而各国元首从外交礼仪上讲应该是平等的。但是中国古代封建专制皇帝信奉一条荒唐的理论，即只有他才是天下最高的统治者，其它各国最高统治者只能称王，不能称皇帝，因而一律比中国皇帝要低一级。第二次鸦片战争后，西方列强用武力强行在北京建使馆，但清帝拒绝见各国公使，不承认各国的平等关系。再者，按清制，任何人见皇帝要行君臣大礼，外国公使拒绝见清帝行跪拜礼，亦是令清廷不准外使觐见而又十分头疼的一件事。

达赖喇嘛　藏传佛教（亦称黄教）创始人宗喀巴共八个弟子，其中第二弟子即一世班禅，第八弟子根敦朱巴即一世达赖，乃黄教两个最大的活佛。“达赖”之封号，始于顺治十年（1653），是年，顺治帝册封根敦朱巴的第

1873	同治十二年	二月初六日，法国军火商**堵布益**乘蒸汽通讯舰自河内溯红河至云南蛮耗售军火，载铜、锡而归。
1873	同治十二年	二月初八日，同治帝至慈宁宫上慈安端裕皇太后、慈禧端佑皇太后徽号。
1873	同治十二年	二月十二日，日本派副岛种臣为全权大臣，来华交涉**琉球漂民事件**。
1873	同治十二年	二月十三日，总理衙门大臣文祥与俄、德、美、英、法公使会商觐见事，文祥坚持公使向同治帝行跪拜礼。
1873	同治十二年	二月十五日，华蘅芳撰《**地学浅释**》序成。

五世罗桑嘉措为“西天大善自在佛所领天下释教普通瓦赤喇怛喇达赖喇嘛”，其中“达赖”是蒙古语“大海”之意；“喇嘛”是藏语“上师”，简称“达赖喇嘛”。

堵布益（Jean Dupuis，1829—1912） 法国军火商人，曾旅居埃及。咸丰十年（1860），来中国汉口，湖广总督李瀚章曾奏委他建立军械库。同治八年（1869），到昆明，游说岑毓英、马如龙购买外国军火；十年，借口购运军火查勘红河；次年，上书法国政府，提议溯红河进入中国云南，并亲自试航，被越南扣留。此即导致后来中法就红河问题频繁交涉和战争之起因。著有《东京问题的由来》（Les Origines de Le Question du Tonkin, Paris, 1896）等。

琉球漂民事件 琉球四人漂流至

1873	同治十二年	二月二十六日，法商人将日本人力车输入上海。
1873	同治十二年	二月，左宗棠致书总理衙门，呈规复伊犁方略。
1873	同治十二年	三月初五日，同治帝与慈安、慈禧皇太后自北京启程谒**东陵**。
1873	同治十二年	三月初十日，广西巡抚刘长佑奏，越南之患，法国为最，次为黎氏后裔等。
1873	同治十二年	三月十一日，琉球国使臣何德裕等三人于烟郊行宫外谒同治帝。
1873	同治十二年	三月十二日，同治帝及两宫皇太后还宫。

台湾卑南，为当地人所劫，后遇救，于同治十二年二月初十日（1873年3月8日）送到福州，转上海。琉球本为中国属国，日本意欲吞并，自所谓“漂民”事件发生后，日本国内“兴师问罪”之说甚嚣尘上，遂派人赴台窥测形势，且聘前美国驻厦门领事李仙得为侵台顾问。时日本政府已批准同治十年七月签订之中日《修好条规》及《通商章程：海关税则》，至是，日本政府派外务卿副岛种臣以“换约”为名来华窥探虚实。

地学浅释　原名《地质学纲要》，为英国权威地质学家莱尔之名著，华蘅芳带病坚持译完此书，将近代地质学引入中国，并亲写序言，以向国人推荐。

东陵　清东陵位于北京东遵化县马兰峪，埋葬着顺治、康熙、乾隆、咸丰、同治及慈禧

1873	同治十二年	三月十六日，琉球国王尚泰遣使表贡方物，赏赉、筵宴如例。
1873	同治十二年	三月二十八日，御史吴鸿恩奏称，洋人请觐，请饬开导，并酌定礼节。诏命李鸿章妥议具奏。
1873	同治十二年	三月，由江南制造局编印之《西国近事汇编》出版，该汇编辑译西方报纸报导。
1873	同治十二年	四月初四日，直隶总督李鸿章与日本使臣副岛种臣于天津换约。
1873	同治十二年	四月初四日，法国军火商堵布益自云南顺红河而下，本日抵河内。
1873	同治十二年	四月初五日，**李鸿章奏外使觐见办法**。
1873	同治十二年	四月初九日，荷兰驻华公使费果荪到北京。

太后等后妃。

李鸿章奏外使觐见办法 同治十二年四月初五日（1873年5月1日），大学士、直隶总督李鸿章奏，各国使臣觐见，应宽其小节，示以大度。中国臣庶不能僭越的朝廷礼法，没有必要“概责”洋人，中国有对属国的礼，还没有对“与国”的礼，现十余西洋国在京师及各口岸通商立约，“实为数千年一大变局”，“不但列祖列宗无此定制……昔圣贤亦未预订此礼经，一切交接仪文，无可援据。因此应斟酌时势，权宜变通”。

觐见皇帝节略 同治十二年四月十九日（1873年5月15日），总理衙门与各国公使议订觐见皇帝

1873	同治十二年	四月十七日，准许各国使臣亲奉国书献于皇帝。
1873	同治十二年	四月十九日，总理衙门与各国公使议订**觐见皇帝节略**四条，又面议数条。
1873	同治十二年	四月二十五日，江西瑞昌美国教堂被毁。
1873	同治十二年	四月二十九日，大理寺少卿王家璧奏，各国使臣觐见礼节不必强以所难。
1873	同治十二年	五月初三日，御史王昕奏，外夷觐见，应据礼以争；边宝泉奏，请严行杜绝。
1873	同治十二年	五月初四日，清军攻占腾越（今腾冲），延续十八年之**云南回民起义失败**。
1873	同治十二年	五月十四日，总理衙门允日本使节副岛种臣觐见，免跪拜。

节略四条：一、某国君上坐立自便；二、使臣请安、奏贺数言，不敢首先论及事务，国主若肯首先问及，应听主张；三、以入华资深之使臣领班，代各同僚奏对；四、外国对中国之礼，亦可酌议变更（清不再坚持外使行跪拜礼，乃一进步）。

云南回民起义失败　同治十二年（1873）三月上旬，清军由云南顺宁经永昌至腾越城下，云南提督徐联魁亦率五千人由大理来会攻，对腾越合围，徐军自东南逼城垣。五月初三日（1873年5月28日）夜，轰坍城垣十余处，然仍不得入。腾越回军督办、大司空李国纶缢死妻妾子女十余人，率千余回军突围至乌索；初四

1873	同治十二年	五月十八日，**第二批赴美留学幼童**自上海启程。
1873	同治十二年	五月二十日，谕令准现在赍有国书之驻京各国使臣觐见。
1873	同治十二年	五月二十六日，日本副使柳原前光晤总理衙门大臣，**中日交涉琉球问题**。
1873	同治十二年	五月三十日，**日使争夺作为头班觐见**。
1873	同治十二年	六月初五日，**同治帝接见外使**。
1873	同治十二年	六月，法国天主教士于上海设气象台，每月

（1873年5月29日）凌晨，清军攻占腾越厅城，延续十八年之云南回民起义失败。

第二批赴美留学幼童 共三十人，年龄均在十一岁至十四岁间，其中广东籍二十四人，浙江籍四人，江苏籍二人，由委员黄平甫率领，内有蔡廷干等人。

中日交涉琉球问题 日本驻华副使柳原前光，于同治十二年五月二十六日（1873年6月20日），晤总理衙门大臣毛昶熙、董恂，论及中朝关系及台湾高山族人杀毙琉球船民事。毛、董声明：“（台湾与琉球）二岛俱我属土，属土之人相杀，裁决固在于我。我恤琉人，自有措置，何预贵国事而烦为过问？”然又称，杀人者系“化外”之民，遂授日人以柄。

日使争夺作为头班觐见 同治十二年五月二十二日（1873年6月16日），总理衙门照会日使副岛种臣，以各国使臣为头班，副岛为次班，分别觐见。二十三日

		出《月报》一份，预报天气，乃中国有民用天文气象台之始。
1873	同治十二年	闰六月初三日，李鸿章视察轮船招商局及其所属五艘轮船，对其创办该局颇得意。
1873	同治十二年	闰六月初八日，李鸿章请由海道转运漕粮，谕令户部通盘筹划。
1873	同治十二年	闰六月初十日，因云南全省肃清，赏加云南巡抚岑毓英太子少保衔。
1873	同治十二年	闰六月十七日，陕西回军**白彦虎**部自敦煌西入新疆。

（1873年6月17日），副岛晤总理大臣文祥，坚持应于头班觐见。二十五日（1873年6月19日），副岛以“拒绝觐见，准备回国”相威胁。二十九日（1873年6月23日），总理衙门派孙士达前往劝解。三十日（1873年6月24日），准其头班觐见。

同治帝接见外使　同治十二年六月初五日（1873年6月29日），同治帝于北京中南海紫光阁前接见日、俄、美、英、法、荷驻华公使，并接递国书，各公使行鞠躬礼。礼成，设宴于总理衙门，俄、美、英、法、荷五国公使因未于宫内设宴而辞谢之，惟日使副岛独至，以其居首班为荣也。此亦是中国皇帝首次接见外国驻华公使。

白彦虎　又名白素，陕西邠州（今彬县）人，回族。同治元年（1862），为陕西回民义军首领；十年，金积堡起义失败，他西撤到西宁，协助马永福军；次

1873	同治十二年	闰六月十八日，福州船政局所造第十二号轮船“永保”号下水。
1873	同治十二年	闰六月二十九日，《申报》载文《西博士新着〈人本〉一书》。此文刊载是为进化论在中国传播之始。
1873	同治十二年	闰六月，艾小梅在汉口创办《昭文新报》，为国人自办日报之始。
1873	同治十二年	七月初五日，陕西回军白彦虎部据新疆大泉，

年，马永福兵败降清；他再西撤至酒泉，与马文禄联合。十二年，马文禄被杀，他退至新疆乌鲁木齐。光绪二年（1876），南退与阿古柏勾结；次年，阿古柏兵败自杀，年底他与阿古柏之子伯克胡里率残部叛国出逃沙俄。

人本　书名。《申报》以《西博士新著〈人本〉一书》为题，云：“英国有博士名大蕴者（即达尔文），撰著名书，大显于世。近世新著则又有《人本》一书，盖以探其夫宇内之人，凡属性情血气，是否皆出于一本也。”《人本》即《人类的起源及性的选择》。此文刊载是为“进化论”在中国传播之始。

徐学功（1842－1911）　字仲敏，祖籍甘肃武威县。同治初，新疆反清起事爆发于南山，结团自卫，徐为团首，屯太平渠，且耕且防，自屯自守，多次与妥明战，往依者以万计。旋复联合回民军共抗阿古柏。同治十二年（1873），阿古柏精锐马队三千余人进攻枣园徐学功营寨，学功与援军会合力战，毙敌百余名，伤者更多，自此乌鲁木齐阿古柏军不敢轻举妄动。

黔江教案　同治八年（1869），

		败清军，围攻哈密，另部攻巴里坤。
1873	同治十二年	七月初七日，**徐学功**民团于乌鲁木齐昌吉县北败阿古柏。
1873	同治十二年	七月初十日，福建南平教堂被毁。
1873	同治十二年	七月十四日，四川发生**黔江教案**。
1873	同治十二年	七月十八日，李鸿章委**盛宣怀**、**徐润**会办轮船招商局，时总办为**唐廷枢**。

天主教川东教区罗某至四川酉阳州黔江县置买房屋，欲建保婴堂，为乡民阻止。十二年初，川东主教范若瑟密遣教士至黔江购房未果。是年闰六月十二日（1873年8月4日），复派教士至，民情沸腾；十五日（1873年8月7日），县令桂衢亭出示弹压，旋法国传教士余克林、华籍教士戴明卿至县城，住客店，绅民为之罢市。七月十四日（1873年9月5日），黔江团首杨万象联络陈悰发“打教”，民众百余人围客店，余克林、戴明卿等于街头与民众发生冲突，被追至南关外殴毙，是谓黔江教案爆发。

盛宣怀（1844－1916） 字杏荪，号愚斋，江苏武进人，秀才出身。同治九年（1870），入李鸿章幕。光绪六年（1880），办电报局；十九年，筹办华盛纺织总厂；二十二年，接办湖北汉阳铁厂，并筹办芦汉铁路；二十四年，开办萍乡煤矿，至三十四年，合并汉阳制铁厂、大冶铁矿和萍乡煤矿成汉冶萍煤铁厂矿公司。二十八年，任工部左侍郎、会办商约大臣；宣统元年（1909），任邮传部尚书；次年，为皇族内阁邮传部大臣。武

1873	同治十二年	七月十九日，抚恤琉球国遭风难民如例。
1873	同治十二年	八月初一日，派陈兰彬、容闳往古巴查明在古巴华工遭受虐待情形。
1873	同治十二年	八月初八日，英驻喀什噶尔公使福西特（Sir Douglas Forsyth, 1827 — 1886）自 Leh 取道 Sahidullah 赴新疆。
1873	同治十二年	八月十二日，陕甘总督左宗棠抵肃州（今酒泉）督师。
1873	同治十二年	八月十九日，白彦虎攻占哈密，旋西走。

昌起义后被撤职，逃亡日本，仍控制汉冶萍企业。有《愚斋存稿》及《盛宣怀未刊信稿》。

徐润（1838—1911）　字润立，号雨之，广东香山人。十四岁到上海英商宝顺洋行当学徒，后为副买办，又在上海与人合办宝源各货号，经营丝、茶、烟及鸦片。同治十二年（1873），创办仁和水险公司、济和水火险公司。光绪三年（1877），任开平矿务局会办；九年，因欠招商局十六万余两，被革职；后经李鸿章介绍经营金银矿；二十八年，在上海开景纶衫袜厂；三十二年，由袁世凯委任为招商局代理总办；次年，即被解职。曾在上海创办同文书局，石印《二十四史》及《图书集成》。

唐廷枢（1832—1892）　字景星，广东香山人。曾在香港英国教会学堂学习。咸丰元年至七年（1851—1857），在香港巡理厅和大审判院任译员；八年，在上海海关任总翻译；十一年，进上海怡和洋行，两年后升为总买办。

1873	同治十二年	八月二十三日，日本内阁争辩征韩问题。
1873	同治十二年	八月二十七日，英人福西特抵 Sahidullah，阿古柏派人迎候。
1873	同治十二年	九月初二日，与西班牙于北京签订《**古巴华工条款**》。
1873	同治十二年	九月初四日，秘鲁专使葛尔西耶（Captain Aurelio Garcia y Garcia）自日本抵天津，晤李鸿章，否认虐待华工。
1873	同治十二年	九月初十日，英人福西特抵新疆 Sanju，阿古柏欢迎。

同治九年（1870），主持怡和洋行船务部，并投资英国公正、北清轮船公司等。十二年，李鸿章任命为招商局总办，捐资得福建候补道，主持开采开平煤矿，修建唐山至胥各庄铁路。光绪十一年（1885），专管开平煤矿，乃李鸿章办洋务的得力助手。

在古巴华工遭受虐待情形 同治十一年（1872），西班牙请于广州等地招工赴其属地古巴，经新闻纸披露古巴有凌虐华工事，并经美国及各国驻华外交官证实，总理衙门遂两次照会西班牙使臣，嘱其停办该处招工，两广总督亦明令禁止，西班牙公使与总理衙门反复交涉。十二年三月间，又递照会称，因不准在粤招工，致使该国商人亏损三十万元，要求赔偿。为查明实情，清廷遂派正在美国主持出洋学生事务之主事陈兰彬、容闳就近查访。

古巴华工条款 同治十二年九月初二日（1873年10月22日），总理衙门与西班牙在北京签订，计四条：中国可派委员前往古巴查

1873	同治十二年	九月十五日，肃州回首马文禄亲诣左宗棠大营投降。
1873	同治十二年	九月十七日，法国下交趾总督杜白蕾派安邺抵越南河内，要求航行红河。
1873	同治十二年	九月十八日，英人福西特抵叶尔羌，旋去英吉沙。
1873	同治十二年	九月十九日，福州船政局造第十三号轮船“海镜”号下水。
1873	同治十二年	九月二十三日，左宗棠命**磔马文禄**等回首，屠肃州回民约七千人。

明华工情形；两国预请英、美、法、俄、德五国驻京使节代为公断；凡有查明华工情况，需交中、西及五国阅看；中、西应将古巴华工一事文件交五国使节。

磔马文禄 同治十二年九月初十日（1873年10月30日），刘锦棠率老湘军自西宁至肃州，屯城南；十五日（1873年11月4日），肃州回军首领马文禄亲诣左宗棠大营投降，左言：“汝罪不赦。”二十三日（1873年11月12日），左命将马文禄、马永福等凌迟处死，又命杀死回军一千五百七十三人，时城中尚有壮丁五千四百余人，是夜，清军入城纵火，“枪矗矛刺，剿除净尽”。

法将安邺攻占越南河内 同治十二年九月十六日（1873年11月5日），法军上尉安邺奉西贡总督杜白蕾少将之命，率兵船两艘，抵河内。二十六日（1873年11月15日），安邺向越南政府提出商约五款，要求开放红河，并

1873	同治十二年	九月三十日，法将安邺向越南东京总督阮知方提出最后通牒，要求在红河航行。
1873	同治十二年	十月初一日，**法将安邺攻占越南河内**。
1873	同治十二年	十月初一日，御史沈维疏请缓修圆明园。
1873	同治十二年	十月初五日，法将安邺攻占越南海阳。
1873	同治十二年	十月十六日，法将安邺攻占越南宁平。
1873	同治十二年	十月十七日，阿古柏接受土耳其苏丹所授“**爱弥尔**”及“汗”（Khan）封号。
1873	同治十二年	十月十八日，沙俄将伊犁**锡伯营**领队总管喀尔莽阿看押凌逼，限期驱逐“出境”。

定关税，被拒绝后，即于三十日（1873年11月19日），提出最后通牒，限今晚六时前接受条件。十月初一日（1873年11月20日）上午十时攻占河内。

爱弥尔（Amir） 意为“穆罕默德之后裔”。阿古柏盘踞南疆后，极力寻求国际支持，与沙俄签订条约，派外甥赛义德·妥拉出使沙俄和土耳其。在英国策划下，承认土耳其的“宗主权”，并在自己的统治区内发行有土耳其苏丹头像的硬币，聘请土耳其军事顾问等。同治十二年（1873）夏，赛义德·妥拉从土耳其至印度，年底回新疆喀什噶尔。至是，阿古柏被称为“Amir Mohamad Yakub Khan of Kashghar”。

锡伯营 为清廷于伊犁设置之亦兵亦农部队。沙俄强占伊犁后，感到是个威胁，即将锡伯营营制、官职一律废除，对该营官兵备加残害。锡伯营署领队总管

1873	同治十二年	十月二十一日，法将安邺侵占越南南定。
1873	同治十二年	十月二十二日，**阿古柏接见英印使节**福西特。
1873	同治十二年	十月二十五日，以攻克肃州，关内肃清，命左宗棠以陕甘总督协办大学士，改赏一等轻车都尉世职。
1873	同治十二年	十一月初二日，**刘永福**黑旗军败法军于河内，击毙安邺。
1873	同治十二年	十一月十二日，英国帕克什米尔副使 Gordan 赴天山"视察"Chadyr Kul。

喀尔莽阿对于沙俄交办之事，均不遵办，且经常将伊犁情况禀告伊犁将军。俄官遂将喀尔莽阿看押，严刑拷打，限期半月，携眷"出境"。

阿古柏接见英印使节 福西特受英印政府之命，自克什米尔启程赴新疆，同治十二年九月十八日（1873年11月7日）抵叶尔羌，受盛大欢迎，旋经英吉沙尔，于十月十五日（1873年12月4日）至喀什噶尔。十月二十二日（1873年12月11日），阿古柏接见福西特，表示有投靠英国之意，曰："我特别希望获得英国人的友谊，这对我是不可少的……从这里到伦敦，任何人都可以完全自由地来往。"

刘永福（1837–1917） 一名义，字渊亭，广东钦州人。咸丰七年（1857），参加天地会起义。同治三年（1864），率二百余人加入吴亚忠部，制七星黑旗一面，人称黑旗军；六年，在越南六安州建立"中和团黑旗军"；十二年，法军进犯河内，应越南政府请击败法军，

1874	同治十二年	十一月十七日，王韬于香港创办《循环日报》，为中国人自办日报最早成功者。
1874	同治十二年	十一月二十日，徐学功于新疆下马桥败陕回白彦虎，白逃往乌鲁木齐投阿古柏。
1874	同治十二年	十二月十五日，江南制造局所造“海安”号轮船竣工。
1874	同治十二年	十二月十六日，阿古柏与英使福西特签署《**英国与喀什噶尔条约**》。

击毙法军头目安邺；次年，被越南政府封为三宣副提督。光绪九年（1883），在纸桥击毙法军司令利瓦伊业（Henri Laurent Revière）。中法战争中，在越南战场西线，与清军共同抗越，因常胜而被清政府收编，中法战争结束后，黑旗军入关。光绪十二年（1886），任广东南澳镇总兵。中日甲午战争中，为帮办台湾防务，移驻台南，仍号黑旗。次年夏，全国掀起反割台运动，他被推为台南军民抗日首领，在苗栗、彰化和嘉义等地抗日；九月，日军从海陆夹击台南，安平炮台陷落在即，他却匿乘英轮逃回厦门。二十八年，署广东碣石镇总兵；三十三年，回钦州养病。辛亥革命后，任广东民团总长，旋即辞职回籍。

英国与喀什噶尔条约 同治十二年十二月十六日（1874年2月2日），阿古柏与英使福西特签署该条约，略曰：双方互派代表和商务专员；英人及印度货可自由至阿古柏统治区，进口税不得超过百分之二点五；英人可在阿古

1874	同治十二年	十二月十九日，左宗棠奏筹出关西征之策。
1874	同治十二年	十二月二十日，法国西贡总督派员与越南签约，法军被迫退出河内及所占城市。
1874	同治十二年	十二月二十八日，英使福西特自克什米尔赴新疆乌什“视察”。
1873	同治十二年	是年，后期桐城派作家**吴敏树**卒。
1873	同治十二年	是年，《**瀛环志略**》作者徐继畬卒。
1873	同治十二年	是年底，上海半数以上**钱庄**歇业。
1873	同治十二年	是年，岑毓英于昆明办云南机器局，制造军火。

柏统治区内经营土地、房屋及货栈；英国有司法裁判权；英国承认阿古柏为喀什噶尔、叶尔羌之“爱弥尔”。

吴敏树（1805－1873） 字本琛，号南屏，湖南巴陵（今岳阳）人。道光十二年（1832）举人。着有《柈湖文录》、《诗条》、《国风原指》等。

瀛环志略 书名，清徐继畬编著，十卷，道光二十八年（1848）刊行。作者于道光二十三年，在厦门向美国传教士雅裨理（David Abeel,1804－1846）借摹“绘刻极细”之世界地图册；二十六年，任福建巡抚时，撮录中外有关图书数据编成是书，对世界尤其是东南亚及南亚各国风土人情、史地沿革与社会变迁备加载述。因内容较为精审谨严，所附地图比较准确，出版后风行一时，翻刻本极多，且传入日本，产生很大影响。

钱庄 清代的一种信用机构，起

1873	同治十二年	是年，京师同文馆于武英殿门前设西法印书处，为仅次于江南制造局翻译馆之第二大洋务印书机构。
1874	同治十三年	正月初十日，谕令驻藏大臣承继赴布达拉山妥为照料达赖喇嘛下山，并赏赐达赖。
1874	同治十三年	正月二十七日，法国迫使越南签订《**越法媾和同盟条约**》。
1874	同治十三年	正月二十八日，英使福西特向阿古柏辞行。
1874	同治十三年	二月初一日，新任俄使布策到京。

源于经营银、钱等货币兑换的钱摊，明末成为兼营存、放款业务的金融机构，清代分布于各大城市，与银号并称。鸦片战争后，上海成为金融中心，钱庄发达，有两类，参加钱业公会（所）的钱庄为汇划钱庄，俗称“入园钱庄”或“大同行”；不能加入钱业公会参加汇划票据清算的，又分元、亨、利、贞等四种号庄。一般所称钱庄，指汇划钱庄，多为独资或合伙的无限责任制，1943年（民国三十二年），改为股份有限公司。清末钱庄比银行更与工商业联系密切，因而更处优势地位。

越法媾和同盟条约 同治十三年元月二十七日（1874年3月15日），法国强迫越南签订本条约，共二十二款：法国承认越南为“独立国”；越南承认法国在边和等六个省享有“充分主权”；越南受法国“保护”；越南开放河内、宁海等处为通商口

1874	同治十三年	二月初十日，日本水师官桦山资纪、水野遵到台湾琅峤柴城“调查”。
1874	同治十三年	二月十八日，日本以陆军中将西乡从道为“台湾番地事务都督”，参议大限重信为“台湾番地事务局长官”。
1874	同治十三年	二月十九日，总理衙门与俄使布策谈伊犁事。
1874	同治十三年	二月二十二日，日本外务省以台湾事件对华方针训谕日使柳原前光。
1874	同治十三年	二月二十七日，英印总督诺斯布鲁克（Northbrook）批准福西特与阿古柏所订条约。
1874	同治十三年	二月二十八日，同治帝奉慈安、慈禧皇太后谒**西陵**后回銮。
1874	同治十三年	三月初三日，长崎日军三千六百余人雇用英美船拟入侵台湾。
1874	同治十三年	三月初三日，英使威妥玛派梅辉立（William Frederick Mayers, 1831 — 1878）告总理衙门大

岸，允许法国船舶在红河有通航权；法国在越南享有领事裁判权。

西陵　清西陵位于河北省易县梁各庄，埋葬着雍正、嘉庆、道光、光绪四位皇帝及其后妃，称西陵，乃因区别于河北遵化马兰峪之东陵而言。

四明公所事件　四明公所为宁波同乡会馆，位于上海法租界迤南，内附丙舍义冢。同治二年

		臣董恂，谓日军欲入侵台湾。
1874	同治十三年	三月初四日，日本以俄、意、西等国质问，及驻日美使平安（Bingham）抗议雇用美船，侵台延期。
1874	同治十三年	三月初七日，应美使平安要求，日本不雇用美船入侵台湾。
1874	同治十三年	三月十二日，日本陆军中将西乡从道不顾日政府之延期决定，派军舰驶向台湾。
1874	同治十三年	三月十五日，日本兵舰到厦门。
1874	同治十三年	三月十六日，准醇亲王奕譞奏，命李鸿章密筹杜绝洋药（鸦片）之策。
1874	同治十三年	三月十八日，上海**四明公所事件**发生。
1874	同治十三年	三月二十二日，日军于台湾琅峤强行登陆。
1874	同治十三年	三月二十二日，江西安仁县民教殴打，天主教堂被焚。

（1863），法租界扩张，将四明公所划入法租界；十三年初，法租界拟修马路，侵占四明公所公墓，宁波会馆与法租界交涉，法方坚持必须迁墓，激怒上海民众。三月十八日（1874年5月3日），民众焚烧洋人房屋数处，法国调水兵二十人，租界商团二百人，美陆战队七十八人，上海道派清兵一百五十人，枪杀华人七名，

1874	同治十三年	三月二十六日，**总理衙门就日军侵台事照会**日本外务省，强调台湾“实系中国所属”。
1874	同治十三年	三月二十九日，以日本兵舰泊厦门，命船政大臣沈葆桢率轮船往台湾察看。
1874	同治十三年	三月二十九日，命李鸿章为全权大使与秘鲁使臣议虐待华工及通商事。
1874	同治十三年	四月初一日，西乡从道自日本长崎进向台湾。
1874	同治十三年	四月初一日，福州船政局第十五号轮船“大雅”号下水。
1874	同治十三年	四月初一日，允俄使布策觐见，向同治帝呈递国书。
1874	同治十三年	四月初三日，台湾高山族抵抗日军入侵。
1874	同治十三年	四月初五日，俄使布策于紫光阁觐见同治帝，呈递国书。
1874	同治十三年	四月初六日，命福建布政使潘霨驰赴台湾，

重伤十二人，洋人亦有伤者，事后法租界当局表示停修马路。

总理衙门就日军侵台事照会 同治十三年三月二十六日（1874年5月11日），照会日本外务省：“台湾地土实系中国所属，中国边界地方，似此生番种类者，他省亦有，均在版图之内，中国亦听其从俗从宜而已。此次忽闻贵国欲兴师前往台湾……倘贵国真

		帮同沈葆桢筹划台湾事务。
1874	同治十三年	四月初七日，日军进攻台湾牡丹社、高士佛社，战于石门。
1874	同治十三年	四月初七日，西乡从道到台湾琅峤。
1874	同治十三年	四月初八日，闽浙总督李鹤年照会西乡从道，抗议日军入侵台湾，要求立即撤军。
1874	同治十三年	四月初八日，以伊犁久为沙俄所踞，蓄谋侵占，谕令荣全克期收复玛纳斯、乌鲁木齐，为规复伊犁准备。
1874	同治十三年	四月十四日，命沈葆桢为钦差大臣，办理台湾海防，兼理各国事务大臣。
1874	同治十三年	四月十八日，日军分三路进攻台湾"番社"，焚牡丹、高士佛等社。
1874	同治十三年	四月十九日，设广州机器局。
1874	同治十三年	四月二十日，从左宗棠奏，将查禁罂粟办理不善之官员革职，永不叙用。

有是举，何以未据先行议及，其寄泊厦港兵船，究欲办理何事？希即见覆。"

潘霨（？—1892）　字伟如，江苏吴县人，进士出身。同治八年（1869），任福建按察使；次年，擢布政使。光绪三年（1877），任湖北布政使；次年，迁湖北巡抚；六年，免职；八年，调江西巡抚；十年，奉召入京供职，旋

1874	同治十三年	四月二十一日，密谕沈葆桢、文煜、李鹤年：台湾“究属中国版图，其戕杀日本难民，当听中国持平办理，日本何得遽尔兴兵，侵轶入境？阻令（日本）回兵”。
1874	同治十三年	四月二十五日，就台湾军务谕令军机大臣，应“严密设防，以期有备无患”。
1874	同治十三年	五月初一日，沈葆桢奏请联外交、储利器、储人才、通消息（安设福州、厦门、台湾电线），均准照行。
1874	同治十三年	五月初三日，经容闳发起于上海创办《汇报》。
1874	同治十三年	五月初四日，沈葆桢、潘霨、日意格、斯恭塞格（Ernest Dunoyer de Segonzac）到台湾安平。
1874	同治十三年	五月初八日，潘霨等布告番社“各安生理，定当设法保护”。
1874	同治十三年	五月初九日，潘霨、台湾道夏献纶携沈葆桢照会与日本西乡从道于琅峤会谈。
1874	同治十三年	五月十一日，谕沈葆桢，若日本在台“肆意

任贵州巡抚；十七年，因病辞职归里，擅长书法，颇懂医学。

准撤台湾班兵 同治十三年五月二十五日（1874年7月8日），谕令钦差大臣沈葆桢：“台湾向用内地班兵，率皆疲弱，现在因时制宜，自不妨变通办理。”沈葆桢等拟将班兵疲弱者撤令归伍，

		妄为，悍然不顾，中国即当声罪致讨，不得迁就因循，转误事机”。
1874	同治十三年	五月十二日，潘霨再次与西乡会谈，西乡仅允“暂不添兵”。
1874	同治十三年	五月十八日，日军击破台湾十八番社。
1874	同治十三年	五月二十五日，谕令沈葆桢等与日本极力理论，不得牵就，并**准撤台湾班兵**。
1874	同治十三年	五月二十六日，日本大政大臣三条实美通知陆海军卿，准备对华作战计划。
1874	同治十三年	五月三十日，谕以日军侵台，命滨海各省筹办防务。
1874	同治十三年	六月初三日，台湾道夏献纶乘轮船先后到沪尾、鸡笼、苏澳举办**团练**。
1874	同治十三年	六月初八日，命**北洋大臣**调拨洋枪队三千人、南洋大臣调拨洋枪队二千人乘轮船赴台，旋改调徐州武毅铭军六千五百人赴台。

另招本地精壮充补。

团练 意为团集训练，古代编练地方部队的名称，始见于唐。清代前期招募乡兵，旋募旋散，均系临时性质。嘉庆间，镇压白莲教，主要靠川楚乡兵，发展到太平天国期间，清兵不堪一击。只得靠各地团练，湘军即从团练转

1874	同治十三年	六月十一日，李鸿章与日使柳原前光谈台湾事件，痛责之。
1874	同治十三年	六月十二日，陕回白彦虎自乌鲁木齐袭济木萨，翼长**孔才**却之。
1874	同治十三年	六月十九日，日本以内务卿大久保利通为全权大臣，来华办理台湾事件。
1874	同治十三年	六月二十五日，日使柳原前光向总理衙门声称台湾生番“为无主蛮族”，总理衙门驳之。
1874	同治十三年	七月初二日，**总理衙门重申台湾番社为中国境地**。

化为正规军。同治、光绪以后，虽无大的战争，各地仍自筹资金办团练以自保。

北洋大臣 即北洋通商大臣。同治九年（1870），天津教案，三口通商大臣改称北洋通商大臣，加“钦差”名义，例由直隶总督兼任，管理直隶（今河北）、奉天（今辽宁）、山东三省通商、交涉事务，监督海防和其它洋务。北洋大臣列于总理衙门之下，但无直接隶属关系，只是所办事项按例皆由总理衙门承转。北洋大臣和南洋大臣的地位和职权按规定是对等的，但由于李鸿章任直隶总督兼北洋大臣二十八年，致使北洋大臣地位不断扩大，势力远远超过南洋大臣。

孔才 哈密人，练团自保为团首，后为哈密办事大臣文麟召至，以其练勇二百人编入伍籍，遣往古城（今新疆奇台县）兴屯修堡。

总理衙门重申台湾番社为中国

1874	同治十三年	七月初三日，英使威妥玛建议总理衙门，请各国代为保护沿海沿江，以防日本。
1874	同治十三年	七月初六日，恭亲王奕䜣、文祥与日使柳原前光晤谈，主速了“台案”。
1874	同治十三年	七月十一日，恭亲王奕䜣答复日使柳原前光，“台湾生番确是中国地方，惟有日本退兵，由中国查办”。
1874	同治十三年	七月十二日，日本太政大臣三条实美命各地方官准备对华军事。
1874	同治十三年	七月十二日，英使馆翻译**马嘉理**自上海溯江西上，取道湖南、贵州赴云南。

境地　同治十三年六月十一日（1874年7月24日），日使柳原前光至天津晤李鸿章，柳原竟称：“台湾生番如无主之人一样，不与中国相干。”李鸿章答：“在我台湾一岛，怎不是我地方？”二十五日（1874年8月7日），柳原赴总理衙门谈判，重弹“生番”为“无主蛮族”老调。七月初二日（1874年8月13日），总理衙门照覆柳原，重申：台湾“番社”为中国境地，台湾“生番”均隶郡县，中国向收“番饷”，载之《台湾府志》，凿凿可考，所云“野蛮”，亦中国野蛮，即有罪应办，亦应由中国办。

马嘉理（Augustus Raymond Margary, 1846—1875）　英国驻北京使馆译员。同治十三年（1874），英国为入侵云南，派军官柏郎（Colonel Horace Albert Browne, 1832—1914）率武装“探路队”近二百人从缅甸出发，马嘉理从云南入缅接应。次年初，

1874	同治十三年	七月十六日，恭亲王奕䜣、醇亲王奕譞等痛哭**伏谏停圆明园工**。
1874	同治十三年	七月十九日，奕䜣再与日使柳原前光晤谈，坚持台湾为中国地方，应由中国自办。
1874	同治十三年	七月二十五日，《教会新闻》改名《万国公报》。
1874	同治十三年	七月二十九日，诏停圆明园工程，酌修三海。
1874	同治十三年	七月三十日，谕令革去奕䜣亲王世袭罔替，降为郡王，仍在军机大臣上行走；革去恭王子载澂贝勒、郡王衔。
1874	同治十三年	七月三十日，日全权大臣大久保利通到北京。
1874	同治十三年	八月初一日，皇太后懿旨，赏还奕䜣及载澂爵秩。
1874	同治十三年	八月初四日，日本全权大臣大久保利通与奕䜣、文祥、宝鋆等会谈。

马嘉理不先通知地方官，带武装“探路队”由缅甸闯入云南，不听劝阻，被当地人击毙，柏郎亦被逐回缅甸，英国以此事为借口，以武力相威胁。光绪二年（1876），清政府被迫派李鸿章与英公使威妥玛签订了《烟台条约》，史称“马嘉理案”。

伏谏停圆明园工　同治十二年九月二十八日（1873年11月17日），同

1874	同治十三年	八月初八日，授左宗棠东阁大学士。
1874	同治十三年	八月初九日，第三批赴美留学幼童三十名自上海启程。
1874	同治十三年	八月十六日，唐定奎部“铭军”于台湾旗后登陆，即赴凤山。
1874	同治十三年	八月二十日，英使威妥玛调停“台事”无效。
1874	同治十三年	八月二十一日，李鸿章建议“请购西洋新式枪炮以设防”，托英人韩得生（David Marr Henderson, ? — 1923）赴欧洲采办开矿、炼铁机器。
1874	同治十三年	八月二十五日，日本大久保利通与总理衙门大臣四次会谈，几破裂。
1874	同治十三年	九月初二日，大久保利通向总理衙门提出最后通牒，限五日解决“台案”。

治帝颁重修圆明园上谕；十月初二日（1873年11月21日），复颁谕修园，群臣疏请停园工，同治帝均置之不理。十三年七月十六日（1874年8月27日），奕䜣、奕譞等联衔上奏，提出“畏天命、遵祖制、慎言动、纳谏章、重库款、勤学问”等六条，奏请急停园工。十八日（1874年8月29日），同治帝召见奕䜣等人，奕䜣逐条讲解所

1874	同治十三年	九月二十二日，**中日北京专条**签字。
1874	同治十三年	九月二十七日，谕令李鸿章等筹议海防、练兵、简器、造船、筹饷、用人等事宜。
1874	同治十三年	十月初四日，日本下令撤退侵台日军。
1874	同治十三年	十月初四日，左宗棠奏，已饬胡光墉筹借洋商银三百万两，济西征急需。
1874	同治十三年	十月初八日，大久保利通到台湾琅峤活动。
1874	同治十三年	十月二十五日，日本陆军中将西乡从道率侵台日军撤出台湾，日军战死十二人，病殁五百六十一人。
1874	同治十三年	十月二十八日，谕令沈葆桢、文煜等悉心筹商全台事宜；并令李鸿章等筹款购办铁甲船、水炮台等。

奏，同治帝大怒曰："此位让你何如？"奕譞复泣谏，同治帝言"园工一事，未能遽止"。

中日北京专条　本条约于同治十三年九月二十二日（1874年10月31日）签订，主要内容为：中国承认日军侵台"为保民义举，中国不指以为不是"；中国给"遇害难民"抚恤费并修道、建房之费七十五万元，折合白银五十万两，中国设法约束台湾本地人。

同治帝病逝　野史载同治帝因私自冶游，染上梅毒而死。但据清宫档案《万岁爷天花喜进药底簿》记载，他先患天花，后感染上"走马牙疳"，一种口腔肤肉坏死，乃不治之症。经考，病死之说可信。

1874	同治十三年	十月三十日，同治帝病，命军机大臣李鸿藻代批奏章。
1874	同治十三年	十一月初十日，同治帝以出天花，命所有陈奏事件，呈请两宫皇太后披览裁定。
1875	同治十三年	十一月二十五日，云南腾越致书参将李珍国，谓英人马嘉理来滇断无好意。
1875	同治十三年	十二月初二日，授李鸿章文华殿大学士，文祥武英殿大学士、宝鋆体仁阁大学士。
1875	同治十三年	十二月初五日，**同治帝病逝**于养心殿东暖阁，年十九岁。慈禧令奕譞子载湉入嗣。
1875	同治十三年	十二月初八日，慈安、慈禧皇太后再度**垂帘听政**。
1875	同治十三年	十二月初八日，诏停“**三海**”工程。

垂帘听政　中国古代存在幼童继承帝位现象，多由其母亲陪伴他听取朝政。鉴于礼制，后妃不能与朝臣见面，则在他们之间垂一黑纱帘，后妃透过黑纱帘可以见到朝臣，而朝臣看不见后妃，谓之“垂帘听政”，后谕为母后参政之意。慈禧太后在同治帝六岁继位，光绪帝四岁继位，及戊戌政变后三次“垂帘听政”，但她实际上控制政权达四十八年。

三海　系北京城内紫禁城西侧的皇家园林南海、中海和北海的总称。第二次鸦片战争英法联军将圆明园焚毁，按清制，皇帝亲政后，太后即“卷帘归政”，有个“颐养”之地，供她晚年生活。同治帝本拟重修圆明园，为慈

1875	同治十三年	十二月十一日，沈葆桢等奏，请将福建巡抚移扎台湾。
1875	同治十三年	十二月十三日，英国**怡和洋行**经营之淞沪铁路开始铺上海至江湾段铁轨。
1875	同治十三年	十二月十三日，沈葆桢到台湾南路琅峤查勘。
1875	同治十三年	十二月十五日，诏以明年为**光绪**元年。
1875	同治十三年	十二月二十二日，沈葆桢奏台湾南路开山已

禧、慈安太后住所，遭到群臣反对，而决定扩建“三海”，后因同治帝死而作罢。

怡和洋行（Jardine, Matheson & Co., Ltd.） 亦名渣甸洋行。乾隆四十七年（1782），英商设于广州。道光十二年（1832），改组后，始以行主威廉·查顿（William Jardine, 1784—1843）与詹姆士·马地臣（Sir James William Matheson, 1796—1878）两人姓名命名，一直沿用。当时主要从事鸦片进口与茶叶出口贸易，拥有鸦片走私飞剪快船多艘。林则徐曾勒令该行交出鸦片七千箱，为此查顿返英怂恿英国发动鸦片战争，战后总管理处迁香港。道光二十三年，在上海设分行，后陆续在其它口岸设分支机构，并垄断中国航运和对外贸易。光绪二十四年（1898），和汇丰银行合组“中英银公司”，对铁路贷款，控制各主要铁路的修筑与经营。该行历史久、规模大，被称为“洋行之王”。

光绪 同治帝载淳十九岁病逝，无子。慈禧太后于同治十三年十二月初五日（1875年1月12日）宣布，

		抵卑南，北路已抵岐莱，并拟于琅峤建城置吏。
1875	同治十三年	十二月，李鸿章晤奕䜣，陈铁路之利，请先建靖江至北京线。
1874	同治十三年	是年，沈葆桢获准雇丹麦大北公司架设闽台电线。
1874	同治十三年	是年，华侨商人陈启源于广东南海县所设继昌隆缫丝厂开工生产。

令醇亲王奕譞四岁之子载湉入嗣（过继给咸丰帝为子），继承帝位，她口上讲“不愿立年长者，须幼者乃可教育”，实则她以太后身份，仍可垂帘听政。奕譞闻之，名为“感谢圣恩”而“碰头痛哭，昏迷伏地，掖之不能起”，其实乃惧慈禧之为人。初六日（1875年1月13日）寅刻，戴湉进宫；初七日（1875年1月14日），王公大臣上奏吁请太后垂帘听政；初九日（1875年1月16日），慈禧批准用“光绪”年号，明年为光绪元年（1875）。十八日（1875年1月25日），谥同治帝曰“毅皇帝”，庙号曰“穆宗”。

陈启源（约1825－1905） 字芷馨，广东南海人，曾两次赴童子试，父死，放弃科举，以农桑为业，后经商。咸丰四年（1854），去南洋经商致富，因暹罗（今泰国）用法国机器，织丝产品精良，遂于同治十三年（1874），在南海建继昌隆缫丝厂，是中国第一个民族资本经营的机器缫丝厂，出丝精美，营销欧美，获利甚厚。光绪七年（1881），因被视为异端，南海知

1874	同治十三年	是年，江南制造局翻译馆出版西书十二种，内有《防海新论》、《微积溯源》等，《防海新论》一书对李鸿章等之海防思想影响颇深。

县下令关闭其厂，他迁厂至澳门，改称复和丝织厂。三年后，得清政府许可，又迁厂至南海原籍。

附录

1. 同治皇帝后妃表
2. 年代对照表
3. 辞条索引
4. 译名对照表

同治皇帝后妃表

位号	姓氏	父	备注
孝哲毅皇后	阿鲁特氏	崇绮	咸丰四年七月初一日生。 同治十一年九月十四日册封为皇后。 同治十三年十二月德宗即位，封为嘉顺皇后。 光绪元年二月二十日寅刻绝食崩，合葬惠陵。
慧皇贵妃	富察氏	凤秀	同治十一年九月十四日册封为慧妃。 同治十三年十一月十五日晋皇贵妃。 同治十三年十二月德宗即位，封为敦宜皇贵妃。 光绪二十年封敦宜荣庆皇贵妃。 光绪三十年正月二十八日薨，追谥淑慎皇贵妃。
瑜妃	赫舍里氏	崇龄	同治十一年封瑜嫔。 同治十三年十一月十五日晋为妃。 光绪二十一年五月初六日尊封瑜贵妃。 光绪三十四年十月二十五日尊封瑜皇贵妃。 逊国后，尊为敬懿皇贵妃。
珣妃	阿鲁特氏	赛尚阿	孝哲毅皇后之姑。 同治十一年封珣嫔。 同治十三年十一月十五日晋为妃。 光绪二十一年五月初六日尊封珣贵妃。 逊国后，尊为庄和皇贵妃。 宣统十三年三月薨，祔葬惠陵。
瑨嫔	西林觉罗氏		同治十一年十月十九日封贵人。 同治十三年十一月十五日晋瑨嫔。 光绪二十一年五月初六日尊封瑨妃。 光绪三十四年十月二十五日尊封瑨贵妃。 逊国后，尊为荣惠皇贵妃。

年代对照表（同治朝）

公历	清（同治）	干支	生肖
1862年1月30日	元年正月初一日	壬戌	狗
1863年1月1日	元年十一月十二日	壬戌	狗
1863年2月18日	二年正月初一日	癸亥	猪
1864年1月1日	二年十一月二十二日	癸亥	猪
1864年2月8日	三年正月初一日	甲子	鼠
1865年1月1日	三年十二月初四日	甲子	鼠
1865年1月27日	四年正月初一日	乙丑	牛
1866年1月1日	四年十一月十五日	乙丑	牛
1866年2月15日	五年正月初一日	丙寅	虎
1867年1月1日	五年十一月二十六日	丙寅	虎
1867年2月5日	六年正月初一日	丁卯	兔
1868年1月12日	六年十二月初七日	丁卯	兔
1868年1月25日	七年正月初一日	戊辰	龙
1869年1月1日	七年十一月十九日	戊辰	龙
1869年2月11日	八年正月初一日	己巳	蛇
1870年1月1日	八年十一月三十日	己巳	蛇
1870年1月31日	九年正月初一日	庚午	马
1871年1月1日	九年十一月十一日	庚午	马
1871年2月19日	十年正月初一日	辛未	羊
1872年1月1日	十年十一月二十一日	辛未	羊
1872年2月9日	十一年正月初一日	壬申	猴
1873年1月1日	十一年十二月初三日	壬申	猴
1873年1月29日	十二年正月初一日	癸酉	鸡
1874年1月1日	十二年十一月十三日	癸酉	鸡
1874年2月17日	十三年正月初一日	甲戌	狗
1875年1月1日	十三年十一月二十四日	甲戌	狗

辞条索引

【五画】

【六画】

【七画】

【九画】

【十画】

【十一画】

【十二画】

译名对照表

*本表依中文译名笔画顺序排列

丁韪良（William Alexander Parsons Martin, 1827－1916）

卜罗德（Admiral Auguste Léopold Protet, 1808－1862）

上海轮船公司（Shanghai Steam Navigation Company）

飞而复来号（Firefly）

马格里（Sir Samuel Halliday MaCartney, 1833－1906）

马惇（Morton）

马嘉理（Augustus Raymond Margary, 1846－1875）

丰大业（Henri Victor Fontanier, 1830－1870）

太平天国：太平天国革命的历史、包括作者亲身经历的叙述（*Ti-Ping Tien Kwoh: The History of the Ti-ping Revolution, including A Narrative of the Author's Personal Adventures. London, Day & Sons, 1866*）

戈登（Charles George Gordon, 1833－1885）

日意格（Prosper Marie Giquel, 1835－1886）

贝尔奈普（Belknap）

文乃耳（Jean Pierre Néel, 1832－1862）

公共租界（International Settlement）

巴布科夫（Ivan Feodorovich Babkov, 1827－1905）

巴夏礼（Sir Harry Smith Parkes, 1828－1885）

平安（Bingham）

布朗（Brown）

布格聂丁（Burhanuddin）

布策（Eugéne de Butzow）

札哈罗夫（Ivan Il'ich Zakharov, 1814－1885）

东京问题的由来（Les Origines de Le Question du Tonkin, Paris, 1896）

北华捷报（华北先驱周报、先锋报）（*North China Herald*）

白齐文（Henry Andrea Burge-vine, 1836－1865）

印度支那探险记（*Voyage d'Exploration en Indo-Chine*

Pendant Les Années, 1866—1867—1868）

汉特（Hunt）

兰盟（Marie Charles Henri Albert Comte de Lallemand, 1822—？）

包尔腾（John Shaw Burdon, 1826—1907）

汇丰银行（香港上海银行）（Hongkong & Shanghai Banking Corporation）

司丹立（Lord Stanley）

吉必勋（John Gibson, ？—1869）

考尔巴尔斯（Kaulbars）

列维廉（William Bradford Reed, 1806—1876）

迈坎兹尔（Mckenzie）

西华德（William Henry Seward）

西蒙（Simon）

吸血（Vampires）

伏恭（Faucon）

伟烈亚力（Alexander Wylie, 1815—1887）

华尔（Frederick Townsend Ward, 1831—1862）

伊诺·罗斯（Earl Russell）

汗（Khan）

字林报（字林西报）（North-China Daily News）

安邺（Marie Joseph François Garnier, 1839—1873）

达尔第福（Tardif de Moidrey, 1824—1863）

达斯达利号（Tastlee）

约翰逊（Andraw Johnson, 1808—1875）

玛弼乐（François Mabileau, 1829—1865）

杜白蕾（Marie Jules Dupré, 1813—1881）

杜德（John Dodd）

劳文罗斯（J. Ross Browne, 1821—1875）

李仙得（Charles William Legendre, 1829—1899）

李国安（Jean François Rigaud, 1834—1869）

李泰国（Horatio Nelson Lay, 1832—1898）

李提摩太（Timothy Richard, 1845—1919）

李福斯（Guido von Rehfues）

利瓦伊业（Henri Laurent Revière）

何伯（贺布）（Admiral Sir James Hope, 1808－1881）
伯洛内（Claude Henri Marie. Bellonnet, ？－1881）
伯郎（Brown）
怀特（White）
沙迪莫扎（Shadi Mirza）
沙墨尔·罗塞尔（Samuel Russell）
阿布都拉门（Sohihgada Abdur-rahman）
阿礼国（Sir Rutherford Alcock, 1809－1897）
阿思本（Captain Sherard Osborn, 1822－1875）
林乐知（Young John Allen, 1836－1907）
林肯（Abraham Lincoln, 1809－1865）
若勒思（Jaures）
英国丽如银行（东方银行）（Oriental Banking Corporation）
范若瑟（Joseph Eugène Jean Claude Dèsfleches, 1814－1887）
呤唎（Augustus Frederick Lindley, 1840－1873）
固伯（Kuper）
罗安当（Antoine Anot, 1814－1893）
罗淑亚（Comte de Louis Jules Emilien Rochechouart, 1831－1879）
罗发号（Rover）
帖尔（Thiers）
金登干（James Duncan Campbell, 1833－1907）
金德（Auguste T'Kint de Roo－denbeke）
备雷（Bailey）
庞发（Bonnefoy）
怡和洋行（渣甸洋行）（Jardine, Matheson & Co., Ltd.）
法尔思德（Edward Forrester）
波波夫（Serge I. Popoff）
定龄（Tinling）
柏卓安（John McLeavy Brown, 1842－1926）
柏郎（Colonel Horace Albert Browne, 1832－1914）
柏尔德密（Jules François Gustave Berthemy, 1826－1903）
胡缚理（Louis Faurie, 1824－1871）

威妥玛（Sir Thomas Francis Wade, 1818—1895）

威廉一世（Wilhelm Ⅰ, 1797—1888）

威廉·查顿（查顿）（William Jardine, 1784—1843）

恒士（Jones）

美利士（Milisch）

美查（Ernest Major）

费三多（Count Alessandro Fé d'Ostiani）

费果荪（Jan Helenus Ferguson, 1826—1908）

泰记（Takee）

莫里斯（Morris）

哥士耆（Michel Alexandre, Comte Kleczkowski, 1818—1886）

贾敏（General Jarmin）

热福理（François Louis Henri de Geofroy, 1822—？）

特拉格来（Doudart de Lagrée, ？—1868）

倭良嘎哩（Vlangaly, A.G.）

俾士麦（Karl Bismarck）

俾斯麦（Otto von Bismarck-Sch nhausen, 1815—1898）

拿破仑三世（Napoleon III, 1808—1873）

爱弥尔（Amir）

诺斯布鲁克（Northbrook）

堵布益（Jean Dupuis, 1829—1912）

梅辉立（William Frederick Mayers, 1831—1878）

勒伯勒东（Albert Edouard Le Brethon de Caligny, 1833—1863）

康（Horn）

密妥士（John Armstrong Taylor Meadows, 1817—1875）

福西特（茀赛斯）（Sir Douglas Forsyth, 1827—1886）

维多利亚女王（Queen Victoria, 1819—1901）

斯恭塞格（Ernest Dunoyer de Segonzac）

葛尔西耶（Captain Aurelio Garciay Garcia）

韩得生（David Marr Henderson, ？—1923）

雅裨理（David Abeel, 1804—1846）

雅龄（Aplin）

傅兰雅（John Fryer, 1839－1928）
普鲁斯（Sir Frederick William Adolphus Bruce, 1814－1867）
蒲安臣（Anson Burlingame, 1820－1870）
詹姆士·马地臣（Sir James William Matheson, 1796－1878）
赫德（Sir Robert Hart, 1835－1911）
镂斐迪（Frederick Ferdinand Low, 1828－1894）
旗昌洋行（Russell & Co.）
德克碑（Neveue Paul Alexandre D'Aiguebelle, 1831－1875）
德朗（C. E. De Long）
德善（Emile de Champs）
额尔金（Earl of Elgin and Kincardine James Bruce Elgin, 1811－1863）
璞鼎查（Sir Henry Pottinger, 1789－1856）
戴得生（James Hudson Taylor, 1832－1905）

图书在版编目（C I P）数据

同治事典 / 刘耿生编著. —北京：紫禁城出版社，2010.7
（清史事典 / 陈捷先主编）
ISBN 978-7-5134-0025-1

Ⅰ. ①同… Ⅱ. ①刘… Ⅲ. 同治帝－生平事迹 Ⅳ. ①K827=52

中国版本图书馆CIP数据核字（2010）第134391号

同治事典

主　　编：陈捷先
编　　著：刘耿生
责任编辑：刘　玮
装帧设计：李　猛
出版发行：紫禁城出版社
地址：北京东城区景山前街4号　邮编：100009
电话：010－85007808　010－85007816　传真：010－65129479
网址：www.culturefc.cn　邮箱：gugongwenhua@yahoo.cn
印　　刷：保定市中画美凯印刷有限公司
开　　本：787×1092毫米　1/16
印　　张：22.75
字　　数：284千字
版　　次：2010年7月第1版
2010年7月第1次印刷
印　　数：1~3,000册
书　　号：ISBN 978-7-5134-0025-1
定　　价：42.00元

本书由台北远流出版公司授权出版，限在中国大陆地区发行。